国内人権機関の意義と役割

人権をまもるシステム構築に向けて

山崎公士［著］

三省堂

はしがき

　本書は、1970年代後半から諸外国で登場しはじめた、新しいタイプの人権機関である「国内人権機関」の意義と役割を分析し、日本における国内人権機関の設置を展望するものである。

　先進国も発展途上国も、軍隊、警察、行政など公権力による人権侵害、マイノリティに対する社会的偏見や差別をはじめ、多様な人権課題に直面している。どの国においても、立法・行政・司法の三権分立にもとづく国家機構がこうした人権課題の解決にあたってきた。しかし、社会的差別や身分差別など歴史的・構造的な人権侵害に関し、個別立法や司法的解決のみでは十分に対処できないことが、諸外国で次第に明らかになった。人権委員会・オンブズパーソンのような政府から独立した国内人権機関や憲法裁判所が諸外国で新設されたのは、こうした背景からであった。折しも、冷戦が終結した1990年代以降は、主権国家内の人権課題を国際的に議論しやすい環境が醸成された。国際連合は加盟国に国内人権機関の設置を奨励するようになり、今日に至っている。

　日本では、2001年の人権擁護推進審議会による人権救済答申を踏まえ、2002年に人権擁護法案が国会上程され、問題点を秘めていたにせよ、国内人権機関の設置が検討された。しかし、曲折を経て同法案は廃案となり、その後国内人権機関の設置に向けた法案は国会に提出されていない。他方で、21世紀に入り、諸外国では国内人権機関が順調に設置され続け、いまや120か国以上で国内人権機関が設置されている。こうした内外の情勢を踏まえ、国内人権システムにおいて国内人権機関が果たしうる機能を前向きに評価する観点から、本書は執筆されている。国連、アジア・太平洋国内人権機関フォーラム（同地域諸国の国内人権機関の連合体）などは、日本に、いつ、どのような国内人権機関が設置されるのか注視している。本書を通じて、法曹関係者、メディア関係者、企業のCSR担当者、研究者、院生・学生のみなさまなどに、世界における国内人権機関の意義と役割を知っていただき、日本における国内人権システムのあり方を考えるヒントにしていただければ幸である。

本書は次の3部からなる。第Ⅰ部「国内人権機関の意義と概要」では、国内人権機関の意義、国内人権機関設置のガイドラインである国連・パリ原則、世界の国内人権機関、国内人権機関と差別禁止法の関係などを分析する。次いで第Ⅱ部「国内人権機関の機能と活動」では、国内人権機関の機能一般を概観し、差別撤廃、企業の社会的責任の確立における国内人権機関の役割、国際人権法における国内人権機関の位置などを検討する。これらを踏まえ、第Ⅲ部「日本における国内人権機関の設置に向けた動向」では、日本における人権救済制度の現状と問題点を分析し、人権救済答申と人権擁護法案の問題点を指摘し、同法案への批判論等を念頭に置きつつ、日本における国内人権システムの確立に向けたあるべき国内人権機関像を提示する。本書は基本的には研究書であるが、読者の便宜を考え、資料に比較的多くの紙数を割いたため、資料が全体の約3分の1を占めている。しかし、資料の約4割にあたる資料❿〜⓬に掲げた人権政策提言は、共同作業の成果ではあるが、筆者が最終調整にあたった文書である。

　筆者は1984年から10年弱、アジア・太平洋における地域的人権保障システムの可能性に関する研究に取り組んだ。しかし、同地域の政治・経済・社会・文化的な多様性、当時の国際政治環境から、ヨーロッパ、米州、アフリカ地域で成立したような、地域的人権システムの構築を同地域に期待することの難しさを痛感した。筆者が国内人権機関の存在と機能に着目したのは、アジア・太平洋地域諸国内に国内人権機関を設置し、それらの連携を通じて同地域の人権環境を改善することができるのではないかと考えたからである。
　こうした着眼から、筆者は少しずつ国内人権機関の研究に着手し、パリ原則や国際人権センター編『国内人権機関―人権の伸長と保護のための国内機関づくりの手引き書』の翻訳を手がけた。National Human Rights Institutionsを「国内人権機関」と訳出したのは本訳書が最初であったと思う。
　1998年にはNMP研究会が組織され、自薦・他薦で集まった当時の平均年齢20歳代後半の若手研究者・弁護士等約10名と、各国の国内人権機関の比較研究を実施した。筆者がその後比較的長く国内人権機関の研究に従事することになったのは、同研究会を構想し、その代表として筆者を指名してく

ださった江橋崇法政大学法学部教授に負うところが大きい。ここに江橋教授の学恩に対し改めて御礼申し上げたい。中期滞在型の国外調査を精力的に展開したNMP研究会のメンバー各位にも感謝申し上げたい。

　21世紀に入り、日本で国内人権機関を設置する機運が高まったのに呼応し、筆者は日本における国内人権システムの確立や国内人権機関の設置に向け、いくつかの人権政策提言の策定に関わった。資料❿「これからの日本の人権保障システムの整備をめざして」(2002年1月) は人権フォーラム21という、人権政策提言NGOがまとめたものである。この策定作業に約1年間集中的に関わった窪誠、金子匡良、藤本俊明の各氏に御礼申し上げる。資料⓬「望ましい国内人権機関　『人権委員会設置法』法案要綱・解説」(2011年12月) は、多様な研究者・弁護士・人権活動家などが組織した「国内人権機関設置検討会」が約2年間かけて丹念に検討した成果である。この検討会に貴重な助言を提供くださった藤原精吾弁護士および武村二三夫弁護士、ならびに作業グループメンバーとしてスカイプ会議を含め頻繁に会合した、寺中誠、川村暁雄および金子匡良の各氏に御礼申し上げたい。

　本書はもちろん筆者の研究を基盤として執筆されているが、以上に謝辞を述べた各氏との討論なしには成り立たなかったことを付記させていただく。

　本書は神奈川大学法学研究所から出版助成を受け、刊行される。この機会を与えてくださった同研究所に御礼申し上げる。

　最後に、本書の企画から完成までゆきとどいた御世話をいただいた三省堂出版局の飛鳥勝幸部長に心から感謝申し上げたい。

　2012年6月

　　　　　　　　　　　　　　　　　　　　　　　　　　　　山崎公士

目 次

はしがき　i

第 I 部

国内人権機関の意義と概要

第1章　国内人権機関の意義と国連パリ原則 …………………… 3

- I　国内人権機関の意義　3
- II　人権システムにおける国内人権機関の位置　5
- III　国連パリ原則　6
- IV　国内人権機関の資格認証制度　7
- V　国内人権機関の認証手続　8

第2章　国内人権機関の歴史的沿革と各国における
　　　　設置の経緯 ……………………………………………… 13

- I　国内人権機関の歴史的沿革　13
- II　各国の国内人権機関の概要と設置の経緯　14
  - 1　概要　14
  - 2　設置の経緯　14

第3章　世界の国内人権機関 ………………………………………… 17

- I　設置背景と設置根拠法　17
  - 1　設置背景　17
  - 2　設置根拠法　18

Ⅱ　国内人権機関の形態　18
　　1　委員会型　19
　　2　オンブズパーソン型　20
　　3　混合型　20
　　4　協議・助言機関型　21
　　5　機関・センター型　21

第4章　差別禁止法と国内人権機関 ……………………… 24

　Ⅰ　問題の所在　24
　Ⅱ　差別禁止をめぐる日本法　26
　　1　法律　26
　　2　日本が批准しまたは加入した人権条約　27
　Ⅲ　人権擁護法案第3条の一般的差別禁止規定　28
　　1　人権擁護法案　28
　　2　人権擁護法案第3条の一般的差別禁止規定　29
　Ⅳ　差別禁止規定または差別禁止法の意義　32
　　1　法制度の不備の是正　32
　　2　人権侵害・差別の反社会性の国家意思としての表明　34
　　3　新設が見込まれる国内人権機関の判断基準の明示　34
　Ⅴ　諸外国の差別禁止法　35
　　1　一般的差別禁止法──1977年カナダ人権法　35
　　2　個別的差別禁止諸法の蓄積──オーストラリアの場合　36
　　3　EU理事会の反差別指令　38
　Ⅵ　差別禁止の手法　40
　　1　カナダ人権法の場合　40
　　2　国連・反人種差別モデル国内法　41
　Ⅶ　結びにかえて──今後の展望　42

第Ⅱ部

国内人権機関の機能と活動

第1章　国内人権機関の機能……………………………………………… 51
　Ⅰ　人権促進機能（教育・広報）　53
　Ⅱ　人権保護機能（人権侵害の調査・救済）　54
　　1　申立ての受理、非公開のあっせん・調停　55
　　2　公開の審問手続、人権審判所での審理と決定・命令　55
　　3　国内人権機関の裁判参加、裁判提起　57
　　4　公開調査（Public Inquiries）　57
　Ⅲ　監視機能　58
　Ⅳ　提言機能　59
　Ⅴ　調整・協力機能　61
　Ⅵ　結びにかえて　63

第2章　差別撤廃における国内人権機関の役割 ………………… 65
　Ⅰ　カナダ人権委員会の構成と職務　65
　Ⅱ　カナダ人権法における「差別」の定義　66
　Ⅲ　差別事案に関する人権救済　67
　Ⅳ　差別の予防・撤廃　69
　Ⅴ　差別撤廃に向けた監視と政策提言　69
　Ⅵ　結びにかえて　70

第3章　ビジネスと人権に関する国内人権機関の活動 ……… 74
　Ⅰ　前提的考察　74
　　1　企業活動による人権侵害の社会問題化　74

2　企業の社会的責任をめぐる任意的文書　75
　　　3　企業の社会的責任をめぐる法的文書策定の動き　75
　　　4　企業の社会的責任の規律方法　78
　Ⅱ　ビジネスと人権をめぐる国際連合の新たな取り組み　79
　　　1　国連・多国籍企業人権責任規範草案の挫折　79
　　　2　多国籍企業その他の企業活動に関する事務総長特別代表の任命　80
　Ⅲ　「ビジネスと人権に関する指導原則─国際連合の『保護、尊重及び救済』枠組みの実施」の概要　80
　Ⅳ　指導原則における国内人権機関の位置づけと評価　82
　　　1　指導原則における「国内人権機関」への言及　82
　　　2　「国内人権機関」の位置づけに関する諸機関・団体の評価　86
　Ⅴ　ビジネスと人権をめぐる諸課題と国内人権機関の役割　87

第4章　国際人権法における国内人権機関の位置　93

　Ⅰ　国連人権理事会における国内人権機関の役割　93
　Ⅱ　条約体と国内人権機関　94
　Ⅲ　人権理事会における特別手続と国内人権機関　96

第5章　障害者権利条約の実施措置における国内人権機関の位置　99

　Ⅰ　はじめに　99
　Ⅱ　条約起草過程における条約の監視（モニタリング）をめぐる議論　99
　Ⅲ　国内的実施措置　101
　　　1　中心的機関（focal points）の設置　101
　　　2　政府内における調整のしくみ（coordination mechanisms）　102

3　条約実施を監視する枠組み（framework）　102
　Ⅳ　国際的実施措置　103
        1　障害者権利委員会の設置　103
        2　国家報告制度　104
        3　個人通報制度　105
        4　調査制度　106
        5　締約国会議　107
　Ⅴ　結びにかえて　107

第Ⅲ部

日本における国内人権機関の設置に向けた動向

第1章　日本における人権救済制度の現状と問題点 …………… 115

　Ⅰ　人権救済制度　115
        1　根拠法　115
        2　多元的な人権相談・救済実施主体　116
　Ⅱ　人権擁護行政　116
        1　法務省の人権擁護行政　116
        2　人権擁護委員制度　117
　Ⅲ　国内人権機関の必要性　117
        1　司法的救済の限界　117
        2　政府から独立した国内人権機関の必要性　118

第2章　人権擁護推進審議会と人権救済答申 ……………………120

　Ⅰ　人権擁護推進審議会　120
　Ⅱ　人権救済答申の内容　121

1　審議会の審議手法　121
　　2　答申の内容について　122

第3章　人権擁護法案 …………………………………………129

　Ⅰ　人権擁護法案の国会上程　129
　Ⅱ　人権擁護法案の概要と特徴　129
　　1　人権侵害禁止規定　130
　　2　人権委員会の設置と組織体制　133
　　3　人権擁護委員制度　133
　　4　人権委員会による人権救済手続　134
　　5　人権委員会によるその他の権能　135
　Ⅲ　人権擁護法案の問題点　135
　　1　法案の特徴　136
　　2　人権・人権侵害の定義の明確化　136
　　3　人権侵害類型──公権力による人権侵害の不在　136
　　4　人権委員会の独立性　137
　　5　人権委員会の明確な管轄権　138
　　6　人権委員会の利便性　139
　　7　メディアによる人権侵害　140
　　8　意見・勧告表明、提言機能　140
　Ⅳ　人権擁護法案の国会審議の経緯　141
　　1　法案趣旨説明・質疑　141
　　2　法案に関する参考人質疑　143
　　3　再度の継続審議と廃案　143
　Ⅴ　名古屋刑務所事件と公権力による人権侵害の表面化　143

第4章　人権擁護法案への批判と政府・与党の対応 …………147

　Ⅰ　人権擁護法案へのメディアの反発　147
　Ⅱ　法案廃案後の政府・与党の対応　150

Ⅲ　法案への保守派の反発　　151
　　Ⅳ　太田試案と自民党・人権問題等調査会の活動休止　　152

第5章　自治体における人権救済制度 …………………159

　Ⅰ　鳥取県人権救済条例の成立と施行停止　　159
　Ⅱ　千葉県障害者差別撤廃条例　　161
　Ⅲ　その他の自治体における障害者差別禁止条例の制定　　163

第6章　人権システムの確立と国内人権機関の設置を求める民間の提言 …………………168

　Ⅰ　人権政策提言　　168
　　1　人権政策提言の背景　　168
　　2　人権政策提言の検討　　169
　　3　基本的な視点　　169
　　4　人権政策提言の特徴　　170
　Ⅱ　「日本における人権の法制度に関する提言」　　172
　　1　提言の背景　　172
　　2　提言の策定方針と内容　　172
　Ⅲ　「人権委員会設置法」法案要綱・解説　　174

おわりに　　177

資　料

1 国家機関（国内人権機関）の地位に関する原則
（パリ原則）　183
2 世界の国内人権機関一覧　185
3 反人種差別立法の制定における諸政府の指針となる
モデル国内立法（国連・反人種差別モデル国内法）　192
4 人権救済制度の在り方について（答申）　196
5 人権擁護法案　211
6 新たな人権救済機関の設置について（中間報告）　226
7 新たな人権救済機関の設置について（基本方針）　227
8 人権委員会の設置等に関する検討中の法案の概要　228
9 日弁連の提案する国内人権機関の制度要綱　230
10 これからの日本の人権保障システムの整備をめざして
―人権政策提言ver.2.1―　241
11 日本における人権の法制度に関する提言　251
12 望ましい国内人権機関
『人権委員会設置法』法案要綱・解説　255

参考文献　279
主要索引　288

編集協力・組版＝木精舎
装丁＝三省堂デザイン室

第Ⅰ部

国内人権機関の意義と概要

第1章
国内人権機関の意義と国連パリ原則

I 国内人権機関の意義

　国内人権機関（National Human Rights Institutions（NHRIs）; Institutions Nationales des Droits de l'Homme（INDH）[1]）は1970年代以降に登場しはじめた新しいタイプの人権機関で、主権国家が国家機関として国内に設置するものである。国内人権機関はたしかに国家機関ではあるが、立法府・行政府・司法府から直接コントロールされない「政府から独立した」人権機関の総称である。ただし、国際的に確立した「国内人権機関」の定義はない。本書では、①人権保障のため機能する既存の国家機関とは別個の公的機関で、②憲法または法律を設置根拠とし、③人権保障に関する法定された独自の権限をもち、④いかなる外部勢力からも干渉されない独立性をもつ機関を「国内人権機関」と呼ぶことにする。

　国内人権機関の設置形態については以下で触れるが、人権委員会のように複数の個人で構成される型（委員会型）と、オンブズパーソンのように単独の個人で活動する型（オンブズパーソン型）とに大別できる。オーストラリアの人権委員会やスウェーデンの平等権オンブズマンなど、その形態は多様である。

　国家には憲法に規定される人権を保障する義務がある[2][3]。国際人権法上、国家には、人権の尊重、保護および充足の義務があるといわれる。人権の尊重とは個人や集団の人権を阻害しない国家の義務であり、人権の保護とは個人や集団を人権侵害から護る国家の義務であり、また人権の充足とは個人や集団による人権の享受を促進するため積極的に行動する国家の義務である。

このため国家は国内法を整備し、行政・司法機関がこれらの義務を果たしてきた。しかし、とくに人権侵害された者の救済に関し、国家は人権の保護義務を十分に果たしていないことが1980年代以降問題視されはじめた。発展途上国では軍隊や警察の権力濫用による人権侵害が横行し、また先進国でもマイノリティに対する構造的・社会的差別が解消していないからである[4]。こうした人権侵害や差別を受けた者は、費用と時間がかかり、しかも手続が面倒な裁判を利用して救済を求めることはまれで、多くの場合泣き寝入りを強いられてきた。

そこで国連は、人権教育・啓発、人権侵害された者の救済ならびに人権政策提言の機能をもつ、政府から独立した人権保障機関（国内人権機関）の設置を加盟国に働きかけている。その前提として、1992年に旧・国連人権委員会（人権理事会の前身）は、国内人権機関づくりの指針として「国家機関（国内人権機関）の地位に関する原則」（パリ原則）を採択[5]（1993年には国連総会でも採択[6]）した。

1993年の「ウィーン宣言及び行動計画」[7]では、「人権の促進及び保護のために国家機関（国内人権機関）が果たしている重要で建設的な役割、とりわけ、管轄機関への助言機能、人権侵害を救済する役割、人権情報の普及、人権教育といった役割をあらためて確認し、……パリ原則に関連し、かつ各国家が国内レベルで個別の必要に最も適した枠組みを選択する権利を有していることを認識したうえで、国家機関の確立及び強化を奨励」した（第Ⅰ部36項）。同宣言はまた、（同宣言を採択した）世界人権会議のフォローアップとして、すべての国家および国連システム内のすべての人権関連機関に対し、同宣言の実施についての進捗状況を事務総長に報告するよう求めるとともに、地域的人権機関、適切な場合には、国内人権機関、ならびにNGOは、この会議の最終文書の実施面でなされた進展に関して、国連事務総長に意見を述べることができるものとした（第Ⅱ部100項）。このように、1993年時点で、国内人権機関は国連人権システム、地域的人権機関とともに、国際的な人権システムの中に位置づけられていた。なお、社会権規約委員会、人種差別撤廃委員会および子どもの権利委員会等の条約体（人権条約実施機関）も、国際人権法の国内実施における国内人権機関の役割を重視している。

Ⅱ　人権システムにおける国内人権機関の位置

　国内人権機関は人権政策提言、人権教育・広報および人権相談・救済の機能を併せもつ総合的な国の人権機関である。したがって、これが新設されると、国や自治体による既存の公的な人権保障活動との調整が必要となる。また、諸外国の国内人権機関は、国連機関、人権諸条約の実施機関である条約体、地域的人権機関との協働や他国の国内人権機関との協力を活発に展開している。そこで、国内人権システムや国際人権システムにおける国内人権機関の位置づけを簡単に素描しておきたい。

　本書では「人権システム」「国内人権システム」「国際人権システム」という用語を用いる。「人権システム」とは、現在地球上で展開され、機能している人権保障活動の総体で、「国際人権システム」と「国内人権システム」からなる。

　「国際人権システム」は、国際連合機関の活動や人権諸条約の条約体による条約実施を通じた地球規模のグローバル人権保障システム、ヨーロッパ人権条約や米州人権条約の実施などによる地域的人権保障システムの総称である[8]。なお、国際人権システムではNGOのような非国家主体による人権活動も重要な要素となっている。近年、国連人権理事会等の国連機関や条約体の会議等に国内人権機関が積極的に参画しており、国際人権システムにおける国内人権機関の重要度は増しつつある[9]。

　「国内人権システム」とは、公的機関とNGOのような私的機関の相互補完的な活動によって、ある主権国家内で人権保障のため実際に機能している制度の総体を意味する。このうち公的機関の活動は、①憲法、批准・加入した条約、ならびに人権法または差別禁止法のような人権実体法を主たる法的根拠とし、②国の立法・行政・司法機関および政府から独立した「国内人権機関」を実施主体として、③ⓐ人権政策提言、ⓑ人権相談・救済、ⓒ人権教育・広報などの活動手法によって、国家内の人権保障を図っている。近年、国内人権機関の役割が重視され、国内人権システムにおけるその位置づけは向上しつつある[10]。

　「国内人権システム」の主要な基本原理は平等原則、または非差別原則[11]

である。各国では、人権法または人種差別禁止法、雇用差別禁止法、性差別禁止法、障害差別禁止法などの差別禁止法を制定し、人種、皮膚の色、性、言語、宗教等々の差別禁止事由と、雇用、教育、住居への入居、商品・サービス提供のような差別が禁止される分野を法定している[12]。同時にこれら諸法の実施機関として、人権委員会やオンブズマンなどの政府から独立した「国内人権機関」を設置する国が少なくない。

国際人権システムと国内人権システムは別個に活動するが、その目的は個人や集団の尊厳と権利の促進および保護であり、両者は密接に関連しつつ相互補完的に展開している。政府からの独立性が高い国内人権機関には、国際人権システムと国内人権システムを有機的に連携させる役割も期待できる。

Ⅲ 国連パリ原則

パリ原則は、①国内人権機関（以下、「機関」）の機能と責任、②構成と独立性・多元性の保障、③活動方法、④準司法的権限の4項目について国内人権機関のあるべき姿を示している。その概略は次の通りである。

機関は人権の促進と保護の権限を付与されるものとされ、その構成と権限は憲法または法律で定められ、できる限り広範な職務を与えられるものとする。機関の権能としては、①人権法制・状況に関する政府・議会への提言、②人権諸条約の批准や国内実施の促進、③人権諸条約上の国家報告書への意見表明、④国連人権関係機関などとの協力、⑤人権教育・研究プログラムの作成支援、⑥人権・差別撤廃の宣伝が例示されている。

これらの機能を実施するため、機関の構成員については社会の多元性を反映するよう各分野の専門家等から選出し、その任期を明確に定め、独立した財源をもつものとするなど、機関の独立性の確保策をパリ原則は示す。

機関の活動としては、①苦情申立ての検討、②意見の聴取、情報・文書の取得、③意見や勧告の公表、④人権の促進と保護に責任をもつ司法機関などとの協議、⑤人権NGOとの連携、などを掲げる。

機関は司法機関ではない。しかし、パリ原則は、①調停を通じての友好的解決、②救済手段に関する申立者への情報提供、③法律の制限内での申立て

の聴聞、他機関への移送、④法律、規則、行政慣行の改正・改革の提案など、機関は準司法的権限をもてることも示している。

　なお、国連人権センター（現、人権高等弁務官事務所）が1995年に刊行した『国内人権機関—国内人権機関の設置と強化に関する手引き書』[13]によれば、国内人権機関には、①人権教育、②政府に対する助言と政府の支援、および③人権侵害の申立ての調査、の3つの主要な任務がある。また、これらの任務を実効的に遂行するため、国内人権機関には、①独立性、②明確な管轄権と適切な権能、③アクセスの容易さ、④NGO・国内機関・政府間機構との協力、⑤活動の効率、ならびに⑥説明責任（アカウンタビリティ）が必要とされる。これらの要件は、いずれもパリ原則を踏まえたものである。

Ⅳ　国内人権機関の資格認証制度

　1993年のテュニスでの国内人権機関による国際会議で、諸国の国内人権機関は国内人権機関相互の活動を調整するため、国内人権機関国際調整委員会（International Coordinating Committee of National Institutions for the Promotion and Protection of Human Rights[14]; ICC）を設置した。ICCは国内人権機関の国際的連合体で、諸国の国内人権機関がパリ原則に準拠するよう促し、またこれを強化することを目的とする（ICC規程5条）[15]。このためICCはA資格（後述）の国内人権機関に助言と支援を提供し、人権問題への国内的取り組みの強化を支援する。ICCは人権理事会の決定[16]により国内人権機関の資格を認証する権限を付与されている。

　1998年にICCの手続規則が整備され、ICC構成機関は、アフリカ、南北アメリカ、アジア・太平洋、ヨーロッパ地域からA資格を有する4機関ずつの計16機関[17]に拡大され、また、国内人権機関の認証手続の過程も定められた。

　ICCは、パリ原則に十分に準拠した国内人権機関にはA資格（留保付き認定の場合はA(R)資格）を、パリ原則に十分に準拠していないか認証決定のため適切な情報を提供していない国内人権機関についてはB資格（オブザーバー資格）を、またパリ原則に準拠していない国内人権機関にはC資格を、それぞれ認証することができる。

A資格を得た国内人権機関は投票権をもつICC会員となれる。B資格の国内人権機関はICCの会合に参加できるが、投票権はもてない。A資格と認証されなければ、政府から独立した国内人権機関として国際的には認知されない。2012年5月末時点での認証結果は、A資格66機関、A(R)資格1機関、B資格15機関、C資格7機関となっている[18]。

　ICCは4地域グループを代表するA資格の4機関で構成されるICC事務局（ICC Bureau）によって運営される。その主な任務は、国内人権機関の資格認証、国内人権機関の国連人権理事会への参加促進などである。このほか、ICCには、総会、認証小委員会（Sub-Committee on Accreditation (SCA)）およびICC国際会議[19]という会議体がある。ICCの活動は国連人権高等弁務官事務所によって支援されている。なお、ICCは2008年にスイス法にもとづく非営利法人格を取得している。

V　国内人権機関の認証手続

　国内人権機関の認証に関する原案はICCの認証小委員会が作成する[20]。認証手続は国内人権機関の実効性を評価し、職務権限の遂行状況を向上させるもので、重要である。ICC規程[21]1.1条に従い、SCAの職務権限（mandate）は、ICC議長から回付された認証申請を検討・分析し、申請機関がパリ原則に準拠しているかどうかについて勧告することである（SCA手続規則[22]1）。

　SCAはアフリカ、南北アメリカ、アジア・太平洋、ヨーロッパから1機関ずつ選ばれたA資格の国内人権機関によって構成される（同規則2.1）。SCAメンバーは各地域グループから3年任期で選出され、再選可能である（同規則2.2）。SCA議長は1年任期で、2回まで再任が可能とされている。SCA議長は各地域から交代で選出される（同規則2.3）。国連人権高等弁務官事務所はICCの常任オブザーバーで、ICCの事務局としてSCAの活動を支援する（同規則2.4）。

　認証または再認証を求める国内人権機関は、ICC議長に申請する。申請機関はICC事務局を通じて、①機関の設置根拠法、②機関の組織体制（職員の定員、年間予算を含む）、③公的な、あるいは刊行された最新の年次報告書ま

たはこれに匹敵するもの、④パリ原則に準拠することを示す詳細な意見書、ならびに⑤同原則に準拠できない点および準拠を確保するための提案についての情報を提出する（ICC規程10条）。パリ原則にもとづくすべての認定申請は、国連人権高等弁務官事務所の支援と協力の下で、提出された文書を踏まえたSCA報告を検討した後に、ICC事務局が決定する（同規程11.1条）。決定にあたり、ICC事務局とSCAは、公平かつ正義に適う決定を行うため、申請機関と対話し、情報交換を行う（同規程11.2条）。SCAが認証勧告について結論を得た場合、勧告内容をICC事務局に送付し、同事務局が最終決定を行う（同規程12条）。以下に、認証および再認証過程を図示する。

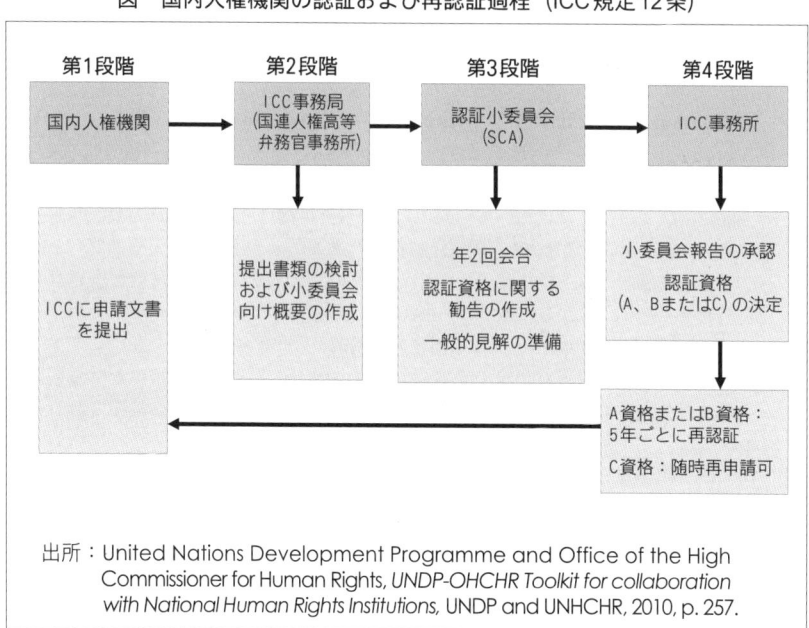

図　国内人権機関の認証および再認証過程（ICC規定12条）

```
第1段階          第2段階              第3段階            第4段階
国内人権機関  →  ICC事務局         →  認証小委員会    →  ICC事務所
                 （国連人権高等         （SCA）
                 弁務官事務所）
    ↓               ↓                    ↓                 ↓
ICCに申請文書    提出書類の検討       年2回会合         小委員会報告の承認
を提出           および小委員会       認証資格に関する  認証資格
                 向け概要の作成       勧告の作成        （A、BまたはC）の決定
                                      一般的見解の準備
                                                           ↓
                                                      A資格またはB資格：
                                                      5年ごとに再認証
                                                      C資格：随時再申請可
    ←──────────────────────────────────────────────────────
```

出所：United Nations Development Programme and Office of the High Commissioner for Human Rights, *UNDP-OHCHR Toolkit for collaboration with National Human Rights Institutions*, UNDP and UNHCHR, 2010, p. 257.

　SCAによる勧告はICC事務局に送付され、同事務局が最終決定する。申請機関は、勧告受理後28日以内に、ICC議長に対し文書で不服を申し立てることができる。勧告内容に同意しないICC事務局メンバー機関は、勧告受理後20日以内に、SCA議長およびICC事務局にその旨を告知する（ICC規程12条）。この異議はすべてのICC事務局メンバーに通知される。この通知

から20日以内に、2地域以上から選出された4機関以上がその異議に同調した場合、当該勧告に関する決定は次回の事務局会議に持ち越される。この通知から20日以内に、2地域以上から選出された4機関以上が勧告に異議を唱えない場合、当該勧告はICC事務局によって承認されたとみなされる。この時点で、認証に関するICC事務局の決定は、最終決定となる。

　ICC事務局がパリ原則への不準拠を理由に国内人権機関による認証申請に同意しない場合、ICC事務局またはその代表は準拠問題につき当該申請機関と協議できる（同規程13条）。認証申請に同意を得られなかった機関は、ICC規程10条に従い、認証を再申請できる（同規程13条）。なお、A資格を認定されたすべての国内人権機関は、5年後に再認証を受けなければならない（同規程14条）。

(1) National Human Rights Institutions（NHRIs）; Institutions Nationales des Droits de l'Homme（INDH）の邦訳は、現時点で「国内人権機関」が定着している。ただし、法務省は「国内人権機構」としている（たとえば、人権擁護推進審議会「人権救済制度の在り方について（答申）」(巻末資料**4**)。なお、nationalは本来「国家」設置を意味するので、「国家人権機関」あるいは「国立(設)人権機関」と訳すことも可能である。現に韓国の国内人権機関は韓国国家人権委員会と訳されるのが通例である。しかし、政府から独立した人権機関という趣旨を示すため、本書では、「国家人権機関」でなく「国内人権機関」と称することにする。

(2) 国家の基本権保護義務論の立場に立てば、国家による人権侵害のみならず、企業など私人による人権侵害についても、国家には人権を保護する義務があるとされる。

(3) 1993年6月の世界人権会議で採択された「ウィーン宣言及び行動計画」第Ⅰ部5項は、「すべての人権は、普遍的かつ不可分であり、相互に依存しかつ関連している。……国家的、地域的特殊性並びに様々な歴史的、文化的及び宗教的背景の重要性を考慮しなければならないが、すべての人権及び基本的自由の促進及び保護は、その政治的、経済的及び文化的制度のいかんに拘らず、国家の義務である。」としている。ウィーン宣言及び行動計画のテキストは、U.N. Doc. A/CONF.157/24（Part I）（32 I.L.M. 1661（1993））。自由人権協会訳（山崎公士監修）「ウィーン宣言及び行動計画」、世界人権会議NGO連絡会編『NGOが創る世界の人権：ウィーン宣言の使い方』(明石書店、1996年) 所収参照。

(4) 川村暁雄「国内人権保障システムの機能と実効性—各国の特徴」人権フォーラム21編『世界の国内人権機関—国内人権システム国際比較プロジェクト（NMP）調査報告』(解放出版社、1999年) 所収参照。

⑸　Commission on Human Rights resolution 1992/54 of 3 March 1992, annex (Official Records of the Economic and Social Council, 1992, Supplement No. 2 (E/1992/22), chap. II, sect. A).

⑹　General Assembly resolution 48/134 of 20 December 1993, annex. 山崎公士訳「国家機関（国内人権機関）の地位に関する原則（パリ原則）」、http://www.hurights.or.jp/archives/institutions/post-1.html（2012年2月29日アクセス）。

⑺　テキストおよび翻訳については、前掲注⑶。

⑻　山崎公士「第1章　21世紀の人権」江原由美子監修、神奈川人権センター編『21世紀の人権』（日本評論社、2011年）参照。

⑼　本書第Ⅱ部第4章参照。

⑽　本書第Ⅱ部参照。

⑾　人はすべて平等に扱われなければならず、その属性を理由に差別されてはならないという原則。日本法では、たとえば、「すべて国民は、法の下に平等であつて、人種、信条、性別、社会的身分又は門地により、政治的、経済的又は社会的関係において、差別されない。」（日本国憲法第14条1項）、「人種、皮膚の色、性、言語、宗教、政治的意見その他の意見、国民的若しくは社会的出身、財産、出生又は他の地位等によるいかなる差別もなしに」（自由権規約第2条1項）などと表現される。

⑿　本書第Ⅰ部第4章参照。

⒀　Centre for Human Rights, *National Human Rights Institutions, A Handbook on the Establishment and Strengthning of National Human Rights Institutions for the Promotion and Protection of Human Rights*, HR/P/PT/4, 1995. マイノリティー研究会訳（山崎公士監修）『国内人権機関—人権の伸長と保護のための国内機関づくりの手引き書』（解放出版社、1997年）。

⒁　http://nhri.ohchr.org/EN/Pages/default.aspx（last visited Feb. 29, 2012）.

⒂　Art.5 of the Statute of the Association of International Coordinating Committee of National Institutions for the Promotion and Protection of Human Rights, in the *ICC Report and Recommendations of the Session of the Sub-Committee on Accreditation (SCA)*, Geneva, 25-28 October 2011, available at <http://nhri.ohchr.org/EN/Documents/SCA%20REPORT%20OCTOBER%202011%20-%20FINAL%20（with%20annexes).pdf>（last visited Feb.29, 2012）.

⒃　Human Rights Council Decision 2/102（2006）, Reports and studies of mechanisms and mandates.

⒄　ICCは以下の16機関で構成されている（2012年2月末時点）。アフリカ：ケニア国家人権委員会（ICC書記）、モロッコ人権諮問評議会（国内人権機関アフリカネットワーク議長）、南アフリカ人権委員会、トーゴ国家人権委員会。南北アメリカ：メキシコ国家人権委員会、エクアドルオンブズマン（南北アメリカ国内人権機関議長）、エルサルバドル人権擁護官、アルゼンチン国家護民官。アジア・太平洋：ニュージーランド人権委員会（ICC議長）、オーストラリア人権委員会、インド国家人権委員会、ヨルダン国家人権センター。ヨーロッパ：スコットランド人

権委員会（国内人権機関ヨーロッパグループ議長）、ルクセンブルク人権諮問委員会、ドイツ人権機関、クロアチアオンブズマン事務所。

(18) International Coordinating Committee of National Institutions for the Promotion and Protection of Human Rights(ICC), Directory of National Human Rights Institutions, available at <http://nhri.ohchr.org/EN/Contact/NHRIs/Pages/default.aspx> (last visited Jun. 8, 2012). なお、地域別の国内人権機関一覧については、巻末資料❷世界の国内人権機関一覧参照。

(19) 1991年から隔年開催されている。国内人権機関間の協力関係の強化、共通人権課題の討議等を目的とする。第9回は2008年にケニアのナイロビで開催され、統一テーマは「国内人権機関と司法の運営」であった。また第10回は2010年にスコットランドのエジンバラで開催され、統一テーマは「ビジネスと人権：国内人権機関の役割」であった。

(20) ICCによる国内人権機関の認証手続については、*Cf.*, Process currently utilized by the International Coordinating Committee of National Institutions for the Promotion and Protection of Human Rights to accredit national institutions in compliance with the Paris Principles, Report of the Secretary-General, U.N. Doc. A/HRC/16/77 (2011). 江島晶子「『人権救済法』としての憲法の可能性—憲法訴訟・国際人権機関・国内人権機関—」『法律論叢』83巻2・3号（2011年2月）参照。

(21) Statute of the Assoiation of International Coordinating Committee of National Institutions for the Promotion and Protection of Human Rights, supra note 15.

(22) Rules of Procedure for the ICC Sub-Committee on Accreditation, in the Report and Recomendations of the Session of the Sub-Committee on Accreditation (SCA), Geneva, 25-28 October 2011, available at <http://nhri.ohchr.org/EN/Documents/SCA%20REPORT%20OCTOBER%202011%20-%20FINAL%20(with%20annexes).pdf> (last visited Feb.29, 2012).

第2章

国内人権機関の歴史的沿革と各国における設置の経緯

I 国内人権機関の歴史的沿革

　国内人権機関を設置するという構想は、1946年にまでさかのぼることができる。国連の経済社会理事会は第2会期で、国連・旧人権委員会の活動を促進するため、情報集団または（国内）地域人権委員会の設置を検討するよう加盟国に要請した[1]。1947年3月、フランス国家人権諮問委員会（Commission nationale consultative des droits de l'homme）[2]が創設された。これは世界最古の国内人権機関である。しかし、その後約30年間、国際社会で国内人権機関設置の動きはみられなかった[3]。

　1978年9月、旧人権委員会は「人権の促進と保護のための国家および国内地域機関に関するセミナー」[4]を開催した。このセミナーでは、①政府による国際人権規範遵守状況の監視、および②国際人権規範の促進を機能とする国家機関のガイドラインを示し、国連総会[5]はこれを支持した。1991年10月、旧人権委員会は第1回「人権の促進および保護のための国家機関に関する国際ワークショップ」をパリで開催した。このワークショップでいわゆるパリ原則が起草され、その後旧人権委員会および国連総会の決議によって、これが正式に採択された[6]。

Ⅱ 各国の国内人権機関の概要と設置の経緯

1 概要

　2012年5月末現在、122か国に国内人権機関は設置されている。南アフリカ人権委員会、メキシコの国家人権委員会、オーストラリアの人権委員会、フランスの国家人権諮問委員会などがその典型例である[7]。

　アジア・太平洋地域でも、アフガニスタン、バングラデシュ、オーストラリア、フィジー、インド、インドネシア、イラン、ヨルダン、マレーシア、モルディブ、モンゴル、ネパール、ニュージーランド、パレスチナ、フィリピン、カタール、韓国、スリランカ、タイおよび東ティモールの計20国・地域に国内人権機関が設置されている（2012年5月末現在）。同地域の国内人権機関は、アジア・太平洋国内人権機関フォーラム（The Asia Pacific Forum of National Human Rights Institutions, APF[8]）という連合体を組織し、定期的に会合し、相互協力している。なお、バングラデシュ、スリランカおよびモルディブの国内人権機関はAPFの準メンバーであり、それ以外の17機関は正式メンバーである[9]。

　少なからぬ国では、複数の国内人権機関が併存している。各国の国内人権機関は、国家制度（連邦国家か中央集権国家か）、国内人権機関の数（単一か併存か）、国内人権機関の職務の範囲（広範な職務権限か特定の職務権限か）などによってさまざまである[10]。

2 設置の経緯

　各国の国内人権機関が設置されるに至った国内事情はさまざまである。

　フィリピンとインドの人権委員会は、警察や軍による民衆に対する人権侵害に歯止めをかけるためNGOなどの求めによって設置された。先進国の人権委員会は、イギリスでの反人種差別運動、オーストラリアにおける先住民族の権利主張など、マイノリティや被抑圧者の運動によって設置が促された。いずれの場合でも、立法・行政・司法府を主体とする既存の国内人権システムだけでは民衆の人権は十分に守られないという経験から新たな国内人

権機関が模索された。

　国内人権機関ができても、適用すべき人権法や差別禁止法が整備されていなければ、力を発揮できない。どの国の国内人権システムをみても、人権実体法が徐々に発展する過程で国内人権機関が成立している。

　カナダでは1960年に連邦のカナダ権利章典が制定され、各州でも同様の人権章典などが成立し、この過程で1962年から1977年にかけて各州に人権委員会が設置された。そして1977年には、広範な差別禁止規定と連邦人権委員会の設置を盛り込んだカナダ人権法が成立した。さらに1982年には、「権利と自由に関するカナダ憲章」を含む1982年憲法が成立した。その後もカナダ人権法は改正され、次第に差別禁止事由・行為の幅を広げつつある。

　ニュージーランドでは、1977年に人権委員会法が制定され、人権委員会と機会均等審判所が設置された。1990年には公権力行使者・機関の行為だけを対象とする権利章典が制定され、さらに1993年に差別禁止分野を明示し、私人の行為をも差別禁止対象とした人権法が制定された。

　人権法体系の整備の過程で国内人権機関が設置されるというこのような経緯は、その他の国でもみられ、日本の国内人権システムを充実させるうえで、大いに示唆に富むものである。

---

(1) 経済社会理事会決議2/9（1946年6月21日）。
(2) http://www.cncdh.fr/（last visited Feb. 29, 2012）。窪誠「フランスの国家人権諮問委員会と共和国行政斡旋官——行政がイニシアチブをとる国内人権機関」NMP研究会・山崎公士編著『国内人権機関の国際比較』（現代人文社、2001年）参照。
(3) ただし、経済社会理事会決議772B（XXX）（1960年7月25日）と同888F（XXIV）（1962年7月24日）は、「国内人権委員会または国内人権諮問委員会の設立を前向きに検討」するよう加盟国に要請した。
(4) Seminar on National and Local Institutions for the Promotion and Protection of Human Rights, U.N. Doc. ST/HR/SER.A/2 (1978).
(5) 国連総会決議33/46（1978年12月14日）。
(6) 人権委員会決議1992/54（1992年3月3日）、国連総会決議48/134（1993年12月20日）。
(7) 世界の国内人権機関については、巻末資料❷世界の国内人権機関一覧参照。

⑻ http://www.asiapacificforum.net/ (last visited Feb. 29, 2012)
⑼ パリ原則に準拠している国内人権機関は正式メンバーとなれるが、そうでない機関は準メンバーとされる。
⑽ NMP研究会・山崎公士編著、前掲注⑵、18-19頁参照。

第3章
世界の国内人権機関

I 設置背景と設置根拠法

1 設置背景

　国内人権機関は1990年代に一部の諸国で設置されはじめ、1990年代以降に設置数が急増した。国内人権機関の設置数の増加時期は国際地域によって

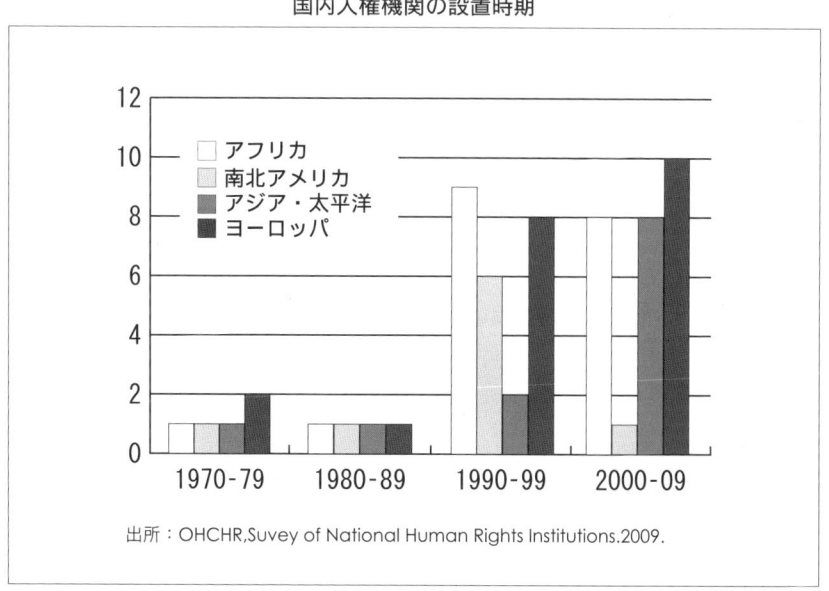

国内人権機関の設置時期

出所：OHCHR,Suvey of National Human Rights Institutions.2009.

異なる。南北アメリカでは1990年代以降、アフリカでは1990年代半ば以降、アジア・太平洋では1990年代後半以降、ヨーロッパでは1990年代半ば以降、各国で国内人権機関が盛んに設置されるようになった[1]。

1990年代以降に国内人権機関を設置する国が増えた背景として、冷戦構造の崩壊によって国際社会で国際人権が議論しやすくなったことが考えられる。1993年の世界人権会議で採択された「ウィーン宣言及び行動計画」は、「人権の促進及び保護のために国家機関が果たしている重要で建設的な役割、とりわけ、管轄機関への助言機能、人権侵害を救済する役割、人権情報の普及、人権における教育といった役割をあらためて確認」（Ⅰ‐36項）した。このウィーン宣言に触発されて国内人権機関を設置した国[2]もある。また内戦終結後の和平協定や民主主義への移行過程を契機に国内人権機関を設置した国[3]もみられる。さらに憲法改正過程で国内人権機関が設置された国[4]もある。

2　設置根拠法

パリ原則は憲法または法律を国内人権機関の設置根拠とすべきものとしている。国内人権機関国際調整委員会（ICC）によれば、行政立法のような行政府による文書を設置根拠とする国内人権機関は、組織の継続性と独立性の観点から適切でないとされる。多くの国内人権機関はパリ原則に従い憲法または法律にもとづき設置されている[5]。しかし、行政命令や議会の決定を根拠に設置された国内人権機関もみられる[6]。

Ⅱ　国内人権機関の形態

現時点で世界的に認知された国内人権機関のモデルは存在しない。国内人権機関のガイドラインを示す国連パリ原則も国内人権機関の設置形態[7]はとくに指定していない。1993年の「ウィーン宣言及び行動計画」も、「世界人権会議は、「パリ原則」に関連し、かつ各国家が国内レベルで個別の必要に最も適した枠組みを選択する権利を有していることを認識した上で、国家機関の確立及び強化を奨励する。」（Ⅰ‐36項）とし、国内人権機関の形態については国連加盟国に委ねている。このため、各国の国内人権機関の形式と名

称[8]は多様であるが、設置形態や機能に着目すれば、「委員会型」、「オンブズパーソン型」、「混合型」、「協議・助言機関型」および「機関・センター型」に分類できる。

1 委員会型

　複数の委員から成る「委員会型」が最も代表的な国内人権機関の形態である。アジア・太平洋では、オーストラリア人権委員会、インドネシア人権委員会、ニュージーランド人権委員会、韓国国家人権委員会など、この形態が一般的である。アフリカではケニア国家人権委員会、セネガル人権委員会など、また南北アメリカではカナダ人権委員会、ヨーロッパではイギリスの平等・人権委員会などがこの型である。

　委員会型の国内人権機関は、人権の促進と保護に関する明確な職務権限（mandate）をもち、国が設置するものが多い。しかし、一部には、女性の権利など特定分野のみを扱う委員会もある。委員会型機関は委員の多元性を確保するため、複数の委員（常勤委員と非常勤委員）から成り、委員長は常勤である場合が多い。

　委員会型機関の中心的な役割は人権問題の調査で、個人からの苦情申立てを受理する権限をもつものが多い。苦情申立ての調査結果については、勧告機能のみをもつ場合が多いが、裁判所や人権審判所などを通じて当事者を直接拘束する決定を行うなど、準司法機能をもつ国内人権機関もある。委員会型機関が苦情申立てを受理・調査する権限をもてば、簡易・迅速な救済を得られる可能性が広がるので、人権侵害を受けた者にとって大きな利点となる。委員会型機関が準司法的機能をもつ場合には、この利点は、一層明確となる。

　委員会型機関の調査結果は、後に司法判断されることがある。このため、苦情申立ての調査は慎重になされ、その結果結論を得るまで時間がかかり、過度に形式化する場合がある。また調査権限をもつ委員会の予算は高額化する傾向にある。苦情申立て者が裁判所または審判所に事案を付託する場合に、無料の法律扶助サービスを提供する委員会にあっては、これがとくに顕著である。

　平等権と差別禁止に職務権限を特化する人権委員会が少なからずみられ

る。イギリス、カナダ、アメリカ、オーストラリアおよびニュージーランドなどのコモンウェルス諸国の人権委員会はこのタイプである。ただし、こうした人権委員会の場合でも、人権の促進活動に関し、扱う分野が限定されないことが多い。

2　オンブズパーソン型

　パリ原則に準拠する国内人権機関でオンブズパーソン型に属するものは多い。たとえば、スペイン語圏のオンブズマン（Defensor del Pueblo）、中東欧のオンブズマン（Public Defender）などが代表例である。オンブズパーソン型機関は1名の場合が多いが、複数名で構成されている場合もある。オンブズパーソン型機関は国により設置される機関であり、人権の保護および促進を職務権限とする。伝統的なオンブズマンの機能は行政による不正の監視であった。しかし最近は、人権の促進と保護を目的とする機関が多く、憲法や法律にもとづき、人権侵害に関する苦情申立てを調査する機能をもつ場合が多い。

　オンブズパーソン型機関の職務権限は人権問題一般に及ぶ場合が通例であるが、女性の権利など単一課題を扱う場合もみられる。人権の保護に関し、人権侵害事案についての勧告機能に限定される場合が多い。しかし最近は、機関による勧告が無視または拒否された場合に、裁判所や審判所における訴訟に参加する権限を付与される機関もみられるようになった。

　勧告権限をもつオンブズパーソン型機関は、苦情申立てを柔軟かつ迅速に処理する。機関は証拠にもとづき勧告を行うが、これは拘束力をもたない。

　オンブズパーソン型機関の権威と信頼性は、オンブズパーソンの世評、廉潔性や指導力に左右される。長い歴史をもつ北欧諸国のオンブズマンによる勧告には敬意が払われ、尊重される。

3　混合型

　混合型の国内人権機関は独任制のオンブズパーソンの形態をとる国により設置される機関で、人権の促進と保護活動に加え、行政による不正、腐敗や環境問題など複合的な課題を扱う。しかし、通常その権限は勧告機能に限定されている。

スペインのオンブズマン（Defensor del Pueblo）やボリビアのオンブズマン（Defensor del Pueblo）は人権の促進・保護と伝統的なオンブズマン機能の双方を果たしている。東ティモールの「人権および正義事務所」(Office of the Provedor for Human Rights and Justice)とタンザニアの「人権およびグッドガバナンス委員会」(Commission for Human Rights and Good Governance)は、人権問題一般、腐敗防止と行政による不正を扱い、ナミビアのオンブズマン事務所（Office of the Ombudsman）は人権問題一般、行政による不正、腐敗防止、ならびに環境問題に関する苦情申立ての取扱いを機能とする。このように混合型機関は多様であり、名称のみから職務権限や機能を推断することはできない。

混合型機関の職務権限は複合的であり、人権課題やこれに関連する問題に関しワンストップ・サービス（ある分野に関連するあらゆるサービスを、1か所で提供できるよう設計されたサービス）を提供できることが利点とされる。他方、人権課題と行政の不正や腐敗防止のような複合的な職務権限を同様に効率よく実施するのは至難と思われる。

4　協議・助言機関型

協議・助言型の国内人権機関は人権の促進・保護にあたる国により設置される機関で、社会の多元性を反映させるため構成員数が多くなる傾向がある。協議・助言型機関は具体的事案を調査する権限をもたず、主要な人権課題について広範に助言し、また相談に応じ、勧告を行うことが主な役割とされる。協議・助言型は人権問題に関する国への政策提言と人権に関する調査の実施機能に特化した国内人権機関である。

フランスの国家人権諮問委員会（Commission nationale consultative des droits de l'homme）、ギリシャ国家人権委員会（Greek National Commission for Human Rights）およびモロッコの人権諮問委員会（Human Rights Advisory Council）がこの代表例である。

5　機関・センター型

デンマーク人権機関（Danish Institute for Human Rights）やノルウェー人権センター（Norwegian Centre for Human Rights）のように、名称はインス

ティテュートやセンターであるが、国内人権機関としての機能も果たしている機関がある。

デンマーク人権機関の前身は1987年に発足したデンマーク人権センターで、2002年のデンマーク国際研究・人権機関設置法によって国内人権機関となった。その職務権限は人種平等の促進と人種差別を受けた者の保護、雇用・サービス提供等における男女の機会均等・均等待遇の確保等に及ぶ。ノルウェー人権センターはノルウェーの国内人権機関であると同時に、オスロ大学の付置機関でもある。主な活動はノルウェー国内の人権状況に関する調査・研究、モニタリング、コンサルタント、教育および広報である。モニタリング機能は条約体など国際機関に提出されたノルウェーの国家報告などに対する声明や意見表明を通じて発揮されることが多い。なお、ノルウェー人権センターはパリ原則に準拠した国内人権機関であり、ICCからA資格を認証されている。

(1) United Nations High Commissioner for Human Rights, *SURVEY ON NATIONAL HUMAN RIGHTS INSTITUTIONS, Report on the findings and recommendations of a questionnaire addressed to NHRIs worldwide*, 2009, available at <http://nhri.ohchr.org/EN/Documents/Questionnaire%20-%20Complete%20Report%20FINAL-edited.pdf> (last visited Feb.4, 2012)., at 8. この調査は国連人権高等弁務官事務所が2009年1月に約100の国内人権機関を対照に実施したもので、61の国内人権機関(アフリカ19、南北アメリカ9、アジア・太平洋12、ヨーロッパ21)から回答が寄せられた(以下、「国内人権機関調査2009」という)。
(2) アフリカ1か国、アジア・太平洋2か国、ヨーロッパ2か国 (*Id.*, at 8.)。国内人権機関調査2009によれば、回答61機関中、憲法設置は21、法律設置が19であった。
(3) アフリカ4か国、南北アメリカ1か国、アジア・太平洋3か国、ヨーロッパ3か国 (*Id.*, at 8.)。
(4) アフリカ2か国、南北アメリカ1か国、アジア・太平洋2か国、ヨーロッパ2か国 (*Id.*, at 8.)。
(5) 回答した61機関中、憲法設置は21、法律設置は19である。アジア・太平洋では法律設置が、またアフリカと南北アメリカでは憲法設置が一般的である (*Id.*, at 8-9.)。
(6) 回答した61機関中、13機関がこれに該当する (*Id.*, at 8.)。
(7) *Cf.*, United Nations Development Programme and Office of the High Commissioner for Human Rights, *UNDP-OHCHR Toolkit for collaboration with*

National Human Rights Institutions, December 2010, available at <http://www.ohchr.org/Documents/Countries/NHRI/1950-UNDP-UHCHR-Toolkit-LR.pdf> (last visited Feb.4, 2012), at 22-26.
(8) 人権保護官、委員、人権委員会、機関・センター、オンブズマン、議会オンブズマン・議会人権委員、護民官、議会人権擁護官など（*Id.,* at 21.）。

第4章
差別禁止法と国内人権機関

I　問題の所在

　21世紀に入り日本でも差別禁止法を制定しようとする動きが芽生えつつある。この動きには大別すれば3つの背景がある。

　第1は、人権救済法と政府から独立した人権救済機関(国内人権機関)を求める動きに由来し、2002年に内閣が国会に提出した人権擁護法案を直接の契機とするものである。同法が設置を予定した新たな人権救済機関である「人権委員会」の権限を明確化するため同法には差別禁止規定が盛り込まれたが、この規定内容をめぐって、一般的差別禁止規定ないし差別禁止法の意義が認識された。

　第2は、差別禁止法の制定を求めるさまざまな社会運動が活発になったことである。1999年10月12日に静岡地裁浜松支部は、ブラジル人であることを理由に入店を拒否した宝石店主の行為について「あらゆる形態の人種差別の撤廃に関する国際条約」(以下、「人種差別撤廃条約」)を間接適用し、これを不法行為とする判決を下した。被告が控訴しなかったためこの判決は確定し、日本の裁判所が人種差別撤廃条約を適用した最初の裁判例となった[1]。2000年4月9日には東京都知事が民族・人種差別を助長する発言を行い、市民の批判を招いた[2]。1990年代後半から、北海道など各地で公衆浴場や居酒屋による「外国人お断り」の動きがあり、これに市民団体が反発し、人種差別撤廃条例の制定を求める運動が活発化した。2002年11月11日のいわゆる小樽入浴拒否事件に関する札幌地裁判決では、公衆浴場による外国人の入浴拒否は人種差別撤廃条約の趣旨からして私人間でも撤廃されるべき人種差別に

あたるとして、これを不法行為と認定した[3]。こうした一連の出来事をきっかけとして、当時は人種差別禁止法を制定する動きも登場しつつあった。しかし未だ実現していない。

　また、障害者差別禁止法を求める動きもある。2001年11月8～9日に奈良市で開催された日本弁護士連合会・第44回人権擁護大会では、「障害のある人に対する差別を禁止する法律」[4]の制定を求める宣言が可決された。2002年2月、障害者政策研究集会全国実行委員会障害者差別禁止法作業チームは「障害者差別禁止法要綱案骨子案」[5]を公表した。2002年10月15～18日には札幌で障害者インターナショナル（DPI）世界大会が開かれ、障害者差別禁止法を制定する動きに弾みがついた。なお、2006年12月の国連総会で障害者権利条約が採択され、2012年4月末現在で112か国が批准している[6]。さらに、2010年1月から2012年3月まで、障がい者制度改革推進会議[7]が内閣に置かれ、障害者基本法の改正、障がい者総合福祉法の制定とともに、障害者差別禁止法の制定も提言した[8]。2010年11月から同会議の下に差別禁止部会が置かれ、障害者差別禁止法に関する骨格提言に向けて精力的に審議されている。

　第3は、日本が批准または加入した人権諸条約の実施機関が日本政府に差別禁止規定または差別禁止法の制定を勧告したことである。日本が1995年に加入した人種差別撤廃条約の実施機関である人種差別撤廃委員会は、日本の第1・2回国家報告書審査のさいの最終所見で、「締約国（日本）の法律においてこの条約の関連する唯一の規定が憲法第14条であることを懸念する。この条約が自動執行性を有さないという事実を考慮し、委員会は、とくに条約第4条および第5条の規定に従い、人種差別を禁止する特別法の制定が必要であると信ずる。」と述べた[9]。また「経済的、社会的及び文化的権利に関する国際規約」（以下、「社会権規約」）の実施機関である社会権規約委員会は、日本の第2回国家報告書審査のさいの最終所見で、「締約国（日本）に対し、規約第2条2項が定める差別禁止の原則は絶対的な原則であり、客観的な基準にもとづく区別でないかぎり、いかなる例外の対象ともなりえないという委員会の立場に留意するよう要請する。委員会は、締約国がこのような立場にしたがって差別禁止立法を強化するよう強く勧告する。」との見解を示した[10]。

このように、日本では、①人権救済法の制定と国内人権機関の設置の文脈から、そして、②分野別の差別禁止法体系の整備を求める動きを通じて、一般的差別禁止規定ないし差別禁止法の重要性と必要性が認識されつつある。これらの社会的な動きに触発され、本章では、①諸国における国内人権システムの整備と差別禁止法の制定過程を振り返り、②日本の国内人権システムにおける差別禁止規定の現状を確認し、③明確な差別禁止規定ないし差別禁止法の必要性を解明し、④諸国の差別禁止法を数例検討し、これらを踏まえて、⑤日本における差別禁止法の制定をめぐる問題点を、国内人権機関の役割も念頭に置きつつ明らかにしたい。

なお、日本ではこれまで、性差別、雇用差別、障害者差別等の禁止をめぐって、多くの研究が蓄積されてきており、学ぶべき点も多い。しかし、本章ではこれらの成果にはとくに言及しない。

II　差別禁止をめぐる日本法

1　法律

現行法では、労働基準法[11]、職業安定法[12]、男女雇用機会均等法[13]、教育基本法[14]等が、それぞれの人権分野に関連する部分的な差別禁止規定をもっているにすぎない。電気事業法や旅館業法等のいわゆる事業法も、差別にもとづく商品・サービス・施設等の提供拒否を禁じている[15]。男女雇用機会均等法は性別等を理由とする労働者の差別的取扱いを禁止している（第6条・7条等）。なお、障害者基本法は2011年改正で以下の規定を新設し、障害者差別を禁止した。

> 第4条　何人も、障害者に対して、障害を理由として、差別することその他の権利利益を侵害する行為をしてはならない。
> 2　社会的障壁の除去は、それを必要としている障害者が現に存し、かつ、その実施に伴う負担が過重でないときは、それを怠ることによつて前項の規定に違反することとならないよう、その実施について必要かつ合理的な配

慮がされなければならない。
　3　国は、第1項の規定に違反する行為の防止に関する啓発及び知識の普及を図るため、当該行為の防止を図るために必要となる情報の収集、整理及び提供を行うものとする。

2　日本が批准しまたは加入した人権条約

　日本が批准し、または加入した人権諸条約で差別禁止規定をもつものは少なくない。たとえば、市民的及び政治的権利に関する国際規約（以下、「自由権規約」）は次のように規定する。

> 第2条　1　この規約の各締約国は、その領域内にあり、かつ、その管轄の下にあるすべての個人に対し、人種、皮膚の色、性、言語、宗教、政治的意見その他の意見、国民的若しくは社会的出身、財産、出生又は他の地位等によるいかなる差別もなしにこの規約において認められる権利を尊重し及び確保することを約束する。
> 第26条　すべての者は、法律の前に平等であり、いかなる差別もなしに法律による平等の保護を受ける権利を有する。このため、法律は、あらゆる差別を禁止し及び人種、皮膚の色、性、言語、宗教、政治的意見その他の意見、国民的若しくは社会的出身、財産、出生又は他の地位等のいかなる理由による差別に対しても平等のかつ効果的な保護をすべての者に保障する。

　自由権規約の実施機関である自由権規約委員会の一般的意見によれば、自由権規約にいう「差別」とは、第2条1項に列挙される人種等の差別禁止事由にもとづく、「すべての意味での区別、排除、制限、特恵であって、すべての人々が対等の立場で、すべての人権と自由とを認識し、享受し、行使することを阻止し又は妨げる目的を有し、又はそのような効果を有するもの」を意味する[16]。また、「第26条の差別禁止原則が適用されるのは、本規約が定める権利に限定されるものではない」[17]とされ、締約国は、自由権に限らず社会権等に関しても、法律上差別を設けてはならないとの見解が示されている。
　このように、自由権規約の締約国である日本は、日本の管轄内で、差別禁

止原則にもとづき規約上の諸権利を尊重・確保し、またあらゆる分野について、法律上差別を設けない条約上の義務を負っている。日本が締約国となっている「経済的、社会的及び文化的権利に関する国際規約」(社会権規約)第2条2項[18]、「児童の権利に関する条約」(子どもの権利条約)第2条、「女子に対するあらゆる形態の差別の撤廃に関する条約」(女性差別撤廃条約)第2条、人種差別撤廃条約第2条1項(d)にも同様の規定がある。なお、これらの人権条約上の差別禁止規定、とくに人種差別撤廃条約の差別禁止規定は、包括的な差別禁止法が存在しない日本では、有力な実体規定となっている[19]。

Ⅲ 人権擁護法案第3条の一般的差別禁止規定

1 人権擁護法案

　1997年12月に成立した人権擁護施策推進法[20]にもとづき設置された人権擁護推進審議会[21](以下、「人権審」)は2001年5月の人権救済答申において、①人権侵害が生起しない社会づくりのため、人権教育・啓発とともに人権侵害を受けた者を簡易・迅速・柔軟かつ実効的に救済することが重要な課題であるが、②法務省による人権擁護行政は国民から高い信頼を得ているとは言い難く、③裁判所による救済は必ずしも有効になされているとは言い難いので、④新たな人権救済機関として政府から独立した「人権委員会」を新設すべきである、との見解を示した。人権審は同年12月に人権擁護委員制度に関する追加答申[22]も公表した。

　これらの答申の趣旨にそって、2002年3月、内閣は人権擁護法案[23]を国会に提出した。法案は人権侵害の被害を救済・予防し、人権尊重理念の啓発を目的とした。このため第1に人権侵害を一般的に禁止し、第2に人権救済機関として「人権委員会」(以下、委員会)を新設し、第3に委員会が実施する人権救済手続などを規定した。なお、第1の規定は日本初の一般的差別禁止規定で、人権侵害禁止法体系整備の出発点となり、画期的であった。　しかし、この法案は4回の継続審議を経て、2003年10月の衆議院解散により、ほとんど実質審議されることなく、自動的に廃案となった。その背景として

次の2つが考えられる。第1は、法案がマスメディアの報道によってプライバシー侵害や名誉毀損を被った者、あるいは過剰な取材を受けた者を救済対象とし、委員会の「特別救済手続」[24]の対象としたことにより、多くのメディアがこの規定に猛反発し、個人情報保護法案とともに、人権擁護法案を「メディア規制法案」などと報道したためである[25]。第2は、2002年10月に発覚した名古屋刑務所等における受刑者への暴行・虐待事件を契機に、公権力による人権侵害に関し法案に十分な規定がないことが浮き彫りにされたためである[26]。

2　人権擁護法案第3条の一般的差別禁止規定

ところで、日本には一般的な差別禁止法はなく、また一般的・包括的な差別禁止規定をもつ法律も存在しない。しかし、先にも触れたが、2003年10月に廃案となった人権擁護法案（以下、「法案」）は次のように「人権侵害」を定義し、差別禁止事由を列挙し、包括的な差別禁止を規定した。

> 第2条　この法律において「人権侵害」とは、不当な差別、虐待その他の人権を侵害する行為をいう。
> 5　この法律において「人種等」とは、人種、民族、信条、性別、社会的身分、門地、障害、疾病又は性的指向をいう。
> 第3条　何人も、他人に対し、次に掲げる行為その他の人権侵害をしてはならない。
> 　一　次に掲げる不当な差別的取扱い
> 　　イ　国又は地方公共団体の職員その他法令により公務に従事する者としての立場において人種等を理由としてする不当な差別的取扱い
> 　　ロ　業として対価を得て物品、不動産、権利又は役務を提供する者としての立場において人種等を理由としてする不当な差別的取扱い
> 　　ハ　事業主としての立場において労働者の採用又は労働条件その他労働関係に関する事項について人種等を理由としてする不当な差別的取扱い（雇用の分野における男女の均等な機会及び待遇の確保等に関する法律（昭和47年法律第113号）第8条第2項に規定する定めに基づく不当な差別的取扱い及び同条第3項に規定する理由に基づく解雇を含

第4章　差別禁止法と国内人権機関──29

　　　　む。)
　　二　次に掲げる不当な差別的言動等
　　　　イ　特定の者に対し、その者の有する人種等の属性を理由としてする侮辱、嫌がらせその他の不当な差別的言動
　　　　ロ　特定の者に対し、職務上の地位を利用し、その者の意に反してする性的な言動
　　三　特定の者に対して有する優越的な立場においてその者に対してする虐待
　2　何人も、次に掲げる行為をしてはならない。
　　一　人種等の共通の属性を有する不特定多数の者に対して当該属性を理由として前項第1号に規定する不当な差別的取扱いをすることを助長し、又は誘発する目的で、当該不特定多数の者が当該属性を有することを容易に識別することを可能とする情報を文書の頒布、掲示その他これらに類する方法で公然と摘示する行為
　　二　人種等の共通の属性を有する不特定多数の者に対して当該属性を理由として前項第1号に規定する不当な差別的取扱いをする意思を広告、掲示その他これらに類する方法で公然と表示する行為

　法案第3条は、公務員、物品・サービス提供業者、雇用者などは、「人種等を理由としてする不当な差別的取扱い」などの人権侵害をしてはならないと規定した。ここにいう「人種等」とは、「人種、民族、信条、性別、社会的身分、門地、障害、疾病又は性的指向」(差別禁止事由)(第2条5項)とされた。
　ところで、この規定は一般的禁止規定としての法的効力をもつのか、単なる訓示規定なのか、文言だけからは明らかでない。しかし、法案を作成した法務省当局者は、この規定について、一般的規定としての法的効力を有し、民法上の不法行為責任を問うさいの根拠条文となると明言したと伝えられる。この点はきわめて重要なポイントである。仮に法務省当局者の発言通りとすれば、この条文は、日本の法律で初めて差別を一般的に禁止するもので、画期的な条文案であった。しかし、法案は廃案となり、この規定が現行法となることはなかった。

表1　人権擁護法案第3条の人権侵害禁止規定

人権侵害禁止類型（規定）	人権侵害の主体	保護される客体	人権侵害禁止事由または行為	禁止される人権侵害行為
①公務員等による差別的取扱い（1項一号）イ	国・地方公共団体の職員等（公務員等）の立場において		「人種等」＊を理由としてする	「不当な」「差別的取扱い」
②事業者による差別的取扱い（1項一号）ロ	業として対価を得て物品、不動産、権利又は役務を提供する者（事業者）としての立場において			同上
③事業主による差別的取扱い（1項一号）ハ	事業主としての立場において「労働者の採用又は労働条件その他労働関係に関する事項について」			同上（雇用の分野における男女の均等な機会及び待遇の確保等に関する法律（昭和47年法律第113号）第8条第2項に規定する定めに基づく不当な差別的取扱い及び同条第3項に規定する理由に基づく解雇を含む。）
④差別的言動（1項二号）イ		特定の者に対し、	その者の有する「人種等」＊の属性を理由としてする	侮辱、嫌がらせその他の「不当な」「差別的言動等」
⑤セクシュアルハラスメント（1項二号）ロ			職務上の地位を利用し、	その者の意に反してする性的な言動
⑥虐待（1項三号）			有する優越的な立場においてその者に対してする	虐待

⑦文書頒布等による差別助長行為（2項一号）	「人種等」*の共通の属性を有する不特定多数の者に対して	当該属性を理由として	「不当な」「差別的取扱い」（1項一号規定の）をすることを「助長し、又は誘発する目的で」、当該不特定多数の者が当該属性を有することを容易に識別することを可能とする情報を「文書の頒布、掲示その他これらに類する方法で公然と摘示する行為」
⑧広告・掲示等による差別的取扱い（2項二号）			「不当な」「差別的取扱い」（1項一号規定の）をする意思を「広告、掲示その他これらに類する方法で公然と表示する行為」

〔関連条文〕
第2条1項　この法律において「人権侵害」とは、不当な差別、虐待その他の人権を侵害する行為をいう。
第2条5項　この法律において「人種等」とは、人種、民族、信条、性別、社会的身分、門地、障害、疾病又は性的指向をいう。

Ⅳ　差別禁止規定または差別禁止法の意義

　以上に、国内人権システムにおける差別禁止規定や差別禁止法の位置づけ、日本における差別禁止規定の現状と人権擁護法案第3条が予定した差別禁止規定について概観した。次に、①法制度の不備を是正する必要性、②人権侵害・差別の反社会性を国家意思として表明する必要性、および③新設が見込まれる人権委員会の判断基準を明確に示す必要性の3つの観点から、差別禁止規定または差別禁止法の必要性を提示したい。

1　法制度の不備の是正

(1)　日本国憲法が規定する平等原則は私人間の差別事象には直接的には適用されない

　日本国憲法第14条1項は、「すべて国民は、法の下に平等であつて、人種、

信条、性別、社会的身分又は門地により、政治的、経済的又は社会的関係において、差別されない。」と規定し、法の下の平等を保障している。同項後段にいう「人種、信条、性別、社会的身分又は門地」は、原則として差別が禁止される事由を例示するもので、これ以外の事由にもとづく異なる取扱いでも不合理なものとみなすべきものはある[27]。

　しかし、この規定は抽象的で、どのような行為が差別とみなされるのかの基準が明確でない。たとえば、どのような障害のある人に対して、どのような行為をした場合に差別とされるのか、どのような障害のある人に対し、どのような配慮をすべきなのかはこの規定からは明らかでない。

　また、憲法は国家と個人の関係を規律する法規で、私人間の関係には直接適用されない。たとえば、社会的身分を理由とする差別行為が私人間でなされても、14条のみを直接の根拠として、差別を受けた者を救済することはできない。14条は私人間でも直接適用されるという理論も存在する（直接適用説）。しかし、多数の憲法学者は、民法90条の公序良俗規定のような私法の一般条項を媒介にして、はじめて14条は間接的に私人間に適用されると解している（間接適用説）。ただし、どのような人権をどの程度「公序良俗」と考えるかによって、人権規定が私人間に適用される程度に落差が生じるなど、間接適用説にも欠陥がある。一般的な差別禁止規定をもつ法律または一般的な差別禁止法が制定されれば、この点は立法的に解決される。

(2) 人種差別撤廃条約は国・自治体に法的義務を課すが、私人には直接義務を課さない

　人種差別撤廃条約第1条1項は、「この条約において、「人種差別」とは、人種、皮膚の色、世系又は民族的若しくは種族的出身に基づくあらゆる区別、排除、制限又は優先であって、政治的、経済的、社会的、文化的その他のあらゆる公的生活の分野における平等の立場での人権及び基本的自由を認識し、享有し又は行使することを妨げ又は害する目的又は効果を有するものをいう。」と規定する。この条約を批准し、またはこれに加入した締約国は、上記の定義にいう「人種差別を非難し、また、あらゆる形態の人種差別を撤廃する政策及びあらゆる人種間の理解を促進する政策をすべての適当な方法により遅滞なくとることを約束する。」（第2条1項）。このため、「各締約国は、

すべての適当な方法（状況により必要とされるときは、立法を含む。）により、いかなる個人、集団又は団体による人種差別も禁止し、終了させる。」（下線部引用者）義務を負う（同項(d)）。

人種差別撤廃条約は公権力による人種差別行為だけでなく、上記の下線を付けた規定からもわかるように、私人間の人種差別行為を規制する義務も締約国に課している。この点は日本国憲法第14条の不十分さを補っている。しかし、条約は国家間の約束であり、条約上の法的義務は締約国政府（中央政府と地方政府〔自治体〕）に向けられており、一般の市民には向けられていない。したがって、人種差別撤廃条約の規定は公権力による人種差別行為には直接適用されても、私人間の人種差別行為については直接適用されない[28]。なお、当然のことだが、人種差別撤廃条約が扱う差別禁止は、「人種差別」[29]に限られている。

2　人権侵害・差別の反社会性の国家意思としての表明

日本国憲法第14条には「人種、信条、性別、社会的身分又は門地」による差別が禁止される旨が謳われている。しかし、この規定から、人権侵害・差別は社会悪であり、反社会的な行為であることは必ずしも読みとれない。法律で差別禁止を明確に規定すれば、人権侵害・差別行為は社会悪であるとの国家意思が内外に示され、大きな社会教育的効果が期待できる。なお、人権擁護法案は、実質的には「人権委員会設置法案」であり、差別を禁止するための法という色彩は強くは出されていなかった。人権侵害や差別を許さないという国家の確固たる意思を示すため、禁止される「人権侵害」や「差別」の定義を明確に定めた実体法としての「差別禁止法」を整備し、その下の手続法として「人権委員会設置法」を制定するのが本筋である。

また、日本の現行法では一般的差別禁止規定がないため、私人間の差別事案では金銭賠償を求めるしか手段はない。この法状況では、差別事象を構造的に改善することはできない。積極的に差別事象を解消するためにも、一般的な差別禁止規定または差別禁止法が必要とされる。

3　新設が見込まれる国内人権機関の判断基準の明示

人権擁護法案は、悪質な差別や虐待、公的機関職員の暴力、犯罪被害者な

どに対する報道によるプライバシー侵害や過剰取材など報道機関の人権侵害の一部については、被侵害者からの調停、仲裁の申請を受けつけ、事案ごとに人権委員会内に設ける調停、仲裁の各委員会が対応することを予定していた。また、差別助長行為に対する差止請求手続などが整備される予定であった。居直り的な差別行為からの救済を考えれば、この権限は重要であろう。公権力による差別助長行為に関してこの差止請求手続が活用されるのは何ら問題ない。しかし、私人間の差別助長行為についてこの手続が用いられるとすれば、委員会の権限濫用とならないよう慎重な対応が求められるところであった。

こうした危惧を未然に防ぐためにも、何が人権侵害か、何が差別か、何が虐待かを法律上はっきりさせなければならない。たしかに、上記のように法案第3条は一般的に差別行為を禁止した。しかし、「人種等を理由としてする不当な差別的取扱い」（下線部引用者）のような規定のしかたでは、「不当」か否かの認定を人権委員会に委ねることになり、問題である。とくに、公権力による人権侵害事案について、人権委員会が「不当」と判断するのを自己抑制するとすれば、せっかくの差別禁止規定が実質的には空文となるおそれがある。

V 諸外国の差別禁止法

ところで、諸外国ではどのような形で差別禁止を法的に整備しているのだろうか。一般的な差別禁止法をもつカナダ、個別的な差別禁止諸法を積み重ねているオーストラリアとEUにおける差別禁止法を紹介しよう。

1 一般的差別禁止法──1977年カナダ人権法

すでに触れたが、カナダでは1960年代から国内人権システムが構築されはじめ、1977年には広範な差別禁止を規定し、連邦人権委員会を設置するカナダ人権法[30]が制定された。同法の目的は、「すべての個人は、可能であり、望み、自分の求めるものが満たされる生活に関し、社会の構成員としての責務および義務と両立する限り、次頁の**表2**に示す差別禁止事由にもとづく差

別行為によって妨げられることなく、他者と平等な機会を有する」という原則を実現することである（第2条）。このため同法は人権救済機関としてカナダ人権委員会（The Canadian Human Rights Commission）を設置し、連邦のあらゆる管轄分野でこの原則を守る体制を整えている（第2部第26条〜38条）[31]。同委員会は国内人権機関の一種である。

カナダ人権法で「差別」と呼ばれるものは表2に示す法定された差別禁止事由と差別行為に該当するもののみであり、それにあたらない行為は差別とはみなされず、人権委員会の救済権限は及ばない[32]。カナダ人権委員会は、同法が禁止する差別行為に関する苦情申立てを受理・検討し、救済を図る。

なお、差別事案が人権委員会で解決されない場合には、人権審判所という準司法的機関に付託される。同審判所はカナダ人権法に設置根拠をもつが、人権委員会からは独立した組織で、その人事・運営等に人権委員会は関与できない[33]。

表2　カナダ人権法で禁止される差別事由と差別行為[34]

禁止される差別事由（第3条1項）	禁止される差別行為（第5-14.1条）
①人種 ②民族的・エスニック的出身 ③皮膚の色 ④宗教 ⑤年齢 ⑥性別（妊娠・出産にもとづく差別を含む） ⑦性的指向 ⑧婚姻の状況（婚姻関係の有無など） ⑨家族の状況（子どもの有無など） ⑩精神障害または身体障害（薬物依存・アルコール依存を含む） ⑪赦免された犯罪歴	①商品供与・サービス供与・施設利用・宿泊の拒否 ②店舗・住居利用の拒否 ③雇用・求人差別 ④労働組合がその構成員に対して行う差別的取扱い ⑤差別事由にもとづいて雇用機会を奪うような政策・慣行を実施すること、またはそのような協定の締結 ⑥不平等賃金 ⑦差別的言辞 ⑧憎悪の表明（ヘイトメッセージ） ⑨嫌がらせ（ハラスメント） ⑩人権委員会に申し立てた者に対し報復すると脅すこと

2　個別的差別禁止諸法の蓄積—オーストラリアの場合

オーストラリアの差別禁止法体系は、順次制定された人種差別禁止法（1975年）[35]、性差別禁止法（1984年）[36]、障害差別禁止法（1992年）[37]という個別的差別禁止法からなっている。これらは連邦の人権委員会[38]によって総

合的に実施されている。

　個別的差別禁止法が規定する差別禁止事由と差別禁止分野（領域）は**表3**の通りである。これらを整理すれば、差別禁止事由としては、人種、皮膚の色、社会的出身（門地）、民族的出身、エスニック的出身（以上、人権差別禁止法）、性別、結婚しているかどうか、妊娠（以上、性差別禁止法）、身体・視

表3　オーストラリアの諸反差別法により禁止される差別事由と領域

法　律	差別事由	領　域
人種差別法 (1975年)	①人種 ②皮膚の色 ③社会的出身 ④民族的出身 　(national origin) ⑤エスニック的出身 　(ethnic origin) ⑥人種憎悪	①法の下の平等 ②場所・施設へのアクセス ③土地や住居などの居住 ④商品・サービスの販売・提供 ⑤労働組合への参加 ⑥雇用 ⑦広告 ⑧教育 ⑨非合法行為の扇動 ⑩人種憎悪（報道、近隣、個人的対立、雇用、人種差別宣伝など）
性差別法 (1984年)	①性別 ②結婚しているかどうか ③妊娠 ④セクシャルハラスメント ⑤家族への責任	①雇用 ②商品・サービスの販売・提供 ③土地 ④居住 (accomodation) ⑤年金・保険 ⑥教育 ⑦認可を受けたクラブへの加入 ⑧連邦法・政策の実施 ⑨書式など ⑩労働組合など
障害差別法 (1992年)	①身体・視聴覚の障害 ②知的障害 ③精神的な疾患 ④病気につながる可能性のある病原体の存在（HIVなど） ⑤盲導犬などの補助 ⑥補助具の使用 ⑦介護人の同行	①雇用 ②商品・サービスの販売・提供 ③施設へのアクセス ④土地 ⑤非合法行為の扇動 ⑥広告 ⑦年金・保険 ⑧教育 ⑨クラブへの参加 ⑩連邦法・施策の実施 ⑪スポーツ ⑫書式・情報照会 ⑬労働組合 ⑭障害者基準への非合法な違反

聴覚の障害、知的障害、精神的な疾患、病気につながる可能性のある病原体（HIVなど）の存在（以上、障害差別禁止法）である。また、差別禁止分野としては、職場・雇用、市民が立ち入ることができる施設、土地や住居などの居住、商品・サービスの販売・提供、労働組合、クラブなどへの参加、教育などがあげられている(39)。

3　EU理事会の反差別指令

EUにおいては、1997年のアムステルダム条約によって「欧州共同体を設立する条約」（EC条約）が改正される以前は、国籍差別と性差別のみが条約上禁止されていた(40)。このため、これ以外の分野に関して、理事会には差別禁止立法を行う権限はないとされていた(41)。しかし、1999年に発効した新EU条約第13条によって、理事会は、ECに与えられた権限の範囲内で、委員会の提案にもとづき、かつ欧州議会と協議した後に、全会一致で、「性、人種または民族的出身、宗教または信念、障害、年齢または性的指向にもとづく差別と闘う適当な行動をとる」権限を付与された(42)(43)。そしてこの新規定にもとづき、2002年に「人種または民族的出身にかかわりなく均等待遇の原則を実施する理事会指令」(44)（以下、「人種差別禁止指令」、条文表示のさいは「D-R」という）と「雇用および職業における均等待遇に関する一般的枠組みを設定する理事会指令」(45)（以下、「雇用差別禁止指令」、条文表示のさいは「D-E」という）が制定された。両指令の内容は類似している(46)。なお、ECの理事会指令（Directive）は、加盟国を法的に拘束するが、指令内容の実施手段は加盟国に任されている。

(1)　差別の定義

両差別禁止指令の目的は、「人種または民族的出身」(D-R)、「宗教または信念、障害、年齢または性的指向」(D-E)を理由とする差別と闘う枠組みを設定し、加盟国において均等待遇の原則を実施することである（両指令第1条）。両指令で「均等待遇の原則」違反、すなわち広義の「差別」とされるのは、①直接差別、②間接差別、③嫌がらせ（ハラスメント）、および④差別の指示、である（両指令第2条2～4項）。

①直接差別

　第1条に列挙されるいずれかの理由にもとづき、「ある者が他の者より現に不利に扱われ（D-Rのみ）、かつて不利に扱われ、または不利に扱われる虞がある場合」、「直接差別」が発生したものとみなされる（同令第2条2項(a)）。

②間接差別

　「外見上中立的な規定、基準または慣行」が、第1条で差別禁止事由とされる属性を有する者に対し「他の者に比べ特に不利益をもたらす場合」には、「間接差別」が発生したものとみなされる。ただし、その規定等が正統な目的によって客観的に正当化され、かつその目的を達成する手段が適切で必要なときは、この限りでない（同条2項(b)）。

③嫌がらせ（ハラスメント）

　第1条に列挙されるいずれかの差別禁止事由にもとづき、「望まない行為が、個人の尊厳を侵害し、ならびに脅迫、敵対、品位の傷つけ、屈辱または妨害的な環境を作り出す目的または効果を有する」場合には、「嫌がらせ（ハラスメント）」は「差別」とみなされる（同条3項）。なお、「嫌がらせ（ハラスメント）」の概念は、加盟国の法律と慣行にしたがって定義することができる。

④差別の指示

　第1条に列挙されるいずれかの差別禁止事由にもとづく、「個人に対する差別の指示」は、「差別」とみなされる（同条4項）。

(2) 適用範囲

　両指令は、次の点について、公的機関を含む公的および私的部門（セクター）に関し、すべての個人に適用される（両指令第3条）。

(a) 雇用、自営業または職業に就く条件（昇進を含む）
(b) 職業指導、職業訓練、高等職業訓練および再訓練（就労体験を含む）の利用
(c) 雇用条件および労働条件（解雇および賃金を含む）
(d) 労働者組織もしくは使用者組織等への所属および関与（以上、両指令）
(e) 社会保障および健康管理を含む社会的保護（以下、人種差別禁止指令のみ）
(f) 社会的利益（social advantages）[47]
(g) 教育

(h)住居を含む、公衆が利用可能な商品およびサービスの利用および供給

(3) 挙証責任の転換

両指令の大きな特徴は、差別に関する挙証責任を侵害の申立者から被申立者に転換したことである。「加盟国は、国内の司法制度にしたがい、均等待遇の原則が自らに提供されなかったため権利が侵害されたと考える者が、裁判所その他の権限ある機関において、直接または間接の差別があったことが推定される事実を立証する場合には、被申立者が均等待遇原則の侵害がなかったことを証明すべきものとするため、必要な措置をとるものとする。」（人種差別禁止指令第8条1項、雇用差別禁止指令第10条1項)[48]。

Ⅵ 差別禁止の手法

差別禁止法などで法定された差別禁止事由と差別禁止分野に反する行為を行った者にはどのような法的措置が予定されているのだろうか。ここでは、カナダ人権法と国連・反人種差別モデル法を素材に整理してみよう。

1 カナダ人権法の場合

カナダでは、差別に関する申立てはまず人権委員会で扱われる。しかし、人権委員会での調停が成立しない場合には、人権審判所に付託される。人権審判所における審判の結果、差別行為が立証された場合、同審判所は差別行為者に対し、次のような救済措置を命じることができる。この命令は連邦裁判所の命令と同等の法的効力をもち、これに従わない者に対しては法定侮辱罪として制裁金を科すことができる[49]。

①差別行為の停止
②差別行為や不公正な行為をただすための計画やプログラムの策定
③差別行為によって侵害された権利等の回復
④逸失賃金・逸失利益等の補償
⑤肉体的・精神的苦痛に対する20,000カナダ・ドル以下の損害賠償

⑥故意または過失に基づく差別行為に対する20,000カナダ・ドル以下の付加的損害賠償
　⑦憎悪の表明（ヘイトメッセージ）に対する10,000カナダ・ドル以下の罰金

　このように、カナダ人権法は、差別行為の救済と行為者への制裁として、ⓐ差別行為の行政的事後規制、ⓑ差別行為者への人権研修の義務づけ、ⓒ差別行為者への損害賠償支払命令、ⓓ差別行為者への罰金（刑事罰）、という手法を予定している。

2　国連・反人種差別モデル国内法

　2000年に国連事務局が公表した「国連・反人種差別モデル国内法」（以下、「モデル法」）は、人種差別禁止法を制定するさいの基礎やガイドラインを国連加盟国に提示する目的で、加盟41か国の人種差別禁止法を精査して策定された[60]。

　モデル法は人種差別禁止法を対象とし、差別禁止法一般についてのモデルを提供するものではない。モデル法は人種差別を法律上の犯罪と位置づけ、また人種差別の犠牲者は、被ったすべての被害について、公正かつ適正な賠償その他の満足を受ける権利をもつと規定する。これを実現するため、モデル法は人種差別行為者と人種差別を受けた者の双方に対する対応手法を提示する。

　(1)人種差別行為者への対応手法
　　①禁固
　　②罰金
　　③公職に選出される権利の停止
　　④異なる人種集団間の良好な関係を促進するための社会サービス
　(2)人種差別を受けた者への対応手法
　　①人種差別を受けた者が受けた危害や損失に対する人種差別行為者による弁償および／または補償
　　②同上に対する出費の返済、サービス提供または権利の回復
　　③人種差別犯罪の犠牲者に対する不利な影響を除去しまたは軽減する一定

期間の措置

④発行部数の多い新聞等における人種差別行為者負担による司法的決定の公表や人種差別を受けた者の回答権の確保

Ⅶ　結びにかえて——今後の展望

　本章では差別禁止法をめぐる国際的・国内的動向を踏まえ、日本における一般的差別禁止規定または一般的差別禁止法の制定に向けて、問題の所在を整理し、若干の問題点を指摘した。日本では今後、人権救済法の制定や新たな人権委員会の設置問題とも関連しつつ、性差別禁止法、障害者差別禁止法、人種差別禁止法や年齢差別禁止法を制定する機運が一層盛り上がるものと思われる。そのさい、どのような差別禁止事由と差別禁止行為を特定するのか、差別禁止の手法として刑事罰や行政罰を用いるのか、あるいはそれ以外の手法を用いるのか、挙証責任を人権侵害の申立者から被申立者に転換するのか、等が大きな法的争点となるであろう。

　第Ⅲ部でも触れるが、人権擁護法案の廃案以降、日本で国内人権機関が設置されるか否か情勢はいまだ不透明である。しかし、国内人権機関の新設と各種差別禁止法の制定は、いわばセットとして今後も議論され続けるであろう。そのさい、人権委員会設置法に一般的差別禁止規定を定めるのか、あるいは包括的または課題別差別禁止法（たとえば、障害者差別禁止法）を個別に制定するのかが焦点となろう。新設される国内人権機関の判断基準を明確にするためにもきわめて重要な論点だからである。

　なお、こうした法的諸問題を検討する素材として、国連・反人種差別モデル国内法を本書巻末資料❸で紹介する。日本で差別禁止規定または差別禁止法のあり方を議論するさいに、この文書は多くの示唆を提示するであろう。

⑴　村上正直「人種差別撤廃条約における私的人種差別の規制」『国際人権』14号（2003年）19頁参照。
⑵　岡本雅亨「東京都知事による民族・人種差別の助長」村上正直監修・反差別国際運動日本委員会編『現代世界と人権14　国連活用実践マニュアル　市民が使う

人種差別撤廃条約』(解放出版社、2000年) 所収参照。
(3) 村上・前掲注(1)、19-20頁、伊東秀子「小樽入浴拒否事件」、『国際人権』、前掲注(1)、125-126頁参照。
(4) 日本弁護士連合会第44回人権擁護大会シンポジウム第1分科会実行委員会編『第44回人権擁護大会シンポジウム第1分科会基調報告書　障害のある人に対する差別を禁止する法律の制定をめざして』(同実行委員会、2001年) 参照。
(5) 「障害者差別禁止法制定」作業チーム編『当事者がつくる障害者差別禁止法―保護から権利へ』(現代書館、2002年) 所収。
(6) Convention and Optional Protocol Signatures and Ratifications, available at <http://www.un.org/disabilities/countries.asp?navid=12&pid=166> (last visited Apr. 30, 2012).
(7) 障がい者制度改革推進会議および同差別禁止部会については、http://www8.cao.go.jp/shougai/suishin/kaikaku/kaikaku.html (last visited Feb.4, 2012) を参照。
(8) 山崎公士「障害者政策の形成・実施と当事者参画―障害者政策委員会に期待するもの」『ノーマライゼーション：障害者の福祉』32巻1号 (2012年1月) 参照。
(9) U.N. Doc.CERD/C/304/Add.114 (2001), para.10.
(10) U.N. Doc.E/C.12/1/Add.67 (2001), para.39.
(11) 「使用者は、労働者の国籍、信条又は社会的身分を理由として、賃金、労働時間その他の労働条件について、差別的取扱をしてはならない。」(第3条)、「使用者は、労働者が女性であることを理由として、賃金について、男性と差別的取扱いをしてはならない。」(第4条)。
(12) たとえば、「何人も、人種、国籍、信条、性別、社会的身分、門地、従前の職業、労働組合の組合員であること等を理由として、職業紹介、職業指導等について、差別的取扱を受けることがない。但し、労働組合法の規定によって、雇用主と労働組合との間に締結された労働協約に別段の定のある場合は、この限りでない。」(第3条)。
(13) 「募集及び採用」(第5条)、「配置、昇進、降格及び教育訓練」(第6条1号)、「福利厚生」(同条2号)、「職種及び雇用形態の変更」(同条3号)、「定年」(同条4号) に関し、男女の差別的取扱いを禁止している。
(14) 「すべて国民は、ひとしく、その能力に応じた教育を受ける機会を与えられなければならず、人種、信条、性別、社会的身分、経済的地位又は門地によって、教育上差別されない。」(第4条1項)。
(15) たとえば、電気事業法第19条2項4号、旅館業法第5条。
(16) General Comments adopted by the Human Rights Committee, No. 18, Non-discrimination〔1989〕, para. 7, U.N. Doc. HRI/GEN/1/Rev. 6 (2003).
(17) Id., para. 12.
(18) 「この規約の締約国は、この規約に規定する権利が人種、皮膚の色、性、言語、宗教、政治的意見その他の意見、国民的若しくは社会的出身、財産、出生又は他

の地位によるいかなる差別もなしに行使されることを保障することを約束する。」
なお、第2回日本政府報告書に対する社会権規約委員会の最終所見で示されたこの規定に関する勧告については、本章Ⅰを参照。

⑲　人種差別撤廃条約第2条1項(d)は、「各締約国は、すべての適当な方法（状況により必要とされるときは、立法を含む。）により、いかなる個人、集団又は団体による人種差別も禁止し、終了させる。」と規定する。なお、この規定の解釈については、村上・前掲注(1)参照。

⑳　平成8年法律120号。1996年12月26日公布、1997年3月25日施行、5年後の2002年3月25日失効（5年の時限立法）。この法律は、「人権の尊重の緊要性に関する認識の高まり、社会的身分、門地、人種、信条又は性別による不当な差別の発生等の人権侵害の現状その他人権の擁護に関する内外の情勢にかんがみ、人権の擁護に関する施策の推進について、国の責務を明らかにするとともに、必要な体制を整備し、もって人権の擁護に資すること」を目的とし（第1条）、「国は、すべての国民に基本的人権の享有を保障する日本国憲法の理念にのっとり、人権尊重の理念に関する国民相互の理解を深めるための教育及び啓発に関する施策並びに人権が侵害された場合における被害者の救済に関する施策を推進する責務を有する。」（第2条）とし、人権教育・啓発施策と人権救済施策の推進に関する国の責務を明記した。また両施策を審議するため、人権擁護推進審議会を設置した（第3条）。なお、同法の採択時に衆議院と参議院の法務委員会で附帯決議が採択され、人権教育・啓発の基本事項については2年を目処に、人権侵害の被害者救済施策については5年を目処になされる同審議会の答申等については、最大限に尊重し、答申等にのっとり、法的措置を含め必要な措置を講ずることとされた。

㉑　人権擁護推進審議会の設置背景については、宮崎繁樹「人権擁護推進審議会の由来と現状」『法学セミナー』523号（1998年7月）参照。

㉒　「人権救済制度の在り方について（答申）」（資料❹）および「人権擁護委員制度の改革について（諮問第2号に対する追加答申）」。後者は、法務省のホームページから入手できる（http://www.moj.go.jp/shingi1/shingi_011221_011221.html）。

㉓　法律案提出の理由は次のように説明された。「我が国における人権侵害の現状その他人権の擁護に関する内外の情勢にかんがみ、人権侵害により発生し、又は発生するおそれのある被害の適正かつ迅速な救済又はその実効的な予防並びに人権尊重の理念を普及させ、及びそれに関する理解を深めるための啓発に関する施策を推進するため、新たに独立の行政委員会としての人権委員会を設置し、その組織、権限等について定めるとともに、これを主たる実施機関とする人権救済制度を創設し、その救済手続その他必要な事項を定める必要がある。」法務省のホームページ〔法案・法令、第155回国会からの継続案件〕（http://www.moj.go.jp/）から入手できる。なお、人権擁護法案の評価については、山崎公士「日本における人権救済制度の立法化――国際人権法の視点から見た人権擁護法案の問題点」『国際人権』13号（2002年）参照。

㉔　調停・仲裁、勧告・公表、訴訟援助・訴訟参加、差別助長行為停止勧告という

踏み込んだ、より強力な救済手法。従来の人権擁護委員制度には強い救済権限がなく、実効的な救済が行えなかったため、委員会の機能として予定された。

⑮ 法案にはメディアの取材活動を制約しかねない規定が盛り込まれており、この点は大きな問題点であった。しかし、新聞・雑誌・テレビ等のメディアが法案に関しこの側面のみを強調し、人権救済制度の確立と新たな人権救済機関としての政府から独立した人権委員会の設置という、法案本来の目的を十分に報道しなかったのは、遺憾な事態と言わざるをえない。この点に関しては、山崎公士「『人権擁護法案』はメディア規制法か？」『月刊民放』2002年11月号参照。

⑯ 山崎公士「名古屋刑務所事件が提起したもの」『法学セミナー』583号（2003年7月）参照。

⑰ 樋口陽一・佐藤幸治・中村睦男・浦部法穂『注釈　日本国憲法　上巻』（青林書院、1984年）323-324頁。

⑱ 外国人入店拒否訴訟で静岡地裁浜松支部が人種差別撤廃条約を間接適用したのは、この理由による。村上・前掲注(1)参照。

⑲ 日本政府は、「人種差別」の定義中、"descent" を「世系」と表現し（日本国憲法の表現にならい、本来は、「門地」が妥当）、部落差別は「人種差別」に含まれないと解しているようである。しかし、人種差別撤廃委員会が2002年8月21日の採択した「世系にもとづく差別に関する一般的な性格を有する勧告（一般的勧告）」は、「自国の管轄の下にある世系を共有する集団、特に、カースト及びそれに類似する地位の世襲制度に基づく差別を受けている集団の存否を確認するための措置をとること。当該集団の存在は、次のすべて又はいくつかのものを含む様々な要素を基礎として認識し得る場合がある。世襲された地位を変更することができないか、又はそれが制限されていること。集団外の者との婚姻について社会的に強制される制約があること。住居及び教育、公的な場所及び礼拝所、並びに食料及び水の公的分配所の利用における隔離を含む、私的及び公的隔離。世襲された職業又は品位を傷つける若しくは危険な作業を放棄する自由が制限されていること。債務奴隷制に服していること。穢れ又は不可触という非人間的な理論に服していること。並びに、人間の尊厳及び平等に対する尊重が一般的に欠けていること。」（第1項）との見解を示した。この一般的勧告によって、人種差別撤廃委員会は、カースト差別や日本の部落差別が条約の適用対象となるとしてきた従来の実行を再確認していることは明らかである（村上正直「人種差別撤廃委員会における『世系差別』に関する協議と勧告」『部落解放研究』第149号（2002.12）参照）。なお、同一般的意見は、「条約に従い、世系にもとづくあらゆる形態の差別を禁止するため立法を再検討し、法律を制定または改正すること。」（第3項）との意見も示した（CERD General recom. 29, Article 1, paragraph 1 of the Convention (Descent), 2002, paras. 1 and 3.

⑳ Canadian Human Rights Act (R.S. 1985, c. H-6). available at <http://laws-lois.justice.gc.ca/eng/acts/H-6/> (last visited Feb.29, 2012).

㉑ カナダ人権委員会については、金子匡良「カナダ人権委員会―人権文化の確立

に向けて」NMP研究会・山崎公士編著『国内人権機関の国際比較』(現代人文社、2001年) 参照。
(32) 前掲注(31) 158頁。
(33) 前掲注(31) 164頁。
(34) 金子匡良氏作成の表 (前掲注(31) 158頁) を若干修正。
(35) Racial Discrimination Act 1975, Act No. 52 of 1975 as amended.
(36) Sex Discrimination Act 1984, Act No. 4 of 1984 as amended.
(37) Disability Discrimination Act 1992, Act No. 135 of 1992 as amended.
(38) 人権および機会均等委員会法 (Human Rights and Equal Opportunity Commission Act 1986, Act No. 125 of 1986 as amended) により設置されたオーストラリアの連邦レベルの国内人権機関。2008年から、「オーストラリア人権委員会」に改称。川村暁雄「オーストラリア人権及び機会均等委員会―開かれた人権保障システムへの展望と課題」『国内人権機関の国際比較』、前掲注(31)、69頁。
(39) 前掲注(31) 68頁。表3は、同69頁。
(40) 旧EC条約第6条および第119条。
(41) 家田愛子「EUにおける新たな雇用差別禁止指令および人種差別禁止指令の提案」『労働法律旬報』1492号 (2000.10)、25頁参照。
(42) EUにおける社会政策の展開とアムステルダム条約の背景については、濱口桂一郎『増補版 EU労働法の形成―欧州社会モデルに未来はあるか?』(日本労働研究機構、2001年)、12-21頁参照。
(43) EUの憲法草案では、「性、人種、皮膚の色、民族または社会的出身、遺伝的特質、言語、宗教または信念、政治的意見その他の意見、民族的マイノリティに属すること、財産、出生、障害、年齢または性的指向のような理由にもとづく差別は、禁止される。憲法の適用範囲内で、憲法規定を妨げない限り、国籍にもとづく差別は禁止される。」(第II-21条) とされ、差別禁止事由が一層充実している。なお、EU憲法草案は、EUの基本的価値観として、人間の尊厳の尊重、自由、民主主義、平等、法の支配、人権の尊重をあげ、加盟国に共通の価値観として、多元的社会、寛容、正義および非差別を掲げる (第2条)。Draft Treaty Establishing **CONSTITUTION FOR EUROPE**, 18 July 2003 (2003/C 169/01).
(44) Council Directive 2000/43/EC of 29 June 2000 implementing the principle of equal treatment between persons irrespective of racial or ethnic origin, 2000 O.J. (L180).
(45) Council Directive 2000/78/EC of 27 November 2000 establishing a general framework for equal treatment in employment and occupation, 2000 O.J. (L303).
(46) 両指令については、濱口・前掲注(42)、392-403頁参照。なお、EUにおける反差別法制については次の文献も参照。Elizabeth F. Defeis, Equality and the European Union, 32 Ga. J. Int'l & Comp. L. 73 (2004).
(47) 公的機関または私的組織によって提供される経済的または文化的性質を有する

(48) ただし、加盟国が申立者に一層有利な証拠法則を導入することは妨げられない（同条2項）。また、この規定は刑事手続には適用されない（同条3項）。さらに、裁判所その他の権限ある機関が事案の事実を調査する場合には、加盟国はこの規定を適用する必要はない（同条5項）。
(49) 金子、前掲注(31)、165頁。
(50) Model National Legislation for the Guidance of Governments in the Enactment of Further Legislation Against Racial Discrimination, Third Decade to Combat Racism and Racial Discrimination (1993-2003), http://www.unhchr.ch/html/menu6/2/pub962.htm. 本書巻末資料3参照。

〔本章は、「日本における差別禁止法の制定―国際人権法の視点から」『法政理論』36巻3・4号(2004年3月)に加筆・修正を加えたものである。〕

第Ⅱ部

国内人権機関の機能と活動

第1章
国内人権機関の機能

　本章では国内人権機関の機能について考察する。パリ原則は国内人権機関が果たしうる多様な機能に言及しているが、ここではパリ原則の「権限および責任」と「準司法的権限をもつ委員会の地位に関する追加的原則」を踏まえ、①人権促進機能（人権教育・広報）、②人権保護機能（人権侵害の調査・救済）、③監視機能、④提言機能および⑤調査・協力機能の5項目に分けて検討する。

　まずはじめに、読者の便宜上、パリ原則の国内人権機関の機能に関する箇所を抄録しよう。

権限および責任
1　国内人権機関は人権を促進および保護する権限を付与されるものとする。
2　国内人権機関はできる限り広範な職務（mandate）を与えられるものとする。その職務は、機関の構成および権限の範囲を定める憲法または法律において明確に規定されるものとする。
3　国内人権機関は、特に、次の責任（responsibility）をもつものとする。
　(a)　政府、議会その他権限のある機関に対し、人権の促進および保護に関するあらゆる事柄（any matters）について、関係当局の要請によりまたは上級機関に付託することなく問題につき聴聞する（to hear a matter）自らの権限の行使によって、助言的な基盤で、意見、勧告、提案および報告を提出すること。国内人権機関はそれらを公表すると決定することができる。これらの意見、勧告、提案および報告、ならびに国内人権機関の特権は、以下の分野に関連するものとする。
　　(i)　人権の保護を維持し展開することを目的とする立法上または行政上

の規定、ならびに司法機関に関する規定。これに関連して、国内人権機関は、現行の立法上または行政上の規定、ならびに法律案（bills）および法律提案（proposals）を検討するものとし、これらの規定が人権の基本原則に合致するよう確保するため、適切と考える勧告を行うものとする。国内人権機関は、必要であれば、新たな立法の採択、現行法の改正、ならびに行政施策の策定または変更を勧告するものとする。

  (ii)　国内人権機関が取り上げると決定した人権侵害の状況。
  (iii)　人権一般に関する国内状況、およびより具体的な問題に関する報告書の準備。
  (iv)　国内の地域で人権が侵害されている状況につき政府の注意を喚起し、そのような状況を終了させるための方策を政府に提案し、必要な場合には、政府の姿勢と対応について意見を表明すること。
(b)　法律、規則および慣行と国家が締約国となっている国際人権条約との調和、ならびに国際人権条約の実効的な履行を促進し確保すること。
(c)　国際人権条約の批准またはこれへの加入を奨励し、その履行を確保すること。
(d)　国際連合の機関および委員会ならびに地域的国際組織に対し、条約上の義務にもとづき国家が提出を求められる報告につき貢献し、必要な場合には、自らの独立性を十分に考慮し、報告に関し意見を表明すること。
(e)　人権の促進と保護の分野で権限をもつ、国際連合および国際連合システムの他の機関、地域的国際組織ならびに他国の国内人権機関と協力すること。
(f)　人権に関する教育および研究プログラムの作成を支援し、学校、大学および専門家団体におけるそのプログラムの実施に参画すること。
(g)　特に情報伝達および教育を通じて、またあらゆる報道機関を活用して、民衆の関心を高め、人権およびあらゆる形態の差別、特に人種差別と闘う努力に関し宣伝すること。

準司法的権限をもつ委員会の地位に関する追加的原則

　　国内人権機関に、個人の状況に関する苦情や申立を聴聞し、検討する権限

を認めることができる。個人、その代理人、第三者、NGO、労働組合の連合体またはその他の代表組織は事案を国内人権機関に提起できる。この場合には、委員会の他の権限に関する上記の原則にかかわらず、国内人権機関に委ねられる機能は以下の原則に基づくものとすることができる。

(a) 調停により、または法が規定する制約の範囲内で、拘束力のある決定によって、また必要な場合には非公開で、友好的な解決を追求すること。
(b) 申立を行なった当事者にその者の権利、特に可能な救済につき情報提供し、救済の利用を促すこと。
(c) 法が規定する制約の範囲内で、苦情や申立を聴聞し、またはこれらを他の管轄当局に移送すること。
(d) 特に法律、規則および行政慣行が、自らの権利を主張するため申立を行う者が直面する困難の要因となっている場合には、特にそれらの改正または改革を提案することによって、権限ある当局に勧告を行うこと。

I　人権促進機能（教育・広報）

人権の「促進」(Promotion of human rights) とは、寛容・平等・相互尊重・人権を基軸とする文化の促進であり[1]、国内人権機関が国内でこうした人権文化を創造し、定着させる機能が人権促進機能である。パリ原則の「権限および責任」第3項に列挙される促進機能は次のように要約できる。

①人権教育・研究プログラムの作成支援、学校・大学・専門家団体における人権教育プログラムの実施への参画（3項(f)）
②人権と人種差別等あらゆる形態の差別と闘う努力に関する広報（3項(g)）

各国のほとんどの国内人権機関は人権教育・広報活動を展開している。フィリピン人権委員会は、政府、NGO、研究者と協働し、セミナーの開催や人権教材開発に取り組んでいる。軍隊・警察・法執行官への人権教育にもきわめて熱心である。インド国家人権委員会も、直接人権教育を実施するのではなく、内務省、州政府、大学などの人権教育実施主体と連携し、警察、

軍隊、刑務所職員、一般市民に対する人権教育のありかたを調整している。

　オーストラリアの人権委員会、カナダ人権委員会、スウェーデンの平等権オンブズマンやエスニック差別禁止オンブズマンなどの専門オンブズマンは、人権教育・広報活動においてメディアを体系的に活用している。どの国内人権機関もホームページを充実させ、インターネットを通じた人権教育・広報活動も展開している。

　人権教育・広報活動には多様な機関が関与しており、国内人権機関だけでこれを完全に実施できるものではない。そこで、多くの国の国内人権機関は、対象を特定した人権教育活動を展開するか、あるいは多様な実施主体による人権教育・広報活動の連絡調整や、活動手法の開発支援に限った活動を行っている。いずれの場合も、メディアを巧みに活用している点が注目される。

Ⅱ　人権保護機能（人権侵害の調査・救済）

　人権の保護（Protection of human rights）とは、人権侵害事案を確認・調査し、人権侵害にかかわった者に法を適用し、人権侵害された者を救済する枠組みを確立し、これを実施することである。パリ原則が想定する国内人権機関の保護機能は、「準司法的権限をもつ委員会の地位に関する追加的原則」に掲げられる次の4項目である。

　　①調停等による拘束力のある決定による非公開で友好的な解決の追求
　　②人権侵害の苦情申立て者に対する情報提供、救済の利用促進
　　③苦情・申立ての聴聞、他の管轄機関への移送
　　④法律・規則・行政慣行の改正・改革の提案、権限ある当局への勧告

　諸外国の国内人権機関は人権の保護に関し概ね次のような活動を展開している。

1　申立ての受理、非公開のあっせん・調停

　どの国の国内人権機関も、その職務権限を定める国内人権機関設置法または人権実体法で苦情申立ての受理要件を定めており、これに合致する申立てだけが受理され、それ以外は却下される。申立てが受理されると、はじめに、国内人権機関が無料で事実調査をする。その結果、侵害・差別行為があったと思われる場合には、人権侵害・差別を受けた者とこうした行為を行った者の間で非公開のあっせん・調停が試みられる。ここで和解が成立すれば問題は解決する。カナダ人権委員会の場合は、調停によって当事者間に合意が成立した場合、委員会がそれを承認して調停が成立する。この調停結果には法的拘束力がある。

　非公開のあっせん・調停は、非対決的かつ原則として非強制的な手法で被申立者に対する説得がなされ、当事者間の合意をめざしてねばり強い話し合いが展開される。オーストラリアの人権委員会のように、事実関係の確認段階でも、当事者に対し委員は出頭や書類提出を命令でき、これに従わない者には罰金の制裁を予定している場合もある。ただしこの罰金が実際に科されることはほとんどないという。このように、あっせん・調停段階では、国内人権機関は中立的な第三者として、当事者間の問題解決を側面から促すことに徹する。しかし、あっせん・調停が不調に終わった場合には、公開の審問手続や人権審判所での審理が開始されることが多い。非公開のあっせん・調停手続の後に公開審理が控えていることは、被申立者に非公開の段階での問題解決を促す効果をもつ。

2　公開の審問手続、人権審判所での審理と決定・命令

　カナダ人権委員会では、当事者間のあっせん・調停が不成立の場合には、その事案は人権審判所という準司法機関での裁判類似の公開手続に入る。人権審判では、当事者に対する審問や証拠調べを通じて、差別行為の有無を審理する。そのさい、人権審判所は証人喚問や証拠提出を命令できる。人権審判の結果、差別行為が立証された場合には、人権審判所は差別行為者に対し、差別行為の停止、差別行為などを正すための計画・プログラムの策定、差別行為によって侵害された権利の回復などを命令できる。この審決には連邦裁

図　カナダ人権委員会による人権侵害の救済手続

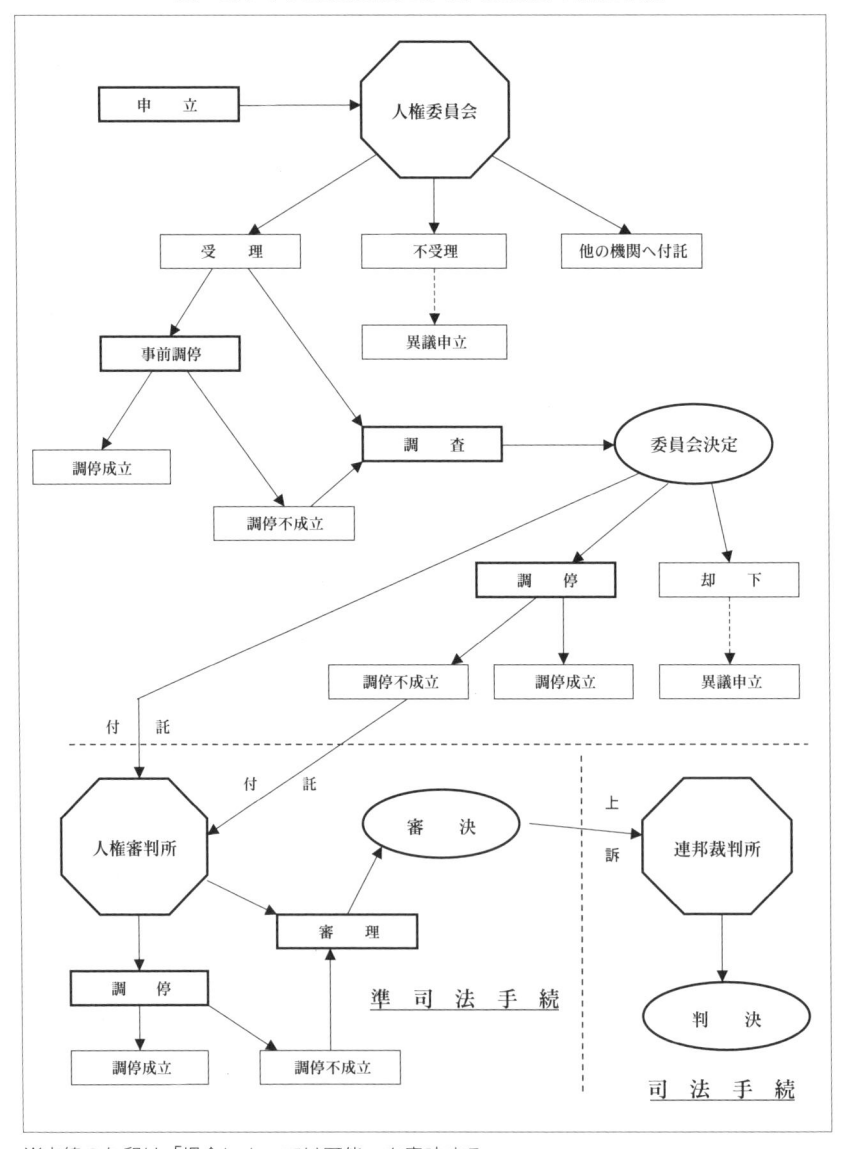

※点線の矢印は「場合によっては可能」を意味する。
出所：金子匡良「カナダ人権委員会―人権文化の確立に向けて」NMP研究会・山崎公士編著『国内人権機関の国際比較』（現代人文社、2001年）160頁。

判所による判決と同等の法的拘束力があり、これに従わない者には法廷侮辱罪として制裁金を課すことができる。

　法的拘束力をもつ審決に不服な当事者は、上記のいずれの場合にも、司法裁判所に上訴し、司法審査を求めることができる。なお、オーストラリアの場合には、人権委員会でのあっせん・調停手続と審問手続を経なければ、連邦裁判所で争うことができない（人権委員会手続前置主義）。この前置主義を採ると、人権侵害・差別行為者が確信犯的な場合、人権委員会での手続が不要な迂回路になりかねないとの指摘がある。

3　国内人権機関の裁判参加、裁判提起

　申立者が提起する司法裁判に国内人権機関が参加し、あるいは国内人権機関自体が申立者のために司法裁判を提起する場合もみられる。

　インド連邦人権委員会は人権侵害に関する訴訟に裁判所の承認を得て参加できるものとされている。実際に、警察の改革や軍（特別権限）法の見直し、警察が関連する失踪者・殺人事件に関する令状請求訴訟などに参加している。カナダ連邦人権委員会も、人権委員会に直接関係のある事件が連邦裁判所で争われる場合には、訴訟参加を求め、申立者の側に立って行動することが可能とされている。オーストラリアの連邦人権委員会は、裁判所の許可を得て、人権に関連する裁判に参加し、法廷で証言することができる。さらに1999年の法改正により、人権委員会は「法廷の友」(amicus curiae) として司法裁判に関与できるようになった。

　国内人権機関は人権法に関する専門知識と人権侵害・差別事案を解決してきた豊富な経験をもっている。裁判に参加し、あるいは自ら裁判提起することによって、国内人権機関のこうした知見と経験が裁判の場で生かされ、また裁判官への教育という効果も期待できる。

4　公開調査（Public Inquiries）

　公開調査とは、個別の苦情申立てが多く寄せられるような重大な人権課題について、国内人権機関が聴衆の面前で公開討論会を開き、問題の所在を確認し、問題解決の糸口を探る救済手段の一つである。多くの国内人権機関が人権状況や人権課題について、自らのイニシアチブでこの公開討論会を開催

している。公開調査によって人権問題が体系的または一般的に深く検討される。諸外国の国内人権機関では次のような課題が公開調査の対象とされてきた[2]。

- ◆餓死と健康への権利（インド）
- ◆心の病気とホームレスの子ども、人種主義的暴力、アボリジニの子どもを親から引き離す措置（オーストラリア）
- ◆拷問（モンゴル）
- ◆障害者が利用できる陸上交通機関（ニュージーランド）

公開調査は、特定の人権課題について市民への広範な調査と聞き取りにもとづき報告書を作成し、これを議会に提出して法改正を含む提言を行うものである。公開調査は人権侵害事象を解決するために開催される。したがって、その結論として出される勧告において、人権侵害の原因究明、人権侵害された者の救済および人権侵害の再発防止策が提示されるのが通例である。こうした人権政策提言は政府の政策に一定の影響を及ぼしている。

公開調査についてはパリ原則ではとくに言及されていない。しかし、諸外国の国内人権機関は人権救済または監視活動の一環として、公開調査の手法を用いている。類似の個別的人権侵害事案が多発する場合、その背景を総合的・体系的に究明し、現行法の改正、新規立法の整備、法制度の運用方法の改善等について大胆に勧告する機会として、公開調査はきわめて有効である。公開調査は個別事案の解決を目的とする司法的解決の限界を補う側面もあり、国内人権機関の存在意義と独自性が際だつ活動様式といえる。

III　監視機能

人権の「監視」[3]とは、国内人権機関による人権侵害に関する情報収集、選挙・裁判・示威行動等の監視・傍聴、被拘禁施設・難民キャンプ等の訪問、情報取得・緊急対応のための国家当局との意見交換等の活動である。現実に生起している人権課題を具体的かつ明確に把握するため、監視活動はきわめ

て重要である。監視活動によって人権状況や制度に関する情報が定期的・規則的に収集され、国内の人権状況全般が概観できる。その結果、改善を要する人権課題が浮き彫りになり、国内人権機関が取り組むべき優先課題が設定しやすくなる。

パリ原則の「権限および責任」第3項に列挙される監視機能は次のように要約できる。

　①法律・規則・慣行と締約した国際人権条約との調和、ならびに国際人権条約の実効的な履行の促進・確保（3項(b)）
　②国際人権条約の批准・加入の奨励、履行確保（3項(c)）

国内人権機関は監視機能を十全に発揮するため、国家機関等に対し証拠の提出や証人の出頭を要請し、これが拒否された場合に制裁を勧告できる権限をもつ必要がある。

Ⅳ　提言機能

パリ原則が国内人権機関の機能として冒頭に掲げるのは、提言機能である。パリ原則の「権限および責任」第3項に列挙される提言機能は次のように要約できる。

　　政府、議会その他権限のある機関に対し、助言的な基盤で、以下の提言を行い、これを公表すること。
　①人権関係の立法上または行政上の規定、ならびに司法機関に関する規定に関する意見、勧告、提案および報告の提出（3項(a)(ⅰ)）
　②現行の立法上・行政上の規定、および法律案・法律提案を検討し、これら規定が人権の基本原則に合致するよう確保するための勧告（同上）
　③新たな立法の採択、現行法の改正、ならびに行政施策の策定・変更の勧告（同上）
　④人権侵害の状況に関する意見、勧告、提案および報告の提出（3項(a)(ⅱ)）

⑤人権一般に関する国内状況、およびより具体的な問題に関する報告書の準備（3項(a)(ⅲ)）

⑥国内地域における人権侵害状況に関する政府への注意喚起、対応策の提案、ならびに政府の姿勢・対応に対する意見表明（3項(a)(ⅳ)）

　提言機能に関するパリ原則を踏まえれば、国内人権機関は憲法または法律にもとづき、上記①～⑥に関し、政府、議会その他権限のある機関に対し提言する権限を付与されなければならない。国内人権機関は政府や議会全体向けの提言に加え、個別の省庁・省庁内部部局・委員会等に提言できる。他方、提言を受けた政府・政府部門や議会は、国内人権機関による提言を真摯に受け止め、自らの活動に反映させる責務を負うことになる。

　どの国内人権機関も実際に政府や議会に対し人権政策を提言する活動を行っている。国内人権機関による政策提言には、①人権侵害の実態を知る現場からの提言、②人権専門家としての提言、③市民社会の声の増幅器としての提言の3側面がある[4]。

　第1の現場感覚にもとづく政策提言活動としては、たとえば、インド人権委員会による警察権力の監視、拘禁施設における待遇改善、職員の再教育などに関する提言がある。

　第2の人権専門家としての政策提言活動としては、スウェーデンの平等オンブズマン、障害者オンブズマンなどの専門オンブズマンが政府設置の各種審議会に専門家として参加し、また法制度の改正などに関して意見を述べている実例があげられる。ニュージーランド人権委員会は、人権のよりよい保障のための立法・行政その他の措置、人権諸条約への加盟などを政府や議会に提言している。

　第3の市民社会の声の増幅器としての提言活動の代表例は、本章Ⅱの4でも触れた、オーストラリアの人権委員会等で活発に展開されている、職権による調査機能にもとづく公開調査（public inquiries）である。

　ところで、2004年にナイジェリアのアブジャでコモンウェルス諸国10か国の国内人権機関と議会代表が会合し、「議会、議員とコモンウェルス国内人権機関の関係に関するアブジャ・ガイドライン」[5]（以下、「アブジャ・ガイドライン」という）が採択された。アブジャ・ガイドラインは、国内人権機

関と議会は人権の促進と保護のためはかり知れない貢献ができ、議会および議員と国内人権機関は相互に支援する重要な役割をもつとの基本認識から、国内人権機関の政策提言機能に関し次の諸点を確認した。

①議会は国内人権機関の年次報告等を迅速に審議するものとする。当該報告に関する政府の対応も迅速に上程するものとする。
②国内人権機関の年次報告等について審議するため、人権委員会委員は議会の適切な委員会に定期的に招かれるものとする。
③国内における人権享受に影響する立法の適合性に関し議会に助言することが国内人権機関の職務権限の一部であることを議員は保証するものとする。
④議会は国内人権機関による提言等を追跡調査し、履行するものとする。
⑤人権委員会委員は議員に国内、国際地域および国際的な人権問題、文書およびメカニズムに関し、専門的で独立した助言を定期的に提供するものとする。
⑥国内人権機関はその活動および国内の人権状況に関し年次報告を法的義務として提出するものとする。
⑦国内人権機関はすべての法律および憲法改正案、ならびに現行法の人権との関連について、議員に助言すものとする。
⑧国内人権機関は国際地域人権条約および国際人権条約上の義務を達成するため必要とされる取り組みに関し、議会に勧告するものとする。

V　調整・協力機能

パリ原則の「権限および責任」第3項に列挙される調整・協力機能は次のように要約できる。

①国際連合機関・委員会、地域的国際組織に提出義務のある国家報告に関する貢献、国家報告に関する意見表明（3項(d)）
②人権の促進・保護の分野で権限をもつ、国際連合・国際連合システムの他機関、地域的国際組織、ならびに他国の国内人権機関との協力（3項(e)）

表　世界の国内人権機関 — 職務権限比較

職　務　権　限	関係当局の要請による	職権による	双方
	(回答した国内人権機関は61)		

以下に関する政府、議会等への勧告

法令上の規定	10 (16.3%)	22 (36%)	37 (60.6%)
司法府に関する規定	5 (8.1%)	22 (36%)	25 (40.9%)
法案および法律提案	4 (6.6%)	21 (34.4%)	34 (55.7%)
新規立法	4 (6.6%)	21 (34.4%)	34 (55.7%)
現行法の改正	3 (5%)	26 (42.6%)	31 (50.8%)
行政措置の採用または改正	3 (5%)	25 (40.9%)	28 (45.9%)
一般的または個別的な国内人権状況	0 (0%)	27 (44.2%)	31 (50.8%)
救済対象とした人権侵害に関する報告	2 (3.3%)	31 (50.8%)	25 (40.9%)
見解、勧告および報告の公表	0	35 (57.3%)	25 (40.9%)

以下に関する促進および助言

国内法および慣行と締約した国際文書との調整	1 (1.6%)	31 (50.8%)	23 (37.7%)
締約した人権条約の条約体や加盟国際機関による勧告の履行	2 (3.3%)	34 (55.7%)	23 (37.7%)
国際人権文書の批准	1 (1.6%)	32 (52.4%)	24 (39.3%)
人権条約体への定期的国家報告への貢献	10 (16.3%)	24 (39.3%)	23 (37.7%)
国連条約の条約体への国家報告に関する意見	2 (3.3%)	30 (48.3%)	22 (36.1%)
国連システム、地域的人権機関および他国の国内人権機関との協力	1 (1.6%)	37 (60.6%)	20 (32.7%)
人権教育・研究プログラムの形成・実施の支援	1 (1.6%)	29 (47.5%)	29 (47.5%)
広報活動の展開（とくに、情報・教育イニシアティブを通じて、ならびにあらゆるメディア機関の活用によって）	0 (0%)	37 (60.6%)	23 (37.7%)

出所：United Nations Office of the High Commissioner for Human Rights, *Survey on National Human Rights Institutions, Report on the findings and recommendations of a questionnaire addressed to NHRIs worldwide, 2009*, at 25.

多くの国内人権機関は、人権諸条約上の締約国の義務として、あるいは国際組織の加盟国として提出が義務づけられている国家報告の作成段階で、何らかの関与をしている。また国内人権機関は国連人権理事会や条約体等の国際機関と密接な協力関係を維持するのが通例である。さらに、国内人権機関は他国の国内人権機関と連携し、共通の立場を形成しつつある。

VI　結びにかえて

　本章では国内人権機関の機能を5項目に分けて考察した。最後に、2009年7月に国連人権高等弁務官事務所が公表した「国内人権機関調査報告[6]」に掲載された世界の国内人権機関の職務権限比較表を左に掲げ、結びにかえたい。

(1)　United Nations Development Programme and Office of the High Commissioner for Human Rights, *UNDP-OHCHR Toolkit for collaboration with National Human Rights Institutions, 2010*, available at <http://www.ohchr.org/Documents/Countries/NHRI/1950-UNDP-UHCHR-Toolkit-LR.pdf> (last visited Feb.29, 2012), at 33-34.

(2)　*Id.*, at 34.

(3)　人権監視活動一般については、Office of the High Commissioner for Human Rights, *Training Manual on Human Rights Monitoring (Professional Training Series No. 7)*, U.N. Doc. HR/P/PT/7, 2001, available at <http://www.ohchr.org/Documents/Publications/training7Introen.pdf> (last visited Feb.29, 2012) 参照。

(4)　川村暁雄「国内人権保障システムの機能と実効性―各国の特徴」人権フォーラム21編『世界の国内人権機関―国内人権システム国際比較プロジェクト（NMP）調査報告』(解放出版社、1999年) 21-24頁。

(5)　The Abuja Guidelines on the Relationship between Parliaments, Parliamentarians and Commonwealth National Human Rights Institutions (NHRIs), available at <www.britishcouncil.org/governance-national-human-rights-institutions-and-legislatures.doc> (last visited Feb.29, 2012). 序7項、「議会および議員がなしうる国内人権機関活動の支援」18項、ならびに「国内人権機関がなしうる議会および議員活動の支援」15項からなる。

(6) アフリカ19か国、南北アメリカ9か国、アジア・太平洋12か国、ヨーロッパ21か国、計61か国の国内人権機関が回答した。Uniten Nations Office of the High Commissioner for Human Rights, *Survey on National Human Rights Institutions, Report on the findings and recommendations of a questionnaire addressed to NHRIs worldwide, 2009,* available at < http://nhri.ohchr.org/EN/Documents/Questionnaire%20-%20Complete%20Report%20FINAL-edited.pdf> (last visited Feb.29, 2012).

第2章
差別撤廃における国内人権機関の役割

　さまざまな差別を撤廃するため、国際社会と国内社会で多様な活動がこれまで展開されてきた。国際社会では、国連人権理事会や同諮問委員会のような国際組織の機関、条約実施機関である自由権規約委員会や人種差別撤廃委員会など、国際地域ではヨーロッパ人権委員会や米州人権委員会などが差別撤廃に取り組んできた。また国内社会では国家の立法・行政・司法機関や地方政府、人権NGOなどの民間団体が個別に、あるいは協働して差別撤廃にあたってきた。

　しかし、とくに1990年代以降、国内人権機関という政府から独立した国家機関が各国で設置され、差別撤廃を推進する新たなアクターとして活動するようになった。日本には人権委員会のような国内人権機関がまだ登場していないため、差別撤廃に向けた国内人権機関の役割は十分認識されるに至っていない。

　本章では、カナダ人権委員会を一つの例として、差別撤廃に向けた国内人権機関の役割を考察する。

I　カナダ人権委員会の構成と職務

　カナダ人権委員会[1]はカナダ人権法[2]にもとづき1978年に設置された連邦レベルの国内人権機関である。同委員会はカナダ人権法と雇用衡平法[3]にもとづき、機会均等と非差別の原則が連邦のすべての管轄領域で守られるよう確保することを使命としている。2名の常勤委員と6名を上限とする非常勤委員からなり[4]、定期的に会合する。委員会は個人からの申立てを審議し、

また自らの政策を承認する。

　カナダ人権委員会の職務（mandate）は以下の5点に集約できる。

　ⓐカナダ人権法が定める理由にもとづく雇用における差別やサービス提供をめぐる差別に関する苦情の解決に向けて当事者を支援すること。
　ⓑ同一価値の労働をする男女間の賃金格差に関する差別等の苦情申立てを調査すること。
　ⓒ雇用者による雇用衡平法の遵守を見守り、必要な場合には、行動すること。
　ⓓ女性、先住民族、障害を持つ人びとおよびマイノリティに属する人びとの人権が保障されるようにするため、プログラム、政策および立法を監視すること。
　ⓔカナダ人権法の役割とカナダ人権委員会の活動についての市民の理解を促すプログラムを発展させ、実施すること。

　ⓐとⓑは人権相談・救済活動であり、ⓒは雇用者の監視活動、ⓓは人権政策提言活動、ⓔは人権教育・広報活動である[5]。このうちⓐが最も重要で中心的な職務である[6]。

Ⅱ　カナダ人権法における「差別」の定義

　カナダ人権委員会が扱う人権侵害の苦情申立ては、カナダ人権法に定められた差別事由と差別行為にもとづくものに限り受理される。カナダでは連邦政府と州政府の権限が厳格に区分されており[7]、連邦機関であるカナダ人権委員会の権限は、連邦政府の機関や軍隊、国営企業、郵便局、大規模な銀行や交通・運輸関連企業で起きた人権侵害事案のような、「連邦の管轄領域」の範囲内にのみ及ぶ[8]。

　カナダ人権法が定める差別禁止事由[9]は、①人種、②民族的・エスニック的出身、③皮膚の色、④宗教、⑤年齢、⑥性別（妊娠・出産にもとづく差別を含む）[10]、⑦性的指向、⑧婚姻の状況（婚姻関係の有無など）、⑨家族の状況（子

どもの有無など)、⑩精神障害または身体障害（薬物依存・アルコール依存を含む）[11]、⑪赦免された犯罪歴、の11種である。これら差別禁止事由のいずれかまたは複数にもとづくものや複合的な差別禁止事由の影響によるものは、すべて差別行為とされる[12]。

　カナダ人権法はさらにこれらの差別禁止事由にもとづく差別行為の類型10種類を列挙する[13]。それらは、①商品供与・サービス供与・施設利用・宿泊の拒否、②店舗・住居利用の拒否、③雇用・求人差別、④労働組合がその構成員に対して行う差別的取扱い、⑤差別事由にもとづいて雇用機会を奪うような政策・慣行を実施すること、またはそのような協定の締結、⑥不平等賃金、⑦差別的言辞、⑧憎悪の表明（ヘイトメッセージ）、⑨嫌がらせ（ハラスメント）、⑩人権委員会に申し立てた者に対し報復すると脅すこと、である。上記10種の差別行為類型に該当する差別行為は、カナダ人権委員会による人権救済手続の対象とされ、いずれかの差別行為を行い、または行ったと認定された者は、カナダ人権委員会による救済手続の対象とされる[14]。

Ⅲ　差別事案に関する人権救済

　カナダ人権法の目的は差別した者を処罰することでなく、差別を終了させ、差別を受けた者に差別のない状況を回復させることである。

　上記の差別行為を受けた者による申立てがなされると、カナダ人権委員会（以下、「委員会」）はこれを受理するかどうかをまず検討する。受理された申立てで和解による解決が見込まれる事案については、和解のあっせんがなされる。和解が成功すれば、賠償や補償のほか、謝罪や地位の回復などが当事者間で合意される。ただし、和解のあっせんは当事者の意思によって開始されるので、当事者がこれを望まない場合には、申し立られた事案は調査手続に移される。

　調査は当事者の主張や事実関係を明らかにする作業で、委員会職員が担当する。委員会は調査結果を受けて差別行為の存否を判断する。差別行為が存在したと委員会が認定する場合には、事案は調停に付されるか、カナダ人権審判所（Canadian Human Rights Tribunal）[15]に送られる。差別行為が存在し

なかったとされた場合には、申立ては却下される。

　調停は委員会職員の中から選任される調停官によって進められる。調停官は当事者の主張を調整し、解決策を模索する。調停の結果、当事者間に合意が得られた場合には、委員会の承認を経て調停が成立する。以上の人権救済手続は当事者間の和解や調停を模索するもので、非公開で進められる。人権委員会による調停は任意の手続であり、当事者の一方が調停を拒み、あるいは調停案に同意しない場合には調停は成立せず、事案は人権審判所に委ねられる。

　人権審判所では、差別行為の有無を判断する前に、調停によって解決することが適当と判断し、当事者がこれに同意する場合には、審判員の中から調停官を選び、調停を開始する。ここで調停が成立すれば救済手続は終了する。しかし、この調停が成立しない場合には、通常1名の審判員（複雑な事案の場合には3名の審判員）によって公開で審判手続が開始される。

　審判の結果、差別行為がなかったと認定された場合には、救済手続は終了する[16]。しかし、差別行為があったとされた場合には、差別行為者に以下の命令を下すことができる。すなわち、①差別行為を中止し、同様または類似行為の再発を防ぐため、委員会と協議し、差別行為や不公正な行為をただすための特別プログラム、計画もしくは取り決め（special program, plan or arrangement）等を策定すること[17]、②差別行為によって侵害された権利、機会、または恩恵的利益（rights, opportunities or privileges）の回復[18]、③逸失賃金や逸失利益の補償[19]、④差別行為の結果受けた肉体的・精神的苦痛に対する20,000カナダ・ドル以下の損害賠償の命令[20]、である。なお、故意または過失にもとづく差別行為に対しては、特別補償として、20,000カナダ・ドル以下の損害賠償を加重的に付加できることとされている[21]。

　人権委員会や人権審判所による以上のような人権救済手続によって、差別を受けた者に対し、侵害行為者または組織による口頭・文書謝罪、申立者に関する不正確な個人記録の訂正、逸失賃金の補償、退職金の支払い、精神的慰謝料の支払いのような救済が実際に提供されている[22]。

　なお、以上の人権救済手続によって最終決定に至った事案数は、2009年は889件、2010年は1,140件、2011年は1,424件であった。2011年に解決した申立総数は1,424件で、これを差別事由ごとにみると、多い順から障害

404件（28%）、年齢200件（14%）、国民的・エスニック的出身175件（12%）、人種161件（11%）、性別160件（11%）、家族の状況105件（7%）、皮膚の色89件（6%）、宗教53件（4%）、婚姻の状況53件（4%）、性的指向22件（2%）、赦免された犯罪歴2件（0%）であった[23]。

Ⅳ　差別の予防・撤廃

　カナダ人権委員会はカナダ人権法、雇用衡平法および人権委員会の役割と活動を広報する責務がある。この責務は差別の撤廃にとっても重要である。このため、人権委員会は地域の団体、雇用者団体その他と協働して、広報活動を行っている。人権委員会はメディアやインターネットを通じて、できるだけ多くの人びとが人権に関する情報を利用できるように努めている。

　人権委員会は連邦法によって規律される組織（federally regulated organizations）[24]と協働し、またこれらを支援して、職場に人権文化を定着させる広範な戦略を展開している[25]。

Ⅴ　差別撤廃に向けた監視と政策提言

　先にも触れたように、「女性、先住民族、障害を持つ人びとおよびマイノリティに属する人びとの人権が保障されるようにするため、プログラム、政策および立法を監視すること」は人権委員会の職務の一つとされている。人権委員会は人権の促進や差別の撤廃のため、連邦議会に対する意見提出や一般的な意見表明を行っている。

　前者の例としては、①人権委員会が先住民族による申立てを受理できることとするファースト・ネーション（先住民族）法案に関する意見表明[26]、②同性婚を認めるべきとの趣旨の意見表明[27]、③雇用衡平法の改正に際し、障害者の権利をより明確に規定するべきとの趣旨の勧告[28]等がある。また後者の例としては、①雇用者が雇用・昇進等に関し先住民族の人びとを優先するのは差別的慣行にあたらないとする先住民族雇用政策[29]の提示、②HIV/

AIDS感染にかかわらず、すべて人は平等権を有し、差別されることなく尊厳をもって扱われるべきであるという趣旨の方針[30]の提示等があげられる。

VI　結びにかえて

　本章ではカナダ人権委員会に焦点をあて、差別撤廃に向けた国内人権機関の役割を考察した。国内人権機関の主要な役割として、①人権教育・広報、②人権相談・救済、③人権政策提言の3点が通常指摘されるが、同委員会の場合もこれら3機能を果たしている。したがって、差別撤廃に向けた同委員会の役割も、この3機能に及んでいる。

　国内人権機関には人権の促進と保護の全般を活動対象とするものと、人種差別や子どもの権利など特定の人権分野を活動対象とするものとがある。また組織形態としては委員会制度をとる場合とオンブズマンのような独任性をとる場合とに分かれる。カナダ人権委員会は人権分野全般を活動範囲とする委員会制度の国内人権機関である。

　国内人権機関が上記3機能を実質的に果たすためには、人権や禁止される差別行為を明確に定義することによって機関の目的と活動範囲を明確にし、機関の公開性や透明性を高める必要がある。同時に、機関の構成や活動自体を通じて、あらゆる勢力からの機関の独立性を確保しなければならない。カナダ人権委員会の場合は、カナダ人権法によって差別禁止事由と禁止される差別行為が幅広く、明確に法定されている。また委員構成上ジェンダーバランスが保たれ、多元的なカナダ社会を反映した多様な人材が委員に登用されている。その結果2010年には全国から1,435件の申立てが寄せられ、853件が受理され、166件が他の救済手段に移送された。なお、受理された申立てのうち177件は申立てが認められ、139件は却下され、191件はカナダ人権審判所に付託された[31]。この件数をみる限り、カナダ人権委員会は市民からかなりの程度信頼され、人権救済機能を果たしているものと思われる。また、カナダ人権委員会は政府に対する政策提言や市民に対する方針提示を通じて、差別撤廃のため力強い活動を展開している。

　結びにかえて、2001年の南アフリカ・ダーバンにおける「国連反人種主

義・差別撤廃世界会議」で国内人権機関が同会議に向け採択した声明[20]を参照しつつ、差別撤廃に向けた国内人権機関の可能性を示したい。

1　人権諸条約の締約国となっていない国の国内人権機関は、政府に批准または加入を促す。
2　国内法の整備、人権政策の策定・実施、締約国となっている人権諸条約や国内法の実施状況を監視する。
3　国連が推進する「人権行動計画」の策定・実施を政府に促す。
4　被差別当事者NGOを含む市民社会と協働し、政府の政策・施策ならびにこれらの実施を発展させ、監視する。
5　学校教育および社会教育の場における差別撤廃に向けた教育・広報を支援する。
6　差別行為を受けた者に実効的救済を提供する。
7　差別撤廃に向けた政策・施策の策定・実施を中央および地方の政府・議会に毅然とした立場で提言・勧告する。

(1)　カナダ人権委員会の歴史、組織、活動等については、金子匡良「人権文化の確立に向けて―カナダ人権委員会」NMP研究会・山崎公士編著『国内人権機関の国際比較』（現代人文社、2001年）所収参照。
(2)　*Canadian Human Rights Act*, (R.S. 1985, c. H-6), available at <http://laws-lois.justice.gc.ca/eng/acts/h-6/index.html> (last visited Feb.29, 2012).
(3)　*Employment Equity Act*, (S.C. 1995, c. 44), available at<http://laws-lois.justice.gc.ca/eng/acts/E-5.401/index.html> (las visited Feb.29, 2012).
(4)　実際には、2012年5月時点で、委員会は次の4名からなる。すなわち、常勤の委員長代行（男性・弁護士）、非常勤の委員（男性・弁護士）、非常勤の委員（女性・教育者）および非常勤の委員（男性・教育者で元連邦政府閣僚）である。
(5)　ⓐ～ⓒの職務に関しては、金子匡良「雇用差別に関するカナダ人権委員会の機能」アジア・太平洋人権情報センター編『人権保障の新たな展望―国内人権機関の機能と役割―』（解放出版社、2004年）所収参照。
(6)　金子・前掲注(5)、55頁。
(7)　同上、52-53頁。
(8)　同上、55頁。
(9)　*Canadian Human Rights Act, supra* note 2, c.33, s. 3(1).
(10)　*Id.*, 3(2).

(11) *Id*., c.33, s. 25.
(12) *Id*., c.33, s. 3.1.
(13) *Id*., c.33, ss. 5-14.1.
(14) *Id*., c.33, s.4. 救済手続の結果は、申立てが却下されるか調停が開始されることになる。カナダ人権委員会における人権救済手続については、金子・前掲注(1)、159-165頁参照。
(15) カナダ人権法によって設置された準司法機関で、人権委員会とは別の組織である。15名以下の審判員によって構成される。*Canadian Human Rights Act*, c.33, s.48.1-48.9. 詳しくは、金子・前掲注(1)、164-165頁参照。
(16) *Canadian Human Rights Act*, c.33, s.53(2).
(17) *Id*., s.53(2)(a).
(18) *Id*., s.53(2)(b).
(19) *Id*., s.53(2)(c)-(d).
(20) *Id*., s.53(2)(e).
(21) *Id*., s.53(3).
(22) この他、推薦状の提供、雇用者の記録における否定的評価の削除、逸失賃金の補償、退職手当および/または年金の支給、障害者年金申請の支援、拒否された物品またはサービスの提供、拒否された就職または昇進の確保、申立者が要した法的費用の支払い、カウンセリング料金の支払い、病欠などで失った利益の補償もなされている。Canadian Human Rights Commission, *Anti-Discrimination Casebook: Race, Colour, National or Ethnic Origin,* 2001, available at <http://www.chrc-ccdp.ca/publications/anti_discrimination_toc-eng.aspxavailable> (last visited Feb. 29, 2012), at 27.
(23) Canadian Human Rights Commission, *Annual Report 2011*, available at <http://www.chrc-ccdp.ca/pdf//publications/annual-report-chrc-2011_eng.pdf> (last visited Feb. 29, 2012), at 3.
(24) 連邦政府機関、公社、指定銀行、航空会社、テレビ・ラジオ局、州際で事業を展開している電信会社、州間で運行するバス・鉄道会社、先住民族居住地域、その他鉱業のような連邦法によって規律される産業。
(25) 具体的には、政府機関と連邦法によって規律される雇用者は、職場での紛争を扱う内部責任体制と人権とを両立させなければならない。雇用者は、人権侵害を防ぐため、管理職者と従業員を訓練し、職場において人権基準と人権救済に関する強力な方針を策定しなければならない。
(26) SUBMISSION OF THE CANADIAN HUMAN RIGHTS COMMISSION TO THE STANDING COMMITTEE ON ABORIGINAL AFFAIRS, NORTHERN DEVELOPMENT AND NATURAL RESOURCES, BILL C-7: FIRST NATIONS GOVERNANCE ACT, available at <http://www.chrc-ccdp.ca/legislation_policies/submission-en.asp> (last visited Oct. 15, 2005).
(27) SUBMISSION OF THE CANADIAN HUMAN RIGHTS COMMISSION

TO THE STANDING COMMITTEE ON JUSTICE AND HUMAN RIGHTS, SAME SEX MARRIAGES, available at <http://www.chrc-ccdp.ca/legislation_policies/submission_marriage-en.asp#conclusion> (last visited Oct. 15, 2005).

(28) Report and Recommendations to the House of Commons Standing Committee on Human Resources Development and the Status of Persons with Disabilities, available at <http://www.chrc-ccdp.ca/publications/legislative_review_toc-en.asp> (last visited Oct. 15, 2005).

(29) ABORIGINAL EMPLOYMENT PREFERENCES POLICY, available at <http://www.chrc-ccdp.ca/legislation_policies/aboriginal_employment-en.asp> (last visited Oct. 15, 2005).

(30) CANADIAN HUMAN RIGHTS COMMISSION POLICY ON HIV/AIDS, available at <http://www.chrc-ccdp.ca/legislation_policies/aids-en.asp> (last visited Oct. 15, 2005).

(31) *Annual Report 2011*, *supra* note 23, at 3.

(32) *NATIONAL INSTITUTIONS' STATEMENT TO THE WORLD CONFERENCE AGAINST RACISM, RACIAL DISCRIMINATION, XENOPHOBIA AND RELATED INTOLERANCE*, Adopted in Durban, South Africa, 1 September 2001, available at <http://www.unhchr.ch/huridocda/huridoca.nsf/0/31E43770530878BC41256ABD003AD549/$File/dur01138.doc?OpenElement> (last visited Oct. 15, 2005).

〔本章は、「差別撤廃における国内人権機関の役割」松本健男・横田耕一・江橋崇・友永健三編『これからの人権保障（高野眞澄先生退職記念）』(有信堂高文社、2007年) に加筆・修正を加えたものである。〕

第3章

ビジネスと人権に関する国内人権機関の活動

　国内人権機関の役割は多岐にわたるが、企業に人権侵害された者の主権国家内での救済に関し、近年国内人権機関への期待が高まっている。そこで、本章では、2012年6月に国連人権理事会決議[1]で支持された「ビジネスと人権に関する指導原則―国際連合の『保護、尊重及び救済』枠組みの実施」(以下、「指導原則」という)[2]を素材とし、指導原則中の「Ⅲ　救済へのアクセス」における「国内人権機関」への言及を分析することにより、企業活動によって人権侵害された者の救済に関し、国内人権機関が果たしうる機能を考察する。

Ⅰ　前提的考察

1　企業活動による人権侵害の社会問題化

　1970年代半ば以降、企業活動による人権侵害[3]の問題が世界で注目されはじめ、企業の社会的責任をめぐるさまざまな原則・規格・ガイドライン等が策定された。それまで企業経営において人権はほとんど重視されてこなかった。企業は利益を追求する組織であり、消費者に高品質の商品・サービスを提供し、従業員に給与を支払い、株主に利益を配当し、国や自治体に税金を納めるのが使命とされてきた。これに対し、人権に配慮するための費用は最小限に抑えられていた。しかし、企業活動による重大な人権侵害が頻発し、NGOなどから大きな批判を招く事態が徐々に表面化してきた。また経済のグローバル化によって国境を越えた企業活動が一般化し、その影響は地球規

模に及ぶようになった。さらに企業は株主や取引先だけでなく、従業員、消費者、地域社会など多様なステークホルダー（利害関係者）に対し社会的責任を果たすことが求められるようになってきた。こうした背景から企業の人権尊重義務が注目されるようになり、企業にとって人権問題は重要な課題となりつつある[4]。

2　企業の社会的責任をめぐる任意的文書

1970年代以降、企業の社会的責任を問う国際的潮流の中で、民間団体や国際組織によって下記のような企業行動原則、規格、ガイドライン等が策定された。これらは、国内的にも国際的にも政治的・経済的に大きな影響力をもちはじめた多国籍企業の行動を律する試みであった。しかし、いずれも任意的な文書で、国家や多国籍企業を法的に拘束する力はもたなかった。

(ⅰ)　サリバン原則（1977年）[5]
(ⅱ)　コー円卓会議（Caux Round Table, CRT）「ビジネスに関する原則」（1994年）[6]
(ⅲ)　SA8000（1997年、第2版2001年、第3版2008年）[7]
(ⅳ)　社会的責任に関するグローバル・サリバン原則（1999年）[8]
(ⅴ)　Global Reporting Initiative（GRI）の持続可能性報告書ガイドライン（Sustainability Reporting Guideline）（2006年）[9]
(ⅵ)　国連のグローバル・コンパクト（2000年）[10]
(ⅶ)　OECD多国籍企業行動指針[11]

3　企業の社会的責任をめぐる法的文書策定の動き

1970年代半ばから90年代半ばにかけて、多国籍企業を法的に規律する多数国間条約を制定しようとする動きが、主として発展途上国の主導で試みられたが、実現しなかった。90年代終盤からは国連で多国籍企業人権責任規範を策定する動きが活発化したが、成功しなかった。また、2002年の持続可能な開発に関する世界首脳会議（ヨハネスブルグ・サミット）[12]を契機として、企業責任条約を求める運動もNGOによって展開されはじめたが、これも成功しなかった。このように、企業の社会的責任に関する文書づくりに関

し、当初は任意的文書の策定が主流であった。

　しかしその後、国家と多国籍企業を法的に拘束する力をもつ法的文書の策定が模索された。本章の記述に関係する範囲で、(1)国連・多国籍企業行動綱領草案と(2)国連・多国籍企業人権責任規範の概要のみを紹介したい。

(1) 国連・多国籍企業行動綱領草案

　国連は1974年に経済社会理事会の下に多国籍企業センター（Centre on Transnational Corporations）[13]と多国籍企業委員会（Commission on Transnational Corporations）を設置[14]し、多国籍企業の行動綱領を策定する作業が政府間で開始された。しかし、多国籍企業委員会においては、勧告形式の原則宣言を望む先進国と、多国籍企業と国家を法的に拘束する国際文書を期待するG-77諸国の意見が鋭く対立した。こうした状況が続く中で、多国籍企業委員会は1983年に「国連多国籍企業行動綱領草案」[15]を完成させ、1990年にはその改訂版[16]を公表した[17]。

　しかし、行動綱領採択に向けた交渉は1992年に暗礁に乗り上げた。アメリカや多国籍企業とG-77諸国間の上記対立が解消しなかったためである。結局、多国籍企業行動綱領は採択されず、放棄された。また、多国籍企業の活動を監視していた国連・多国籍企業センター自体も、国連の財政難と構造改革を理由に、1993年に廃止された[18]。さらに、国連の多国籍企業委員会も国連貿易開発会議（UNCTAD）の国際投資・多国籍企業委員会となった[19]。冷戦が終結し、また発展途上国への投資が減ったため、発展途上国は多国籍企業を危険な進入者と見ず、むしろ豊かな賓客とみなすようになった[20]。

(2) 国連・多国籍企業人権責任規範

　国連の「人権の促進および保護に関する小委員会」（人権小委員会）は1980年代後半から多国籍企業の活動と人権との関係を検討しはじめたが、1999年に多国籍企業に関する人権指針を策定するため、委員5名で構成される作業部会を1999年に設置した。2001年には「企業のための普遍的人権指針（草案）」が提出され、2002年には「多国籍企業その他の企業の人権に関する原則および責任」が小委員会に提出された。そして数年の検討を経て、人権小委員会は2003年8月22日に、「人権に関する多国籍企業および

その他の企業の責任に関する規範」(以下、「多国籍企業人権責任規範」)[21]を採択した[22]。

多国籍企業人権責任規範は、国連、OECD、ILO、企業、労働組合、アムネスティ・インターナショナルなどNGO、その他の多くの私的・公的組織による行動綱領や類似の文書から、関連する文言を抽出し組み合わせることで成り立っており、国際人権基準に関する国家と多国籍企業およびその他の企業(以下、「多国籍企業等」)の責務が以下の形で明記されていた。この人権責任規範は、企業に直接法的義務を課すことをめざした。

A 一般的義務(人権の促進、履行確保、尊重、尊重確保、保護に関する<u>国家の責務</u>)
B 機会の平等および非差別的待遇の原則(均等な機会・待遇の確保に関する<u>多国籍企業等の責務</u>)
C 個人の安全に対する権利(政治犯罪、人道に対する罪、ジェノサイド、拷問、強制的失踪、強制労働、人質行為、超法規的・即決的処刑その他の人道法違反を行わない<u>多国籍企業等の責務</u>)
D 労働者の権利(強制労働を利用せず、子どもの権利を尊重し、安全・健康的な職場環境を提供し、労働者とその家族の適切な生活水準を確保できる報酬を提供し、結社の自由と団体交渉権を確保する<u>多国籍企業等の責務</u>)
E 国家主権と人権の尊重(国際法・国内法を承認・尊重し、活動する国の権限を承認・尊重する<u>多国籍企業等の責務</u>)
F 消費者保護に関する義務(提供する商品・サービスの安全と品質を確保する<u>多国籍企業等の責務</u>)
G 環境保護に関する義務(諸国の環境保全に関する国内法令、ならびに環境・人権・公衆衛生・安全等に関する国際法にしたがって活動する<u>多国籍企業等の責務</u>)
H 実施に関する一般的規定
I 定義

この規範は、国家や多国籍企業等を法的に拘束する文書ではないが、次のような実施方法を提示した。

1　国家は、この規範ならびに他の関連する国内法および国際法が、多国籍企業等により実施されることを確保するために必要な法的および行政的枠組を創設しかつ強化しなければならない（第17項）。
2　多国籍企業等は、最初の段階として、この規範に合致する社内の活動規則を採択し、普及させ、実施する。
3　多国籍企業等は、少なくとも規範が定める保護の迅速な実施に向けて準備するために、定期的な報告を行い、かつ、その他の措置をとる。
4　国籍企業等は、取引業者、下請業者、納入業者、ライセンス業者、代理店または自然人もしくは法人との契約その他の合意および取引に、この規範を適用しかつ組み入れる（以上、第15項）。
5　多国籍企業等は、規範の適用に関して、国連、ならびに既存のまたは今後創設されるであろう国際的および国内的メカニズムによる定期的なモニタリングおよび検証を受ける。
6　多国籍企業等は、自らの活動が人権に与える影響に関して、この規範に従って定期的な評価を行う（以上、第16項）。
7　多国籍企業等は、この規範の不遵守によって有害な影響を受けている人々等に対して、とりわけ損害賠償、原状回復、補償および社会復帰を通じて、受けた損害もしくは奪われた財産について即時的、効果的かつ十分な補償を提供する。この規範は、損害の決定とともに、刑事制裁および他のすべての点に関して、国内裁判所および／または国際裁判所により、国内法および国際法にしたがって適用される（第18項）。
8　この規範のいかなる規定も、国内法および国際法の下での国家の人権義務を縮小し、制限しまたは不利な影響を及ぼすように解してはならない。（第19項）。

4　企業の社会的責任の規律方法

　企業の社会的責任をめぐり、当初は任意的文書の策定が主流だったが、前世紀終盤から国家と多国籍企業を法的に拘束する力をもつ法的文書の策定が模索された。しかし、この試みは成功するには至っていない。

　企業の社会的責任を国際人権法の観点から問題とする方法としては、次の

7種が考えられる。①個々の企業が国際人権基準を踏まえた企業独自の行動原則・指針を策定する、②業界団体や企業団体が国際人権基準を踏まえた企業行動原則・指針を策定する、③人権・環境等NGOが国際人権基準を踏まえた企業行動原則・指針を策定する、④国際組織が国際人権基準を踏まえた企業行動原則・指針を策定する（以上、任意的文書）、⑤主権国家が企業の行動を規律する国際人権基準を踏まえた国内法を制定する（以下、法的文書）、⑥企業に国際人権基準の遵守を法的に求める国内法を立法し、これを実施することを締約国に義務づける条約を制定し、国家を通じて間接的に企業を法的に規律する、⑦企業を直接かつ法的に規律する条約を制定する。

　これまで、①から⑤の手法をとる文書はすでに成立している。しかし、⑥と⑦の手法は2011年末現在実現しておらず、今後も容易に実現するとは思われない。こうした状況において、国家、企業、NGOの協働による取り組みという新たな手法も登場しつつある[23]。他方で、企業の社会的責任を規律する国家の責任を踏まえながら、企業の社会的責任を法的に明確化する試みが国際連合によって取り組まれてきた。その成果は、本章冒頭で述べた、「指導原則」として結実している。

II　ビジネスと人権をめぐる国際連合の新たな取り組み

1　国連・多国籍企業人権責任規範草案の挫折

　多国籍企業人権責任規範は法的文書ではないが、企業の社会的責任に関する国連による初めての包括的な文書であり、旧・国連人権委員会（現・人権理事会）による採択が期待されていた。2004年3月から4月に開催された旧国連・人権委員会において多国籍企業人権責任規範が審議された。同委員会の下部機関であった人権小委員会は、2003年8月に多国籍企業人権責任規範を承認し、これを人権委員会に送付した。そのさい人権小委員会は、政府、国連機関、専門機関、NGOその他の関係団体に対し、この規範に関するコメントを2005年までに提出するよう求めることを人権委員会に勧告した[24]。これを受けて、人権委員会は2004年4月20日にコンセンサスで採択された

決議において、ビジネスと人権に関する責任をめぐるすべての既存のイニシアチブや基準（国連・多国籍企業人権責任規範を含む）の領域と法的地位を詳述する報告を作成するよう国連人権高等弁務官に要請した。人権委員会はこの決議によって、人権に関するビジネスの責任基準を強化すべきことを認識したといえる。

主要な国際人権 NGO は規範草案を支持し、「UN Norm（国連規範）」と呼んだ。しかし、国際商工会議所（International Chamber of Commerce, ICC）、国際経営者団体（IOE）や一部政府はこれに強く反対した。その影響もあり、2004年段階で人権委員会においてこの規範草案は採択されず、その後も採択の動きはみられなかった。

2　多国籍企業その他の企業活動に関する事務総長特別代表の任命

こうした局面を打開するため、2005年7月、国連人権委員会は、①ビジネスと人権にかかる企業の責務と説明責任に関する基準を確認・明確化し、②「加担（complicity）」や「影響力の範囲（sphere of influence）」のような概念を明らかにし、③多国籍企業等の活動に関する人権影響評価に取り組むための素材と方法を発展させるため、事務総長特別代表（SRSG）を任命するよう国連事務総長に要請した。これを受けて、同月、当時のアナン国連事務総長はジョン・G・ラギー教授（ハーバード大学ケネディ行政大学院）を多国籍企業その他の企業活動に関する特別代表（以下、「特別代表」）に任命した。

2008年6月、3年間の広範な調査と世界中の政府・企業・市民社会などとの協議を経て、特別代表は「Ⅰ　国家の人権保護義務」、「Ⅱ　企業の人権尊重責任」、および「救済へのアクセス」の三本柱からなる枠組み[25]を人権理事会に提出し、承認された。

Ⅲ　「ビジネスと人権に関する指導原則―国際連合の『保護、尊重及び救済』枠組みの実施」の概要

指導原則は2008年3月に特別代表が人権理事会に提出・承認された『保護、尊重及び救済』枠組みを基礎とし、グローバル社会における行動主体、

とりわけ、国家と企業が人権保護・尊重に関してとるべき行動と、とってはならない行動について、規範や規則の形で表現したものである。指導原則の全体像を理解いただくため、以下に目次を掲げる。

 一般原則
 Ⅰ 国家の人権保護義務
  A 基盤となる原則（paras.1-2）
  B 運用上の原則（paras.3-10）
   一般的な国家による規律・政策機能
   国家と企業のつながり
   紛争地域における企業の人権尊重支援
   政策一貫性の確保
 Ⅱ 企業の人権尊重責任
  A 基盤となる原則（paras.11-15）
  B 運用上の原則（paras.16-24）
   方針策定による（人権尊重の）約束
   人権デュー・ディリジェンス（Human rights due diligence）
   是正（Remediation）
   状況の問題（Issues of context）
 Ⅲ 救済へのアクセス
  A 基盤となる原則（para.25）
  B 運用上の原則（paras.26-31）
   国家の司法メカニズム
   国家基盤型の司法的メカニズム（State-based non-judicial grievance mechanisms）
   国家基盤型の非司法的苦情処理メカニズム
   非司法的苦情申立てメカニズムに関する実効性の判断基準

指導原則の第1の柱は、国家の人権保護義務である。国家自身が人権侵害をしてはならないことは当然として、自国の管轄権内で、企業が人権侵害を犯すことがないよう、必要な措置・体制を整備する義務が掲げられている。

この義務は国家が国際法上負っている義務と位置づけられている。

　第2の柱は企業の人権尊重責任で、企業は規模の大小に関わらず人権を尊重する責任を負うものとされる。企業は活動を展開する国の国内法とともに、企業の本国法も遵守しなければならない。同時に、企業には人権尊重の企業体質を形成することも求められる。企業の人権尊重責任に関しては、企業に「人権デュー・ディリジェンス」を求めている。これは、「一つのプロジェクトまたは企業活動のライフサイクル全体にわたって行われる、現実的または潜在的な人権リスクを検知しようとする包括的な、先を見渡した試みで、その目的は人権リスクを回避し、緩和することにある」[26]と説明されている。取引先企業が人権侵害に関与していないことを検証するとともに、自社内においても人権侵害が発生しないよう絶えず警戒し、監視する体制を整えることを企業に求めるものである。

　第3の柱は企業に人権侵害された者をいかに救済するかに関わる。国家は、その領域内または管轄権内で人権侵害された者を、司法、行政、立法その他適切な手段を通じて、実効的に救済するしくみを用意しなければならない。こうした被侵害者にとって、司法的救済は時間と費用がかかり敷居の高い救済手段である。非司法的救済手段としては、①企業内の苦情処理のしくみ、②国家レベルのしくみ（たとえば、国内人権機関、OECD多国籍企業ガイドライン[27]署名国における「国内コンタクト・ポイント（NCP）[28]」）、③国際レベルの仕組み（たとえば、国際金融公社〔International Finance Corporation, IFC〕の遵守アドバイザー・オンブズマン〔Compliance Advisor Ombudsman, CAO〕）がある。

　このように、企業による人権侵害の救済方法のうち、国家による非司法的救済機関として、国内人権機関は位置づけられている。

Ⅳ　指導原則における国内人権機関の位置づけと評価

1　指導原則における「国内人権機関」への言及

　指導原則において「国内人権機関」というキーワードは6か所で言及され

ている。このうち、序文第7項では、「保護、尊重及び救済」枠組みは、「人権理事会にとどまらず、各国政府、企業と業界団体、市民社会そして労働者組織、国内人権機関、投資家に支持され、採用されてきた。」という文脈で言及されている。また序文第12項では、国内人権機関国際調整委員会（ICC）[29]の年次会合に指導原則案が提出されるなど、指導原則の本文自体が広範な協議を経て形成されたとの文脈で、国内人権機関が言及されている。これに対し、次の4か所は国内人権機関の機能等に関する本質的な言及である。なお、指導原則は比較的短い本文とこの内容を丁寧に説明する解説（Commentary）から成る。

(1) 本文第3項解説

指導原則本文第3項は国家の保護義務について具体的に規定する。

> 3 保護する義務を果たすために、国家は次のことを行うべきである。
> (a) 人権を尊重し、定期的に法律の適切性を評価し、ギャップがあればそれに対処することを企業に求めることを目指すか、またはそのような効果を持つ法律を執行する。
> (b) 会社法など、企業の設立及び事業活動を規律するその他の法律及び政策が、企業に対し人権の尊重を強制するのではなく、できるようにする。
> (c) その事業を通じて人権をどのように尊重するかについて企業に対し実効的な指導を提供する。
> (d) 企業の人権への影響について、企業がどのように取組んでいるかについての情報提供を奨励し、また場合によっては、要求する。

上記の解説は9項目にわたるが、その第6項に下記の言及がある。

> 「**パリ原則に基づいた国内人権機関**は、関係法令が人権義務に合致し、実効的に執行されているかどうかについて国家が確認するのを助け、人権に関する指導を企業や他の非国家アクターにも提供するという、重要な役割を有している。」

(2) 本文第23項解説

本文第23項は、あらゆる状況において企業が果たすべき責任を具体的に規定する。

> 23　あらゆる状況において、企業は、次のことをすべきである。
> (a) どこで事業をおこなうにしても、適用されるべき法をすべて遵守し、国際的に認められた人権を尊重する。
> (b) 相反する要求に直面した場合、国際的に認められた人権の原則を尊重する方法を追求する。
> (c) どこで事業をおこなうにしても、重大な人権侵害を引き起こすまたは助長することのリスクを法令遵守の問題としてあつかう。

上記の解説は3項目にわたるが、その第3項に下記の言及がある。

> このような複雑な状況において、企業はその状況を悪化させないようにすべきである。どのように対応することが最善であるかを判断する際、企業内の専門知識や部門横断的な協議を活用するだけでなく、政府、市民社会、**国内人権機関**及び関連するマルチステークホルダー・イニシアティブなどの**外部の信頼できる独立した立場の専門家**と協議することがしばしば薦められる。

(3) 本文第25項解説

本文第25項は、「Ⅲ　救済へのアクセス、A　基盤となる原則」である。

> 25　ビジネスに関連した人権侵害から保護する義務として、国家は、その領域及び／または管轄内において侵害が生じた場合に、司法、行政、立法またはその他のしかるべき手段を通じて、影響を受ける人々が実効的な救済にアクセスできるように、適切な措置を取らなければならない。

上記の解説は5項目にわたるが、その第4項に下記の言及がある。

> 国家基盤型の苦情処理メカニズムは国家の部局または機関によって、ある

いは法令または憲法に基づく独立の組織によって運営される。それらは、司法的でも、非司法的でもありうる。メカニズムのなかには、救済を求める際に、被害者が直接関与するものもあれば、仲介者が被害者の代わりに救済を求めるものもある。たとえば、裁判（刑事及び民事訴訟をともに含む）、労働審判、**国内人権機関**、経済協力開発機構多国籍企業行動指針上の国内連絡窓口、多くのオンブズパーソン事務所及び政府が運営するビジネスに関連した人権侵害救済へのアクセスを確保するには、国家がこれらのメカニズム、アクセス方法、及びアクセスするための支援（金銭的または専門的支援）について一般の認識と理解を促進することも必要である。

(4) 本文第27項解説

本文第27項は、「Ⅲ　救済へのアクセス、B　運用上の原則　国家基盤型の非司法的メカニズム」に関する規定である。

> 27　国家は、ビジネスに関連した人権侵害を救済するための包括的な国家制度の一部として、司法的メカニズムと並行して、実効的で適切な非司法的苦情処理メカニズムを設けるべきである。

上記に関する解説全文は、以下の通りである。

> 行政、立法及び他の非司法的メカニズムは、司法的メカニズムを補完し補足する重要な役割を果たしている。司法制度が実効的で、財源が十分に確保されている場合でも、申し立てられた侵害事案すべてに取り組むという負担を引き受けることは不可能である。司法的救済は常に必要とされるものではなく、申立人すべてに必ずしも好ましいアプローチというわけでもない。
>
> ビジネスに関連した人権侵害の救済メカニズムのギャップは、必要な場合は、既存の非司法的メカニズムの権限範囲を拡大することにより、及び／または新たなメカニズムを追加することにより、埋めることができるだろう。これらは、懸案事項、関連する公共の利益、及び当事者の潜在的なニーズにより、仲裁や裁定によるもの、または異文化に適切に対応でき、権利適合性のあるプロセス—または、これらの組み合わせを含むもの—というものかも

しれない。これらメカニズムの実効性を確保するために、原則31（非司法的メカニズムの実効性確保策を示す）で説明された要件が充たされるべきである。

このことについては、**国内人権機関**が特に重要な役割を果たす。

司法的メカニズムの場合と同様に、国家は、ビジネスに関連した人権事案の当事者間の不均衡、及び社会的に弱い立場に置かれ、または排除されるリスクが高い集団や民族に属する個人が直面する、アクセスへの追加的な障壁に対処する方策を考慮すべきである。

2 「国内人権機関」の位置づけに関する諸機関・団体の評価

(1) 人権理事会

人権理事会は2011年6月15日の決議[30]で、「パリ原則に準拠し設置された国内人権機関のビジネスと人権に関する重要な役割を歓迎し、この役割を実効的に実施する能力を向上させるよう国内人権機関に奨励」（同決議第10項）した。

(2) 国内人権機関国際調整委員会（ICC）

ICCは種々の作業グループを置いているが、2009年に第1号の作業グループとして「ビジネスと人権作業グループ」を設置した。同作業グループは活発に活動しており、2010年10月にスコットランド・エジンバラで、「ビジネスと人権―国内人権機関の役割とは？」という会合を開催し、ビジネスと人権をめぐる国内人権機関の役割を検討した。この会合で採択された「エジンバラ宣言[31]」では、以下の明解が示された。

> 6 国連人権理事会のビジネスと人権への継続的関与（特に、国連特別代表を通じた）を歓迎する。「保護、尊重、救済」枠組みに示される人権と救済を利用する被害者の権利に関する国家と企業の適切な役割と責任がより理解され、明確になることを歓迎する。
> 7 特別代表による「保護、尊重、救済」枠組みを実施する指導原則の発展を歓迎する。

このように、各国の国内人権機関の調整機関であるICCは「保護、尊重、救済」枠組み、特に枠組みに示された救済に関する国内人権機関の役割を前向きに評価した。

(3) アジア・太平洋国内人権機関フォーラム（APF）

　アジア・太平洋地域障害者権利条約の国内人権機関の連合体であるAPFは、2011年10月にソウルで開催された「ビジネスと人権に関する地域会議」で以下の声明を採択した。

> 5　政府、企業、市民社会および国内人権機関代表は、「保護、尊重、救済」枠組みと指導原則の重要性を強調する。企業の人権遵守等を進める上での国内人権機関の基本的役割を確認する。

　以上のように、ビジネスと人権をめぐる諸課題、とくに企業による人権侵害の救済にかかる国内人権機関の役割は、国連機関、国内人権機関間の調整団体や連合体によって、確実に認識され、評価されるに至っている。

Ⅴ　ビジネスと人権をめぐる諸課題と国内人権機関の役割

　企業活動に起因する人権侵害事象の未然防止、企業起因の人権侵害を受けた者や集団の救済に関し、国内人権機関が果たせる役割は少なくない。本章では、国連特別代表による「保護、尊重、救済」枠組みにもとづく指導原則を素材として、国内人権機関のこの役割について一般的に考察した。最後に、ビジネスと人権をめぐる諸課題について、諸国の国内人権機関がいかに向き合っているかを概観し、本章の結びとしたい。

　国連人権高等弁務官事務所が2007年に実施した調査[20]によれば、企業起因の人権侵害に関して、①14か国の国内人権機関は苦情申立てのしくみをまったくもたず、②10か国の国内人権機関は、限定された企業活動について、特定の権利侵害に関し苦情申立てのしくみをもち、③9か国の国内人権

機関は、すべての企業活動について、特定の権利侵害に関し苦情申立てのしくみをもち、④10か国の国内人権機関は、すべての企業活動について、あらゆる権利侵害に関し苦情申立てのしくみをもつという。②について、たとえばハンガリー議会委員会事務所（国内人権機関）は、適正手続の保障、財産権等について、公的サービスを提供する企業の活動に関し苦情申立て可能とされている。③について、たとえばカナダ人権委員会は、航空会社、運輸会社、鉄道、バス、銀行等の連邦の管轄に属する企業活動による差別についての苦情申立てを受理する権限をもつ。また、④について、たとえばフィリピン人権委員会は、あらゆる企業による人権侵害について、処理する権限をもつ。

　上記調査結果の一端を紹介したが、29か国の国内人権機関は、何らかの形で、企業活動に起因する人権侵害に関する苦情申立てを受理し、これを解決する活動を展開中である。ビジネスと人権をめぐる人権課題や企業起因の人権侵害に関する国内人権機関の関与は、今後ますます重要度を増し、深化するものと思われる。

(1)　A/HRC/RES/17/4, available at <http://www2.ohchr.org/english/bodies/hrcouncil/docs/17session/A.HRC.17.31_en.pdf> (last visited Feb.4, 2012). アジア・太平洋人権情報センター（ヒューライツ大阪）・特定非営利活動法人サステナビリティ日本フォーラム共訳「人権と多国籍企業及びその他の企業の問題に関する事務総長特別代表、ジョン・ラギーの報告書」、http://www.hurights.or.jp/japan/img/hrc1731framework.pdf（2012年2月14日アクセス）。本章ではこの翻訳に原則として準拠する。
(2)　Guiding Principles on Business and Human Rights: Implementing the United Nations "Protect, Respect and Remedy" Framework, U.N. Doc. A/HRC/17/31 (21 March 2011). 企業活動による人権への悪影響を予防し、その危険に取り組む初めてのグローバルスタンダードを提案したものである。
(3)　多国籍企業が発展途上国で児童労働、強制労働、先住民族の権利侵害等に加担したと批判される事例が頻発した。国際連合のグローバル・コンパクト（1999年1月の世界経済フォーラムでアナン国連事務総長が提唱した人権、労働、環境および腐敗防止に関する10原則。企業等は10原則の遵守を国連と盟約し、そのための努力状況を国連に報告することによって、企業等の社会的責任を確保する世界的なしくみ。）原則2は、「企業は人権侵害に加担しない。」(Businesses should make sure they are not complicit in human rights abuses.) ことを掲げる。同原

則2の解説によれば、企業による「人権侵害への加担」形態には、①企業活動に関連して、住民の強制的移転を援助するなどの「直接的加担（direct complicit）」、②企業活動に対する平和的抗議を鎮圧し、企業施設を守るため抑圧的な対応をするなどの「受益的加担（beneficial complicit）」、③企業立地国の労働法制における人種や性による差別規定など制度的・継続的人権侵害について、行動を起こさないなどの「沈黙の加担（silent complicit）」があるという。ただし、③については議論の余地があり、法的責任の問題は生じにくいとされる（Global Compact Principle Two, available at <http://unglobalcompact.org/AboutTheGC/TheTenPrinciples/Principle2.html> (last visited Feb. 4, 2012)）。

(4) 山崎公士「企業の社会的責任に関する国際的指針」江橋崇編『企業の社会的責任経営——CSRとグローバル・コンパクトの可能性』（法政大学出版局、2009年）所収参照。

(5) The [Sullivan] Statement of Principles (Fourth Amplification), Nov. 8, 1984, reprinted in 24 *I.L.M.* 1496 (1985).

(6) The Caux Round Table, Principles for Business available at http://www.cauxroundtable.org/principles.html (last visited Feb.4, 2012).「コー円卓会議・企業の行動指針」、日本弁護士連合会国際人権問題委員会編『企業の社会的責任と行動基準——コンプライアンス管理・内部告発保護制度』（商事法務、2003年）所収。

(7) Social Accountability 8000, third issue, available at http://www.sa-intl.org/_data/n_0001/resources/live/2008StdEnglishFinal.pdf (last visited Feb. 29, 2012).

(8) Global Sullivan Principles of Social Responsibility, available at http://www.mallenbaker.net/csr/CSRfiles/gsprinciples.html (last visited Feb. 29, 2012).

(9) 2002 Sustainability Reporting Guidelines, available at http://www.globalreporting.org/reporting/latest-guidelines/g3-guidelines/Pages/default.aspx (last visited Feb. 29, 2012).

(10) The Global Compact, available at http://www.unglobalcompact.org/aboutthegc/thetenprinciples/index.html (last visited Feb. 29, 2012).

(11) OECD Guidelines for Multinational Enterprises 2011 Edition, available at http://www.oecd.org/dataoecd/43/29/48004323.pdf (last visited Feb.29, 2012).「OECD多国籍企業行動指針（仮訳）」、『企業の社会的責任と行動基準』、前掲注(6)所収。

(12) World Summit on Sustainable Development (WSSD). 1992年ブラジルのリオ・デジャネイロで開かれた「環境と開発に関する国際連合会議」（リオ・サミット）から10年目の2002年8月26日から9月4日まで、南アフリカのヨハネスブルグで開催された。リオ・サミットで採択された「アジェンダ21」の達成度を評価し、持続可能な開発実現のための戦略の再構築を目的とし、「持続的開発に関するヨハネスブルグ宣言」と「ヨハネスブルグ実施計画」を採択した。ヨハネスブルグ・サミットに関する情報や文書は、公式ホームページから入手できる。

http://www.un.org/jsummit/html/basic_info/basicinfo.html (last visited Feb.4, 2012). ヨハネスブルグ・サミットの概要については、外務省ホームページ http://www.mofa.go.jp/mofaj/gaiko/kankyo/wssd/ (2011年12月14日アクセス) 参照。

⑬　Economic and Social Council resolution 1908 (LVII) によって設置された。国連事務局に置かれた独立組織であり、多国籍企業をめぐる情報収集や調査・研究とともに、多国籍企業行動綱領草案の起草作業を担当し、同時に多国籍企業委員会の事務局も兼ねた。

⑭　Economic and Social Council resolution 1913 (LVII) によって設置された48の加盟国政府代表かならる政府間委員会。

⑮　Draft United Nations Code of Conduct on Transnational Corporations, May 1983, 23 ILM 626 (1984). なお、多国籍企業行動綱領の作成過程については、佐分晴夫「多国籍企業行動綱領作成過程の検討」『金沢法学』28巻2号 (1986年) 参照。

⑯　U.N. Commission on Transnational Corporations, Proposed Text of the Draft Code of Conduct on Transnational Corporations, U.N. ESCOR, U.N. Doc. E/1990/94 (June 12, 1990), available at http://attac.org/fra/libe/doc/unctad.htm (last visited Mar. 29, 2004).

⑰　1983年版も1990年版も、「人権および基本的自由の尊重」に関し、次の項を盛り込んでいた。「多国籍企業は活動する国において人権および基本的自由を尊重しなければならない／するものとする (83年版；90年版は後者のみ、以下同じ)。多国籍企業は、社会的および産業的関係において、人種、皮膚の色、性、宗教、言語、社会的、国民的およびエスニック的出身、または政治的意見その他の意見にもとづき差別してはならない／しないものとする。多国籍企業は、機会および待遇の均等を進める政府の政策に従わなければならない／従うものとする。」(83年版は13項、90年版は14項)。

⑱　GA Res. 47/212 (1992). 多国籍企業センターは、経済・社会発展局多国籍企業・マネジメント部となった。現在は、国連貿易開発会議 (UNCTAD) 多国籍企業・投資部である。

⑲　GA Res. 49/130 (1994). 国際投資・多国籍企業委員会では、発展途上国への外国の直接投資を容易にすることが強調された (Barbara A. Frey, The Legal and Ethical Responsibilities of Transnational Corporations in the Protection of International Human Rights, 6 Minn. J. Global Trade 153, 167 (1997.))。

⑳　Id., at 167.

㉑　Norms on the responsibilities of transnational corporations and other business enterprises with regard to human rights, U.N. Doc. E/CN.4/Sub.2/2003/12/Rev.2 (2003). 川本紀美子訳「人権に関する多国籍企業およびその他の企業の責任に関する規範」アジア・太平洋人権情報センター編『アジア・太平洋人権レビュー2004―企業の社会的責任と人権』(現代人文社、2004年) 所収。

⑵ 規範制定の背景や内容等については、川本紀美子「国連人権小委員会『人権に関する多国籍企業およびその他の企業の責任に関する規範』」、前掲注⑵『アジア・太平洋人権レビュー2004―企業の社会的責任と人権』所収参照。See, David Weissbrodt and Muria Kruger, Current Development: Norms on the Responsibilities of Transnational Corporations and Other Business Enterprises with Regard to Human Rights, 97 A.J.I.L. 901 (2003).

⑶ 「キンバリー・プロセス認証制度（KPCS）」と「安全と人権に関する自主原則」がその代表例である。詳しくは、山崎・前掲注⑷、103-105頁参照。

⑷ Sub-Commission resolution 2003/16, para.3, U.N. Doc. E/CN.4/Sub.2/2003/L.11 at 52 (2003).

⑸ 梅田徹「『保護・尊重・救済フレームワーク』に関する一考察―企業の自発性の尊重か、法的その他の規制の強化か―」『国際法外交雑誌』110巻1号（2011年5月）参照。

⑹ 梅田・前掲注⑸、11頁。

⑺ OECD Guidelines for Multinational Enterprises. OECDガイドラインの英文テキストは、Text of the OECD Guidelines for Multinational Enterprises, available at <http://www.oecd.org/document/28/0,3343,en_2649_34889_2397532_1_1_1_1,00.html>、日本語テキストは、OECD多国籍企業行動指針【仮訳】<http://www.mofa.go.jp/mofaj/gaiko/csr/pdfs/takoku_ho.pdf>。

⑻ National Contact Point（NCP）. 日本政府は「連絡窓口」という。NCPの形態はOECD加盟国に委ねられている。単一の政府機関、複数の政府機関（日本の場合は、外務省・経済産業省・厚生労働省）、政府・労働団体・企業団体の三者構成等多様である。三者構成の場合、労働組合やNGOによるNCP実施手続の実践的活用が期待できる。NCPの目的は、①ガイドラインの促進、②ガイドラインから生じる諸問題解決の支援、③OECDへの活動報告である。なお、②に関しNCPは、ガイドラインの実施をめぐって生じる問題の解決に向けて、国内法の枠内で、苦情申立てに関して貢献できる。たとえば、フランスでは、裁判所等他機関に継続中の事案についても、労働組合は自由にNCPに問題提起できるものとされており、イギリスのデパートであるMarks and Spenserのフランス国内店舗の閉鎖問題について、フランス裁判所に継続中にもかかわらず、フランスのNCPに問題が提起された。なお、OECD非加盟国で生起した問題についても、NCPに提起できるものとされている。

⑼ ICCは国内人権機関の国際的なアンブレラ組織。人権理事会の決定により国内人権機関を認証する権限を付与されている。

⑽ Human Rights Council Resolution 17/4, Human rights and transnational corporations and other business enterprises, U.N. Doc. A/HRC/RES/17/4, available at <http://daccess-dds-ny.un.org/doc/RESOLUTION/GEN/G11/144/71/PDF/G1114471.pdf?OpenElement> (last visited Feb.4, 2012).

⑾ The Edinburgh Declaration, available at <http://www.ohchr.org/Documents/

AboutUs/NHRI/Edinburgh_Declaration_en.pdf> (last visited Feb.4, 2012).
㉜ Office of the United Nations High Commissioner for Human Rights, Business and Human Rights: A Survey of NHRI Practices, Results from a survey distributed by the Office of the United Nations High Commissioner for Human Rights, 2008.

〔本章は、科学研究費補助金基盤研究（B）（2009～2011年度）「国連グローバル・コンパクトの課題―東アジアにおける実践的意義を中心に」による研究成果の一部である。〕

第4章
国際人権法における国内人権機関の位置

　国内人権機関は主権国家内で人権教育の調整、人権政策提言、人権相談・救済を行う国家機関であり、国際人権法の国内実施の役割も担っている。この意味で、各国の国内人権機関は、国連の人権システムと深い連携関係にあり、近年、国連人権システムの中で独自の地位を築きつつある。

I　国連人権理事会における国内人権機関の役割

　人権理事会の前身である国連人権委員会においては、国内人権機関国際調整委員会（ICC）の認証小委員会によって認証された国内人権機関は、①国連人権委員会のすべての議事日程で発言を許され、②同委員会で指定席を与えられ、③同委員会で国連ドキュメント記号（E/CN.4/－.のような）付きで文書を配布できるものとされていた。また、ICCの会合や国内人権機関の国際的・地域的会合は事務総長からの支援を受けるものとされていた[1]。2006年の人権理事会発足以降も、同理事会は、「政府、地域的国際組織、国内人権機関および市民社会と人権分野で緊密に協力して活動」[2]し、「非加盟国、専門機関、他の政府間国際組織および国内人権機関、ならびに非政府間国際組織の参加およびこれらとの協議は、経済社会理事会決議1996/31等の取り決めおよび人権委員会の慣行にもとづく」[3]ものとされた。
　人権理事会は決議5/1「国連人権理事会の制度構築」[4]で、普遍的定期審査（Universal Periodic Review、以下「UPR」）においては、NGOおよび国内人権機関を含むすべての関連する利害関係者（stakeholders）の参加が、総会決議60/251および経済社会理事会決議1996/31等に従い、確保される[5]こ

ととされた。UPRでは、①審査を受ける国家は20頁以内の国家報告、および②条約体（Treaty Bodies）[6]や特別手続（Special Procedures）の報告についての記載事項等に関する10頁以内の追加情報とともに、③国内人権機関を含む関連する利害関係者が提供する信用・信頼できる10頁以内の追加的情報にもとづき審査される[7]。国内人権機関は自国の人権状況について、自国政府とは別個に、最新の信頼できる情報を提供することで、UPRにおいて重要な貢献ができる。国内人権機関はオブザーバーとしてUPR審査に出席できるにすぎないが、自国が審査中に取り上げる論点を提案し、審査の結果自国に示される勧告について示唆することがある。このように、国内人権機関はUPRにおいて、自国政府とは異なる視点から自国の人権状況について情報提供し、自国の人権状況の改善に寄与している。なお、UPRの結果人権理事会が提示する勧告の国内での実現を見守り、監視することも国内人権機関の重要な役割である。

なお、2011年の人権理事会の各会期に、平均して21の国内人権機関が参加した。これらの機関は、人権理事会の会期前および会期中に、意見表明し、文書を提出し、議論に参加し、特別報告者と交流するなど、きわめて活発に活動した[8]。また、2011年にUPRの審査を受けた49か国のうち、21か国に国内人権機関が存在する。そのうち18の国内人権機関は、UPR審査において素材とされる利害関係者報告（上記③）のため情報提供した[9]。

II　条約体と国内人権機関

パリ原則によれば、国内人権機関は次の責任をもつものとされており、これらは条約体の役割と密接に関連する[10]。

　　自国の法律、規則および慣行と締約国となっている国際人権条約との調和、ならびに国際人権条約の実効的な履行を促進し確保すること。
　　国際人権条約の批准またはこれへの加入を奨励し、その履行を確保すること。
　　国際連合の機関および委員会ならびに地域的国際組織に対し、条約上の義

務にもとづき国家が提出を求められる報告につき貢献し、必要な場合には、自らの独立性を十分に考慮し、報告に関し意見を表明すること。

女性差別撤廃委員会は2008年の声明[11]において、①同委員会と国内人権機関は女性と少女の人権を保護・促進・充足するという目標を共有し、②女性差別撤廃条約を国内実施するうえで国内人権機関は重要な役割を果たしており、③個人による苦情申立て、人権政策提言および人権教育に関する国内人権機関の活動に期待し、④女性差別撤廃条約および同選択議定書の広報に関し国内人権機関を奨励し、⑤同条約・選択議定書のモニタリング手続にもとづく同委員会の活動に国内人権機関は貢献できることを確認した。

条約体と国内人権機関の関係は明確に定められているわけではない。しかし、国内人権機関は条約体にとって、次の点で有益な存在である。第1は、市民社会と政府を架橋し、人権諸条約の批准を国家に働きかけることである。第2は、人権諸条約上の国家報告の作成を支援[12]することである。第3は、条約体の会合に参加し、国家報告の審査における「質問票（list of issues）」起草のため情報提供し、条約体の会期前作業グループ会合で問題提起する等によって、条約体の活動を支援することである。

条約体の一般的意見・勧告で国内人権機関の役割に言及するものには、1993年の人種差別撤廃委員会一般的勧告17「条約の実施を促進するための国内機関の設置」[13]、1998年の社会権規約委員会の一般的意見10「経済的、社会的および文化的権利の保障における国内人権機関の役割」[14]および2002年の子どもの権利委員会の一般的意見2「子どもの権利の促進および保護における独立した国内人権機関の役割」[15]等がある。

2002年の子どもの権利委員会による一般的意見は、「独立した国内人権機関は条約（子どもの権利条約）の実施を促進および保護するための重要な機構であり、子どもの権利委員会（委員会）は、締約国が批准と同時に行なった、条約の実施を確保しかつ子どもの権利の普遍的実現を前進させるというコミットメントのなかに、このような機関の設置が含まれると考えるものである。これとの関連で、委員会は、条約の実施を促進および監視するため、多くの締約国で国内人権機関および子どもオンブズパーソン／子どもコミッショナーならびに同様の独立機関が設置されたことを歓迎してきた。」とし、子ど

もの権利条約の国内実施における国内人権機関の役割と重要性を認知した[16]。

なお、2009年に条約体によって国家報告が検討された国のうち69か国に国内人権機関が設置されており、うち37の国内人権機関は並行報告書を提出し、条約体の会期に出席するなど、条約体での検討過程に参加した[17]。

III 人権理事会における特別手続と国内人権機関

国内人権機関は長年にわたり特別手続の制度と協力し、この制度の主要な提携相手と認知されてきた[18]。国内人権機関は特別手続（国別およびテーマ別）に対し、その委任事項（mandate）に応じて関連情報を提供し、公式訪問した受任者（mandate holders）と面会してきた[19]。国別またはテーマ別手続において勧告を採択するさいに、勧告内容の実施に関連して国内人権機関の役割が配慮され、勧告対象国に国内人権機関が設置されていない場合には、パリ原則に十分に準拠した国内人権機関の設置が勧告される[20]。

国連人権高等弁務官事務所は特別手続受任者に対し、国内人権機関の活動について定期的に情報提供している。その結果、特別手続にもとづく勧告の国内実施に関し、特別手続受任者は国内人権機関に徐々に期待を寄せつつある[21]。

⑴　Commission on Human Rights Resolution, 2005/74, paras. 11 (a), (b) and 20.
⑵　General Assembly Resolution 60/251, para.5 (h) (2006).
⑶　Id., para. 11.
⑷　Human Rights Council Resolution 5/1 (2007). 人権理事会で新設された普遍的定期審査（UPR）、人権委員会から引き継がれた特別手続、同理事会諮問委員会および苦情申立て手続に関し定める。翻訳は、戸塚悦朗「国連人権理事会の制度構築決議―2007年6月18日付国連人権理事会決議5/1「国連人権理事会の制度構築」【全訳】」、『龍谷法学』40巻3号（2007年12月）。
⑸　Id, para. 3 (m).
⑹　主要な人権諸条約の実施機関。自由権規約委員会、社会権規約委員会、人種差別撤廃委員会、女性差別撤廃委員会、拷問禁止委員会、子どもの権利委員会、移住労働者委員会および障害者権利委員会。
⑺　Human Rights Council Resolution 5/1, *supra* note 4, para. 15 (a), (b) and (c).
⑻　National institutions for the promotion and protection of human rights,

Report of the Secretary-General, U.N. Doc. A/HRC/20/9 (2012), para. 69.
(9)　*Id*., para. 72.
(10)　パリ原則、第3項、b.～d.
(11)　Statement by the Committee on the Elimination of Discrimination against Women on its relationship with national human rights institutions, Results of the fortieth session of the Committee on the Elimination of Discrimination against Women, Note by the Secretary-General, U.N. Doc. E/CN.6/2008/CRP.1, Annex Ⅱ (2008).
(12)　国内人権機関は、①国家報告の中で自らの見解を提示し、②国家報告とは別個の独自の並行報告書を準備し、③国内NGOと協力して並行報告書を準備する、ことができる (National Human Rights Institution Forum, The United Nations Treaty Bodies and National Institutions, available at <http://www.nhri.net/pdf/TBs_and_NIs.pdf> (last visited Aug 31, 2010))。
(13)　General Recommendation XVII adopted by the Committee on the Elimination of Racial Discrimination: The establishment of natioanl human rights institutions to facilitate the implementation of the Convention, in the COMPILATION OF GENERAL COMMENTS AND GENERAL RECOMMENDATIONS ADOPTED BY HUMAN RIGHTS TREATY BODIES, U.N. Doc.HRI/GEN/1/Rev.9 (Vol.Ⅱ) (2008). 翻訳は、村上正直訳「一般的勧告17　条約の実施を促進するための国内機関の設置」村上正直・反差別国際運動日本委員会編『市民が使う人種差別撤廃条約─国連活用実践マニュアル (現代世界と人権14))』(反差別国際運動日本委員会、2001年) 126-127頁。
(14)　General comment No. 10 adopted by the Committee on Economic, Social and Cultural Rights: The role of national human rights institutions in the protection of economic, social and cultural rights, *Id.* 翻訳は藤本俊明訳「社会権規約委員会の一般的意見10 (1998年) 経済的、社会的および文化的権利の保障における国内人権機関の役割」、アジア・太平洋人権情報センター編『アジア・太平洋人権レビュー1999』(現代人文社、1999年)、260頁。
(15)　General comment No. 2 adopted by the Committee on the Rights of the Child: The role of independent national human rights institutions in the promotion and protection of the rights of the child, *Id.* 翻訳は、平野裕二「子どもの権利委員会　一般的意見第2号 (2002年)　国内人権機関の役割」、http://homepage2.nifty.com/childrights/crccommittee/generalcomment/genecom2.htm (2010年8月31日)。
(16)　この一般的意見は、委任事項および権限、設置プロセス、資源、多元的代表性、子どもの権利侵害に対する救済の提供、子どもの権利委員会に対する報告、および国内人権機関と国連機関および国連人権機構との協力等29項目にわたり国内人権機関の役割を詳細に提示しており、国内人権機関のあり方を示す重要な国際文書である。

(17) National institutions for the promotion and protection of human rights, Report of the Secretary-General, U.N. Doc.A/HRC/13/44 (2010), para.78.
(18) The International Co-ordinating Committee of National Human Rights Institutions (ICC), ICC Position Papers, National Human Rights Institutions and the UN Human Rights Council, Volume IV: Engagement of National Human Rights Institutions with the Special Procedures (2007), para. 23.
(19) *Id.*
(20) *Id*, para. 24.
(21) U.N. Doc.A/HRC/13/44, supra note 29, para. 83.

第5章

障害者権利条約の実施措置における国内人権機関の位置

I はじめに

　障害者権利条約（以下、「条約」）の締約国は、「障害を理由とするいかなる差別もなしに、すべての障害者のあらゆる人権及び基本的自由を完全に実現することを確保し、及び促進することを約束」（4条1項）する。このため、締約国は、すべての適切な立法・行政措置をとり、条約と両立しないいかなる行為または慣行も差し控え、かつ、公の当局・機関が条約に従って行動すること（同(a)・(d)）等を約束する。

　こうした締約国の約束を確保するため、条約は国内的実施措置と国際的実施措置を備えている。後者は他の人権諸条約に類似するものであるが、前者は他の人権諸条約に例をみない、この条約独自のものである。

　本章では、条約における国内的および国際的実施措置の意義、機能、問題点等を明らかにし、これらを踏まえ、条約の監視（モニタリング）[1]における国内人権機関の位置について論じたい。なお条約の日本語訳については原則として政府仮訳を用いるが、その他の訳文を用いることもある。

II 条約起草過程における条約の監視（モニタリング）をめぐる議論

　条約の起草段階では、7つの人権諸条約の実施機関（条約体）[2]による国家報告制度、個人通報制度、国家通報制度および調査制度という4種の実施措置（履行確保制度）[3]が検討され、どの実施措置を採用すべきかが審議された。

条約の起草作業は特別委員会（Ad Hoc Committee、2001年設置）の作業部会案（2004年）[4]を叩き台として進められた。監視に関する作業部会案25条は、①条約実施に関連する事項についての中心的機関（a focal point）を政府内に指定し、②条約実施に関連する活動を推進するため、調整機関（a coordination mechanism）の設置または指定について考慮することを締約国に求めた（同条1項）。また締約国は、条約で認められた権利の実現を促進・保護・監視するための枠組みを国内で維持・強化・指定・設置するものとした（同条2項）。

　特別委員会第6会期（2005年）において作業部会案が検討され、25条に関し次のような合意が得られた。第1に、条約には国内的監視と国際的監視の両方を含むべきで、監視のしくみを効率的なものとすべきことが一般的に合意された。第2に、条約の監視に関する規定は、他の人権諸条約と同等かそれ以上のものとすべきで、他の条約の良い例となるような最新のものとすべきことも合意された。なお、国連人権高等弁務官事務所（OHCHR）で条約実施機関の改革が検討されているが、この検討には時間を要すると想定されるため、条約の監視条項は今後の改革を加味できるよう、柔軟な規定にすべきである旨も指摘された。第3に、障害者自身や障害者を代表する組織等の市民社会からの十分な参加を得つつ、監視を行っていくことが全般的に合意された[5]。

　特別委員会第6会期までの議論を踏まえ、まとめられた議長案（2005年）[6]には、監視に関し33条（国内的な実施及び監視）と34条（国際的監視）の2条文が存在した。前者は第6会期における合意内容を規定したが、後者は条文見出しだけで条文案は示されていなかった。第7会期に議長案が検討され、33条の国内的監視は条約の実施において重要であることが確認され、議長案は概ね支持された。また監視に関しては、各国の事情に即したものとすべきとの意見があった。34条の国際的監視については、独立の実施機関とすべきとの意見と自由権規約委員会を活用すべきとの意見が対立し、第8会期の議論に持ち越された。第8会期では、前会期の議論を踏まえた修正議長案[7]にもとづき議論され[8]、国際的監視に関し、条約独自の実施機関を設置することが合意された。

III 国内的実施措置

　国内的実施措置に関しては条約33条（国内的な実施及び監視）[9]が規定する。同条は締約国に中心的機関の設置および条約実施を監視する枠組みの維持、強化、指定または設置を求め、また政府内における調整のしくみの設置または指定を奨励する。なお、市民社会、とくに、障害者および障害者を代表する団体は、監視の過程に完全に関与し、かつ、参加できるようにすべきことが明文で規定されている（同条3項）。この規定は、条約の実施や障害者政策の決定・実施過程おいて、障害者（障害のある子どもを含む。）を代表する団体を通じて、障害者と緊密に協議し、かつ、障害者を積極的に関与させることを締約国に求める4条3項とともに、「私たち抜きに、私たちのことを決めてはならない。(Nothing about us without us.)」の精神を具体化したものである。国内的実施に関するこうした詳細な規定は他の条約にはみられる[10]が、人権条約に盛り込まれたのは初めてである。

1　中心的機関（focal points）の設置

　締約国は、その制度に従い、条約の実施に関連する事項を取り扱う「1又は2以上の中心的機関（focal points）[11]を政府内に指定する。」(33条1項前段)ものとされている。中心的機関の指定は条約上の義務である。1993年に採択された「障害者の機会均等化に関する基準規則」では、「国家は障害問題の中心的機関（national focal point on disability matters）として機能する国内調整委員会、もしくは同様の機構を設立し、強化する責任を持つ。」（規則17)[12]ことが示されている。この規則は国連総会決議によって採択されたもので、国連加盟国を拘束するものではない。しかし、すでに多くの加盟国[13]で中心的機関が設置されている。

　中心的機関に期待される役割は、①国家元首・政府の長への障害者政策・施策に関する助言、②人権と障害に関する省庁間ならびに中央・地方間の調整、③条約実施のための行動計画の策定等である[14]。このように中心的機関は条約の国内実施全般を鳥瞰する役割を期待される。中心的機関として想定されるのは、特定省庁の部局、障害者委員会のような機関、人権大臣や障害

者担当大臣のような閣僚である[15]。

中心的機関の形態は締約国に委ねられているが、政府内で一体となって条約の国内実施を統合できるものでなければならない。このため、中心的機関は法令にもとづき指定され、適切な人材と財源をもち、政府内でできるだけ高いレベルに位置づけられるべきものとされている[16]。

2 政府内における調整のしくみ（coordination mechanisms）

締約国は、異なる部門および段階における条約の実施に関連する活動を容易にするため、「政府内に調整のための仕組みを設置し又は指定することに十分な考慮を払う。」（33条1項後段）。このしくみの設置・指定は締約国の義務ではないが、奨励されている。「調整のしくみ」としては、条約の国内実施に関連する省庁横断的な組織が想定される。

3 条約実施を監視する枠組み（framework）

締約国は、その法律上および行政上の制度に従い、「条約の実施を促進し、保護し、及び監視するための枠組み（適当な場合には、1又は2以上の独立したしくみを含む。）を自国内で維持し、強化し、指定し、又は設置」しなければならない（33条2項前段）。そのしくみを指定しまたは設置する場合には、人権の保護及び促進のための国内機関の地位及び機能に関する原則（国連パリ原則）[17]を考慮に入れるものとされている（同項後段）。ここにいう条約実施の「促進」とは教育・広報を通じた条約の普及であり、「保護」とは個人による苦情申立ての検討や裁判への参加等を意味し、また「監視」とは立法の見直しや国内実施状況の検討活動である。

条約は「国内人権機関」ではなく「枠組み」という文言を用いる。しかし、枠組みの指定・設置にあたっては、いわゆる国連パリ原則を考慮に入れるものとされている。条約の国内実施を監視する独立した枠組みとして、「国内人権機関」が最も相応しい形態と考えられている[18]。

Ⅳ 国際的実施措置

　障害者権利条約における国際的実施措置は、本書の主要なテーマではない。しかし、同条約の実施に関する国際人権システムの全体像を理解する上で重要な要素である。

　条約の国際的実施措置は、実施機関としての障害者権利委員会によって運用される。同委員会は、すべての条約締約国から義務的に提出される国家報告を検討し、提案や一般的勧告を提示する。加えて、条約選択議定書(Optional Protocol to the Convention on the Rights of Persons with Disabilities. 以下、「選択議定書」)[19]の締約国における状況に関し、同委員会は個人通報制度および調査制度を扱う。条約は国家通報制度は採用していないが、定期的に締約国会議[20]を開催し、締約国全体で条約を実施する体制を整えた。

1 障害者権利委員会の設置

　条約の国際的実施措置を担うのは、条約が設置する「障害者の権利に関する委員会」(Committee on the Rights of Persons with Disabilities [CRPD] 以下、「委員会」) である (34条1項)。委員会は締約国が定期的に提出する国家報告を審査し、締約国に対し最終所見や勧告を示す。選択議定書を批准した締約国については、個人通報制度と調査制度を運用する。

　委員会は、条約の発効の時は12人の専門家で構成し、さらに60の国が条約を批准し、またはこれに加入した後は、委員会の委員数を6人まで増加させ、最大で18人とする (同条2項)。委員は、個人の資格で職務を遂行するものとし、徳望が高く、かつ、この条約が対象とする分野において能力および経験を認められた者とする。締約国は、委員の候補者を指名するに当たり、障害者との密接な協議と障害者の積極的関与を締約国に求める4条3項の規定を十分に考慮するよう要請される (同条3項)。委員は締約国により選出される。委員の選出にあたっては、委員が地理的に衡平に配分されること、異なる文明形態および主要な法体系が代表されること、ジェンダーの釣合いがとれた代表にすること、ならびに障害のある専門家が参加することを考慮に入れる (同条4項)。委員は、締約国会議の会合において、締約国に

より自国民の中から指名された者の名簿の中から秘密投票により選出される（同条5項）。

2008年5月3日に条約は発効した。同年10月31日から11月3日までの第1回締約国会議で12名の委員が選出され、委員会が設置された[21]。

2 国家報告制度

他の人権諸条約と同様に、条約は締約国に定期的な国家報告を義務づけている。締約国は条約にもとづく義務を履行するためにとった措置およびこれらの措置によりもたらされた進歩に関する包括的な報告を、この条約が自国について効力を生じた後2年以内に国連事務総長を通じて委員会に提出しなければならない[22]（35条1項）。締約国は少なくとも4年ごとに、また委員会が要請するときはいつでも、その後の報告を提出する（同条2項）。委員会に対して包括的な最初の報告を提出した締約国は、その後の報告においては、すでに提供した情報を繰り返す必要はない。締約国は、委員会に対する報告を作成するに当たり、公開され、かつ、透明性のある過程において作成することを検討し、および4条3項の規定に十分な考慮を払うよう要請される（同条4項）。報告には、条約にもとづく義務の履行の程度に影響を及ぼす要因および困難点[23]を記載することができる（同条5項）。

国家報告は委員会で検討される。委員会は、国家報告について、適当と認める提案および一般的な性格を有する勧告（suggestions and general recommendations）を行うことができ、これらを関係締約国に送付する。委員会から提案や勧告を受けた締約国は、委員会に対し、情報を提供し回答できる（36条1項）。締約国は、国家報告を自国において公衆が広く利用することができるようにし、これらの報告に関連する提案および一般的な性格を有する勧告の利用を容易にしなければならない（同条4項）。

なお、委員会は、国家報告の中に記載されている技術的な助言や援助要請に対処するため、これらに関する委員会の見解・勧告とともに、国際連合の専門機関、基金および計画ならびに他の権限のある機関にその国家報告を送付する（同条5項）。ユネスコ、ILO、WHO、UNDP、ユニセフ、世界銀行は障害者の権利に関連する活動をしているので、これら専門機関に国家報告と委員会の見解を送付し、専門機関の技術協力を通じて国家報告制度のフォ

ローアップをめざすものである。

3　個人通報制度

　条約の締約国で選択議定書を批准した国は、締約国による条約規定侵害にあたる行為をされたとする個人もしくは集団からの通報、またはこれらの個人・集団のために提出される通報（個人通報）を受理・検討する委員会の権限を認める（選択議定書1条1項）。したがって、選択議定書締約国における条約違反行為について、個人や集団は委員会に個人通報できるが、未締約国について個人通報制度は適用されない。

　委員会は、同議定書2条に定める受理してはならないとされる通報[24]以外は受理し、通報された締約国の注意を内密に喚起する。注意を喚起された国は、6か月以内に、その事案およびとった救済措置がある場合にはその救済措置を詳らかにした書面による説明または声明を委員会に提出する（同議定書3条）。

　委員会は、通報を審査する場合には、非公開の会合を開催する。委員会は、通報を審査（本案審査）した後、その提案を、勧告がある場合には勧告とともに、関係締約国と請願者に送付する（同議定書5条）。委員会は、通報受理から本案決定の間いつでも、通報された締約国に対して、その国による緊急の考慮を促すため、通報を行った者に生じ得る回復不能な損害を回避するために必要となり得る暫定的な措置を講ずることを求める要請を送付できる（同議定書4条）。

　なお、同議定書が成立する以前にも、自由権規約委員会において障害者の権利に関する個人通報が審査されたことがある。たとえば、1995年のハミルトン対ジャマイカ事件では、両肢に障害がありベッドの上り下りが困難な死刑囚の待遇と拘禁状況が検討され、刑務所当局が通報者の障害を考慮せず適切な対応を怠ったのは人道的に人間固有の尊厳を尊重される通報者の権利侵害にあたり、自由権規約10条1項に反すると判断した[25]。また、1999年のC対オーストラリア事件では、同国での庇護を求めるイラン人庇護申請者の精神状況が悪化したにもかかわらず拘禁を継続したのは、同規約7条（拷問、残虐、非人道的、品位を傷つける刑罰・取扱いの禁止）にあたると判断した。委員会は同時に、通報者を的確な医療を受ける可能性が低いイランに送還す

ることも、7条違反に相当するとした[26]。

4 調査制度

　委員会は、締約国による条約に定める権利の重大なまたは系統的な侵害を示す信頼できる情報（reliable information indicating grave or systematic violations）を受けた場合には、その締約国に対し、情報に関する審査に協力し、その情報に関する見解を提出するよう要請できる（選択議定書6条1項）。これは調査制度と呼ばれ、拷問等禁止条約[27]と女性差別撤廃条約選択議定書[28]でも採用されている比較的新しい人権条約の実施措置である。2008年に採択された社会権規約選択議定書（2012年5月末現在未発効）でも予定されている。

　委員会は、上記の信頼できる情報について、1人または2人以上の委員を指名して調査を行わせ、委員会に対し緊急に報告させることができる。この調査には、正当な根拠と当該締約国の同意がある場合には、当該締約国の領域への訪問を含めることができる（障害者権利条約選択議定書6条2項）。委員会は、この調査結果をその意見および勧告とともに関係締約国に送付する（同条3項）。関係締約国は、委員会により送付された調査結果、意見および勧告を受領した後6か月以内に、その見解を委員会に送付する（同条4項）。この調査は内密に行われるものとし、関係締約国はこの手続のすべての段階で協力を求められる（同条5項）。なお、委員会は、この調査制度にもとづきなされる調査に応えて締約国が講じた措置の詳細は国家報告に記載するよう要請でき（同議定書7条1項）、また関係締約国に対し、調査に応えて当該締約国が講じた措置を委員会に通告するよう要請できる（同条2項）。

　調査制度が同選択議定書に規定されたことで、委員会は選択議定書の締約国内における「重大な又は系統的な侵害」について調査権限をもつものとされ、場合によっては、締約国への訪問も可能となった。これによって、委員会は、障害者に対する構造的な差別への対抗策を勧告できるようになった。

　ただし、各締約国は、議定書の署名もしくは批准またはこれへの加入の際に、委員会が同議定書6条および7条に規定する調査制度に関する権限を有することを認めない旨を宣言することができる（同議定書8条）。したがって、調査制度は、これに関する委員会の権限を認めた締約国についてのみ適用可

能であるにすぎない。

5　締約国会議

　締約国は、条約の実施に関する事項を検討するため、定期的に締約国会議(Conference of State Parties)を開催する（同条約40条1項）。締約国会議は、条約発効後6か月以内に国連事務総長が招集する[29]。その後の締約国会議は、2年ごとにまたは締約国会議の決定にもとづき同事務総長が招集する（同条2項）。同条1項は「条約の実施に関するいずれの事項（any matter）をも審議するため」と規定する。締約国会議を常設し、このような包括的な権限をこれに付与する例は他の人権諸条約にはみられず、この条約独自の国際的実施を担保するしくみである。社会権規約29条、自由権規約51条、拷問等禁止条約29条、子どもの権利条約50条は、条約改正案の審議・投票のために「締約国会議」を開催する旨定めるにすぎない[30]。「いずれの事項」の具体的内容は条文中に明示されていないが、本条のモデルとされた対人地雷禁止条約11条から類推すれば、①条約の運用および締結状況、②条約規定に従って提出される報告から生ずる問題、③条約上の義務履行に関する国際協力・援助等が締約国会議で議論されることになろう。

V　結びにかえて

　「締約国は、障害に基づくいかなる種類の差別もない、障害のあるすべての人のすべての人権及び基本的自由の完全な実現を確保し及び促進することを約束する。」条約4条1項のこの力強い規定は、障害者の権利の主流化を象徴するものである。しかし、条約が締約国に求めるのは、この法命題を一般的に承認することだけでなく、実際にこれを締約国内で実現することである。このため条約は国内的および国際的の両面で実施措置を規定した。条約は人権条約では初めて、国内実施・監視の独立した条文を設けた。
　条約は実施措置に関し標準装備のものと選択議定書締約国にのみ作動するものに分けて制度設計した。中心的機関の設置、条約実施を監視する枠組みの設定、国家報告制度、締約国会議は前者であり、個人通報制度と調査制度

は後者にあたる。

　条約を締結するのは国家であり、条約実施に責任を負うのは締約国政府である。しかし、どの人権条約にも言えることだが、この条約が規定する実体規定を締約国内で実効的に実現するためには、当事者である障害者の主体的な社会参画が前提となる。なぜなら、この条約は「障害者の権利」に関する条約であり、排除からインクルージョンへというパラダイム転換を国際的にも国内的にもめざすものだからである。

　条約のこの趣旨を端的に表現するのは、"私たち抜きに、私たちのことを決めてはならない。"という標語であろう。この理念は、条約4条3項で示され、実施機関との関連では、33条3項（国内的実施における当事者の関与・参加）、34条3項・4項（委員会委員の候補者指名・選出）、35条4項（国家報告の作成）で言及されている。このように、条約策定過程だけでなく、条約実施過程においても、当事者参画は条約の正当性と実効性を確保するため不可欠といえよう。

　諸国の法文化は多様であり、条約を国内実施する手法は一様でない。しかし、当事者主義を端的に示す上記諸条文の趣旨からして、すべての締約国は、条約規定を踏まえた障害者政策・施策を実践する法的責務を負うことは疑いない。条約と矛盾する法令の改廃や、障害者に関する国家戦略・基本計画等の策定は、締約国の最初の課題である。

　締約国にとって実施措置は、こうした課題の実現に向けた潤滑剤である。国内的および国際的実施措置は一見別個の制度にみえるが、両者は相互に関連して、締約国における条約の実施・実現が図られる。両者に通底するのは、"すべての条約プロセスへの当事者を含めた市民社会の参画"であろう。

　日本は現在条約の批准に向けて政府部内で調整中と伝えられる。中心的機関と条約実施を監視する枠組みをどのようなものとするのか、政府内における調整のしくみを置く予定があるのか、定かでない。しかし、実施措置に関し障害者団体から出されている、①差別等を具体的に救済する独立した人権救済機関[31]を設置すること、②条約上の独立したしくみによる監視の役割を担うため、特別の機関を内閣府の外局として設置すること[32]、は本章で強調した条約プロセスへの当事者参画を担保するため重要な課題であり、傾聴に値する。

⑴　条約正文では、to monitor implementation of the Convention（33条2項）のように、「条約の実施を監視する」と表現している。本書では、実施の監視、あるいは履行監視という意味で「監視」という。
⑵　自由権規約委員会、社会権規約委員会、人種差別撤廃委員会、女性差別撤廃委員会、拷問等禁止委員会、子どもの権利委員会および移住労働者権利委員会。
⑶　山崎公士「人権条約の実施機関―国連人権条約の実施機関を中心に」国際法学会編『日本と国際法の100年　第4巻　人権』(三省堂、2001年) 所収参照。
⑷　Draft Comprehensive and Integral International Convention on the Protection and Promotion of the Rights and Dignity of Persons with Disabilities, U.N. Doc. A/AC.265/2004/WG/1, Annex 1 (2004). 邦訳は、「障害のある人の権利及び尊厳の保護及び促進に関する包括的かつ総合的な国際条約草案」、長瀬修・川島聡編著『障害者の権利条約―国連作業部会草案―』(明石書店、2004年) 所収。
⑸　Report of the Ad Hoc Committee on a Comprehensive and Integral International Convention on the Protection and Promotion of the Rights and Dignity of Persons with Disabilities on its sixth session, U.N. Doc. A/60/266 (2005), paras. 155-160.
⑹　Draft Comprehensive and Integral International Convention on the Protection and Promotion of the Rights and Dignity of Persons with Disabilities Submitted by the Chairman on the basis of discussion by the Ad Hoc Committee, U.N. Doc. A/AC.265/2006/1, AnnexⅠ(2005).
⑺　U.N. Doc. A/AC.265/2006/2, AnnexⅡ (2005). 修正議長案には、34条とその見出し（国際的監視）はみられない。
⑻　特別委員会で当初は、国連で検討中の実施機関の統合論に向けて、より強力な監視のしくみも摸索された。しかし、これは実を結ばなかった（Tara J. Melish, *The UN Disability Convention: Historic Process, Strong Prospects, and Why the U.S. Should Ratify*, 14 Human Rights Brief 37 (2007), at 46.)。
⑼　障害者権利条約の正文には条文見出しがある。しかし、同議定書にはない。
⑽　たとえば、対人地雷禁止条約（1997年）9条。
⑾　フランス語正文ではcontact、スペイン語正文はorganismosで、政府仮訳の「中央連絡先」は必ずしも誤りではない。しかし、政府部内に責任のある横断的なしくみをつくるというこの条文の趣旨からすれば、「中心的機関」とするのが望ましい。なお、作業部会案では単数形であったが、採択された正文は複数形である。
⑿　Standard Rules on the Equalization of Opportunities for Persons with Disabilities, General Assembly resolution 48/96, annex, Rule 17.
⒀　たとえば、アルゼンチン、バングラデシュ、クロアチア、キューバ、エジプト、メキシコ、ニュージーランド、スペイン、タイ、トルコなど。
⒁　United Nations, *From Exclusion to Equality, Realizing the rights of persons with disabilities: Handbook for Parliamentarians on the Convention on the Rights of Persons with Disabilities and its Optional Protocol*, 2007, available at <http://www.un.org/disabilities/documents/toolaction/ipuhb.pdf> (last visited

Feb.29, 2012), at 95.
⒂ *Id.*, at 94.
⒃ *Id.*, at 94.
⒄ 条約では、「人権の保護及び促進のための国内機関の地位及び機能に関する原則」(the principles relating to the status and functioning of national institutions for protection and promotion of human rights) とされているが、正式名称は本書巻末資料❶記載のものである。
⒅ *Id.*, at 96.
⒆ 2006年12月13日に国連総会で障害者権利条約とともに採択された。2008年5月3日、条約と同時に発効。2012年5月末時点の批准国数は70。選択議定書の日本政府仮訳は存在しない。この民間仮訳は、川島聡＝長瀬修仮訳「障害のある人の権利に関する条約の選択議定書」(2008年5月30日付) 長瀬修ほか編『障害者の権利条約と日本』(生活書院、2008年) 288〜297頁 (英語正文と共に収録)。
⒇ 条約40条にもとづき設置される国際的実施のしくみの一つ。
(21) 現在の委員数は18名で、男性10名、女性8名である。出身国は、カタール、ヨルダン、バングラデシュ、チリ、ドイツ、ハンガリー、アルジェリア、韓国、チュニジア、デンマーク、ケニア、オーストリア、スペイン、グアテマラ、メキシコ、セルビア、エクアドル、中国である。
(22) 2012年4月末時点での国家報告提出国は以下の通りである。チュニジア (2011年の第5会期で最終所見を採択済み)、スペイン、中国、ペルー、アルゼンチン、ハンガリー、パラグアイ (以上、2012年9月の第8会期で審査予定)、オーストラリア、オーストリア、アゼルバイジャン、ベルギー、コスタリカ、クック諸島、クロアチア、チェコ、デンマーク、エルサルバドル、ドイツ、ハンガリー、ケニア、メキシコ、ニュージーランド、韓国、スウェーデン、ウクライナ、イギリス(以上、審査日程未定)。
(23) 英語正文はdifficulties。他の人権諸約の公定訳や条約の政府仮訳は「障害」であるが、disabilitiesと訳し分けるため、本書ではこの訳語を用いる。
(24) ①匿名の通報、②権利濫用的通報や条約規定と両立しない通報、③委員会がすでに審査したものと同一の事案、または国際的な調査もしくは解決のための他の手続により審査されたか審査されている内容の通報、④利用可能なすべての国内的救済を尽くしていない通報 (ただし、国内的救済が不当に遅延する場合または効果的な救済をもたらす可能性に乏しい場合を除く)、⑤明らかに根拠を欠く、または十分に立証されていない通報、⑥被通報国について選択議定書が発効する前に発生した事案に関する通報 (ただし、議定書が効力を生じた日以降も当該事実が継続している場合を除く) (選択議定書2条)。
(25) Hamilton v. Jamaica, Communication No. 616/1995, U.N.Doc. CCPR/C/66/D/616/1995 (1999).
(26) C. v. Australia, Communication No. 900/1999, U.N. Doc. CCPR/C/76/D/900/1999.

⑰　「(拷問等禁止)委員会は、いずれかの締約国の領域内における拷問の制度的な実行の存在が十分な根拠をもって示されていると認める信頼すべき情報を受領した場合には、当該締約国に対し、当該情報についての検討に協力し及びこのために当該情報についての見解を提出するよう要請する。」(拷問等禁止条約20条1項)
⑱　「委員会は、締約国による条約に定める権利の重大又は組織的な侵害を示唆する信頼できる情報を受理した場合には、当該締約国に対し、情報の検討における協力及び、この目的のために関係情報に関する見解の提出を促す。」(女性差別撤廃条約選択議定書8条1項)
⑲　第1回締約国会議は2008年10月31日から4日間開催され、委員会の委員を選出した。
⑳　自由権規約30条、人種差別撤廃条約8条、拷問等禁止条約17条、女性差別撤廃条約17条、子どもの権利条約43条は、「締約国の会合」(meeting of the States Parties)において自由権規約委員会等の実施機関の委員選挙を行うものとしている。
㉑　本書第Ⅲ部第3章参照。
㉒　障害者施策推進課長会議「障害者施策の在り方についての検討結果について」(平成20年12月26日)3頁「表3　障害者基本法に係る障害のある人等からの意見」参照。

〔本章は、「障害者権利条約と実施措置」『法律時報』81巻4号(2009年4月)に加筆・修正を加えたものである。〕

第Ⅲ部

日本における国内人権機関の設置に向けた動向

第1章

日本における人権救済制度の現状と問題点

　現在の日本ではさまざまな人権救済制度が併存し、これを運用する主体も多岐にわたっている。しかし、人権救済に関する包括的な現行法は存在しない。

I　人権救済制度

1　根拠法

　日本の人権救済制度の根拠法は日本国憲法第3章、日本が批准・加入した人権諸条約、ならびに各種の法令である。

　現行の日本法では、雇用差別の禁止に関しては、労働基準法[1]、職業安定法[2]、男女雇用機会均等法[3]、教育における差別の禁止に関しては、教育基本法などがそれぞれの人権分野に関連する部分的な差別禁止規定をもっているにすぎない。

　障害者基本法[4]（昭和45年法律第84号、最終改正平成23年法律第90号）、アイヌ文化振興法（平成9年法律第52号）、男女共同参画社会基本法（平成11年法律第78号）などはそれぞれの人権分野に関する施策実施の理念は掲げるが、差別禁止は規定していない。なお、2000～2001年に成立したストーカー行為等規制法（平成12年法律第81号）、児童虐待防止法（平成12年法律第82号）、配偶者暴力防止法（平成13年法律第31号）も人権侵害を防止し、被害者を救済する機能を担っている。

2　多元的な人権相談・救済実施主体

　日本では国・都道府県の行政や民間団体が多元的・重層的に人権相談・救済活動を展開している。国の機関では、法務省の人権擁護局・法務局人権擁護部（人権擁護行政）、厚生労働省の地方労働局雇用均等室（雇用機会均等行政）、内閣府の男女共同参画局（男女共同参画行政）、総務省の管区行政評価局（行政相談制度）など、また都道府県の機関では、労政事務所、児童相談所、福祉事務所、青少年相談センターなどがこうした活動の主体である。

　多種多様な民間団体も同様の活動を展開している。人権救済の申立てを受け、独自に調査し、関係者に警告・要望を行う日本弁護士連合会や各単位弁護士会の人権擁護委員会、放送メディアによる人権侵害の苦情を受理し、審理し、勧告・見解を当事者に提示した上で公表している「放送と人権等権利に関する委員会」（放送人権委員会）はその代表例である。

II　人権擁護行政

1　法務省の人権擁護行政

　多元的な人権相談・救済制度の中で、「形式的意味の人権行政」[5]を担っているのは、法務省の人権擁護行政である。法務省の人権擁護局・法務局人権擁護部は、人権侵害・差別に関する苦情の相談受付け、苦情申立ての受理・調査・救済の活動を全般的に実施してきた。しかし、専任職員総数は250名程で、しかも法務局の職員は戸籍、登記業務に従事する者との兼務が多く、同局の幹部職員は検察官で充当されている。国や行政による人権侵害もありうるので、人権擁護の仕事が行政から独立しておらず、行政自体の中に位置づけられているのは、市民の立場に立った人権救済という視点からは問題である。また、社会における人権課題は多岐にわたり、国の機関だけでも内閣府、総務省、法務省、文部科学省、厚生労働省等の複数省庁が「実質的意味の人権行政」に携わっているので、こうした広範な人権行政を法務省のみが所管するのは、妥当でない。

2 人権擁護委員制度

　法務省の人権擁護行政を補完するものとして、人権擁護委員制度[6]がある。人権擁護委員は市区町村単位でその首長が候補者を選定し、議会の同意を得て法務大臣が委嘱する民間のボランティアで、全国で約14,000人が活動している。しかし、その平均年齢は60歳を超えており、しかも名誉職的に委嘱されることが少なくない。また、人権擁護委員による人権侵犯事件の調査処理は、被害者の申告、関係者の任意協力、事実の調査・説示といった事後的な調停機能中心で、人権侵害が確認されても勧告・意見発表にとどまり、法的強制力をもたない。こうしたことから、人権擁護委員制度は人権侵害の救済に十分に対処できていない[7]。

　日本政府の自由権規約第4回報告書に関する同規約委員会の最終所見（1998年11月）も、日本の人権擁護委員制度は法務省の監督下にあり、勧告権限しかもたず、政府から独立した機関ではないとして、人権侵害の申立てを調査する独立機関の設置を日本政府に強く勧告している[8]。

III　国内人権機関の必要性

1　司法的救済の限界

　人権侵害や差別の被害を受けた者は、差止請求や損害賠償請求などを裁判によって求めることができる。しかし、これは事後的な救済で、被害者本人が行為者を特定して裁判を提起し、しかも被害を受けたことを公開の法廷で立証しなければならない。裁判を起こすには弁護士費用や訴訟費用が必要で、判決までかなり時間がかかる。また、公開法廷での立証などによって、二次的な人権侵害・差別を受けるおそれもある。さらに、司法による人権救済は個別事件の救済にとどまり、人権侵害・差別の歴史・社会・制度的背景にまで深くメスを入れるなど、人権侵害の構造的解明やその抜本的解決は期待できない。

2　政府から独立した国内人権機関の必要性

　これに対し、本書で設置を提唱する国内人権機関による人権救済は、まず非公開の場であっせんや調停などの裁判外紛争解決（ADR）の手法で当事者が話し合い、人権侵害行為者がその反社会性に気づき、謝罪や賠償に応じることを促す形で進められる。国内人権機関の場でのADRによって、人権侵害事案の簡易・迅速・柔軟で専門的な解決が、しかも無料で可能となり、従来は泣き寝入りを強いられてきた者が申立てをしやすい環境が整う。この手続は同時に、侵害行為者を説得し当事者間の調停を図る過程であり、侵害行為者に対する人権教育、侵害を受けた者へのエンパワーメントの側面ももつ。

　ADRの手法による侵害事案の救済事例は通常国内人権機関から年次報告等の形で公表される。救済事例の蓄積によって、人権侵害の歴史的・社会的構造が解明され、その成果は人権教育や人権政策提言に結びつくことが期待できる[9]。

　以上のように、日本における人権救済制度の現状と問題点を分析すれば、新たな人権救済制度を確立するさいには、政府から独立した国内人権機関の実体を備える「人権委員会」の新設が不可欠であることが明らかである。

---

(1)　国籍、信条、社会的身分に関する各種労働条件差別、女性に対する賃金差別が禁止されており、違反に対してはは刑事罰が課される（第3条〜4条）。
(2)　職業紹介・職業指導に関し、人種、国籍、信条、性別、社会的身分、門地等による差別が禁止されている（第3条）。
(3)　女性の雇用に関し、募集・採用や解雇を含む各種労働条件に関する差別が禁止されている（第5条〜8条）。
(4)　第3条で、相互に人格と個性を尊重し合いながら共生する社会の「実現は、全ての障害者が、障害者でない者と等しく、基本的人権を享有する個人としてその尊厳が重んぜられ、その尊厳にふさわしい生活を保障される権利を有することを前提としつつ」（下線部引用者）、……あらゆる分野の活動に参加する機会などの確保を図られなければならないものとされた。「権利を有する。」と規定されれば、障害者の権利主体性を障害者基本法に定めたことになるが、権利性を明確に規定するのは「基本法」の性格になじまないなどの理由から、「権利を有することを前提としつつ」との法令文としては珍しい表現にとどまった。
(5)　「実質的意味の人権行政」、「形式的意味の人権行政」については、江橋崇「人権

行政と日本の人権状況」『法学セミナー』43巻7号（1998年7月）、参照。
(6)　高野眞澄「人権擁護委員制度のしくみと現況」『法学セミナー』、前掲注(5)、参照。
(7)　2001年12月21日の人権擁護推進審議会による「人権擁護委員制度の改革について（諮問第2号に対する追加答申）」でも、「人権救済等に必要な専門性や経験を有する人権擁護委員が必ずしも十分に確保されていないため、活動の実効性にも限界がある。……人権擁護委員の存在が国民の間に周知されておらず、人権相談等が十分利用されているとは言い難いといった問題もある」と指摘されている。
(8)　U.N. Doc. CCPR/C/79/Add.102, para 9.
(9)　各国の国内人権機関による人権救済の概要については、山崎公士「国内人権システムと国内人権機関—各国の動向と日本の課題」、NMP研究会・山崎公士編著『国内人権機関の国際比較』（現代人文社、2001年）参照。

第2章

人権擁護推進審議会と人権救済答申

I 人権擁護推進審議会

　1996年12月に人権擁護施策推進法[1]が成立し、法務省に人権擁護推進審議会（以下「審議会」という。）が置かれた（第3条1項）。審議会は、法務大臣、文部（当時）大臣、総務庁（当時）長官又は関係各大臣の諮問に応じ、人権尊重の理念に関する国民相互の理解を深めるための教育及び啓発に関する施策の総合的な推進に関する基本的事項を、法務大臣の諮問に応じ、人権が侵害された場合における被害者の救済に関する施策の充実に関する基本的事項を調査審議する（同条2項）こととされた。なお、同法採択時の衆参両院による附帯決議で、人権尊重の理念に関する教育及び啓発の基本的事項については2年を目処に、人権侵害の場合の被害の救済施策については5年を目処になされる人権擁護推進審議会の答申等については、最大限に尊重し、答申等にのっとり、法的措置を含め必要な措置を講ずることとされた。

　審議会は1997年3月に審議を開始し、2002年3月に法の失効により消滅するまで、75回の会合を重ねた。

　1997年5月の第1回会議において、審議会は、法務大臣、文部大臣、総務庁長官から「人権尊重の理念に関する国民相互の理解を深めるための教育及び啓発に関する施策の総合的な推進に関する基本的事項について」（諮問第1号）、法務大臣から「人権が侵害された場合における被害者の救済に関する施策の充実に関する基本的事項について」（諮問第2号）、それぞれ諮問を受けた。

　上記の諮問第1号を受け、上記附帯決議に従い、審議会は1999年7月に

「人権尊重の理念に関する国民相互の理解を深めるための教育及び啓発に関する施策の総合的な推進に関する基本的事項について（答申）」[2]（人権教育・啓発答申）を公表した。

上記諮問第2号を受け、審議会は1999年9月の第30回から2001年5月の第65回まで36回の会合をもった。この間、法務省による行政説明、英国・スウェーデン・米国・カナダの海外調査、各種人権課題に関するNGO等からのヒアリングを踏まえ、精力的な審議が展開された。その成果として、まず2000年11月に「人権救済制度の在り方に関する中間取りまとめ」[3]が公表された。2001年1月には「中間取りまとめ」を踏まえ、人権救済制度の在り方に関する公聴会が大阪・福岡・東京・札幌で開催され[4]、筆者は東京会場で意見発表した。このほかパブリックコメントも実施された[5]。

こうした経過の後、2001年5月に、「人権救済制度の在り方について（答申）」[6]（人権救済答申）が、審議会から答申された。なお、2001年12月、「人権擁護委員制度の改革について」と題する追加答申も発表された。さらに、同月、労働分野における人権救済制度検討会議は「労働分野における人権救済制度の在り方について」（報告）を公表している。

審議会の人権教育・啓発答申を受けて「人権教育及び人権啓発の推進に関する法律」（人権教育・啓発推進法）[7]（平成12年法律第147号、同年12月6日公布・施行）が制定された。しかし、人権救済答申を受けて2002年3月に国会上程された人権擁護法案は2003年10月の衆議院解散に伴い廃案となり、その後再上程されず、また同種の法案も国会上程されていない。

II　人権救済答申の内容

以下に、人権救済答申公表当時に筆者が表明した同答申に関する見解を掲げ、内容と問題点を明らかにしたい。

1　審議会の審議手法

救済制度の審議では、外国調査、各種人権団体からのヒアリング、パブリック・コメントの募集、大阪・福岡・東京・札幌における公聴会の開催な

ど、多様な手法を採った。公聴会の開催は評価できる。しかし、多くの人権NGOが要請した人権侵害・差別の現場に審議会委員が赴き、当事者から直接話を聴く機会は設けられなかった。

「審議会の運営に関しては、透明性の確保に努めること。」を、衆参の法務委員会は人権擁護施策推進法採択時の附帯決議で審議会に要望した。多くの人権NGOも、審議内容、配布資料、発言者名入りの全議事録の全面公開を審議会にたびたび求めた。しかし、審議会の会議は公開されず、公開された議事録は発言者名なしの要旨のみで、配布・参考資料の公開にも消極的だったなど、審議会の公開性・透明性は質量ともに不十分であった。

2 答申の内容について

答申は人権委員会（仮称）という独立の機関を中心とした新たな人権救済制度の整備を目的とする。その骨子は、①公権力による人権侵害や私人間の人権侵害に関する救済は裁判所によるものが原則だが、司法救済のみでは実効的な救済は期待できず、②これを補うため、簡易・迅速・柔軟な行政上の救済制度を整備する必要があり、③行政上の救済では、国、自治体、民間の関係諸機関、諸団体との密接な連携協力体制によって、総合的な救済を目指すべきであるというものであった（答申全文は、巻末資料4参照）。

(1) 人権侵害の現状と被害者救済制度の実情の認識

日本における人権侵害の現状認識については、同性愛者等やハンセン病患者への差別等について言及したことは評価できるが、人権侵害の現状認識は全般的には不十分である。

公権力による人権侵害をはじめ、人権侵害が存在する事象を列挙したにとどまり、それぞれの人権侵害が、どのような状況で、どのように現れ、何が問題なのか等の、具体的な指摘はほとんどみられない。その上で、憲法、日本が批准・加入した人権諸条約、法律など現行法上の人権規定や現行諸制度の実効性を検討することなく、人権侵害対象を4類型に限定していた。

答申は、被害者救済制度の実情に関しては、法務省による人権擁護行政は人権侵害の被害者救済に「一定の役割」を果たしているが、現状においては救済の実効性に限界がある、との認識を示す。しかし、「一定の役割」につ

いては、人権侵犯事件調査処理件数を数字で示すのみで、具体性に欠ける。

(2) 「簡易な救済」と「積極的救済」、差別禁止法の必要性

答申は人権救済の手法として、「簡易な救済」（簡易性・迅速性を重視した任意的手法）と「積極的救済」（実効性を重視した積極的手法）という2つの方法を掲げ、事案ごとにより効果的な救済を図ろうとしている。このことは基本的には評価できる。しかし、「簡易な救済」や「積極的救済」の具体的な中身については、必ずしも明解ではない。

第1に、答申は「積極的救済」として「調停」「仲裁」「勧告・公表」「訴訟援助」等の手法を挙げ、これらの実効性を確保するため、過料又は罰金で担保された調査権限を人権救済機関に付与しようとしている。私人間の人権侵害・差別からの救済手法としては、原則として説得と理解を基調とする「簡易な救済」に徹し、例外的な場合にのみ、「積極的救済」を用いるべきである（後述(4)参照）。

第2に、答申は「積極的救済」手法は「一面で相手方や関係者の人権を制限するものでもある」ので、対象となる人権侵害の範囲を「できるだけ明確に定める必要がある」としている。しかし、答申はさらに踏み込んで、「積極的救済」の対象となる人権侵害の範囲を法律で定めるべきことに言及すべきであった。なぜなら、法定された人権侵害の定義がない状態で答申が設置を提唱する人権委員会に「積極的救済」手法を認めると、とくに私人間の人権侵害に関して、人権委員会による権限濫用や憲法第31条が保障する「法の適正手続」侵害の危険性がある。したがって、人権委員会の設置とあわせて、諸外国にみられるような差別禁止法（反差別法）を制定し、その中で「積極的救済」の対象となる人権侵害を、人種差別撤廃条約などの人権諸条約の内容も参照しながら、具体的に規定すべきである。

(3) 公権力による人権侵害にかかる救済

答申は、「自らの人権を自ら守ることが困難な状況にある差別や虐待については、私人間における差別や虐待にもまして救済を図る必要」があり、このため、「積極的救済」を図るべきであるとしている。拘禁施設等の密室での公権力による人権侵害を受けた者への救済として、これは評価できる。し

かし、問題なのは、具体的にこれが実現するかどうかである。この点に関連して、人権委員会の調査に対する公的機関の「協力義務」について、答申直前の案では、これを「明記する」との表現だったが、答申ではこれを「確保する」に後退した。公権力による人権侵害にかかる救済を実質化するためには、新設される人権委員会への公権力の協力義務を法律上「明記する」ことが不可欠である。答申は、総じて、公権力による人権侵害に関する救済に関して、弱腰で消極的である。

(4) メディアによる人権侵害にかかる救済

答申では、マスメディアが民主主義社会で果たしている役割や、表現の自由・報道の自由の重要性、およびメディア側の自主規制制度の存在を理由として、マスメディアを「積極的救済」の対象から原則として除外している。この点は表現の自由・報道の自由の保障という観点から評価できる。しかし、他方で、「犯罪被害者とその家族、被疑者・被告人の家族、少年の被疑者・被告人等に対する報道によるプライバシー侵害や過剰な取材等」については、例外的に「積極的救済」の対象になるとし、任意的な調査ではあるが人権救済機関の調査権限が及ぶとしている。

しかし、「積極的救済」が及ぶ範囲の設定や運用の如何によっては、マスメディアに対して広い規制が及ぶおそれがある。またマスメディアの側が規制をおそれるあまり、表現・報道を自主規制することも考えられる。したがって、マスメディアによる人権侵害に関しては、マスメディアのもつ社会的効用や、表現の自由・報道の自由が有している民主主義的価値に十分配慮し、表現や報道の萎縮効果を招かぬようにしなければならない。そのため、マスメディアがかかわる事案については、そのすべてをメディア側の第三者機関等による自主的・自律的規制に委ね、人権救済機関が報道に関する事案に直接関与することは避けるべきである。メディア側の自主的救済で解決しなかった事案の中で、とくに救済の必要性の高い事案のみについて、人権救済機関が救済に乗り出すこととすべきである。さらに、「メディア」の定義を法律上明確なものとし、メディアによる人権侵害にかかる救済の対象や範囲も予め法律上明白かつ一義的に確定し、メディアの側に萎縮効果を及ぼさないようにしなければならない。

他方、メディアの側も、その地位に安住することなく、報道評議会など自主的な第三者機関を早急に設け、答申が要望する「第三者性や透明性の確保を含む自主規制の強化・徹底」に努力すべきである。

(5) 人権救済機関の組織体制
(a) 組織体制

答申が描く人権救済機関の組織体制は、中央レベルに一つの人権委員会を置き、地方には法務局・地方法務局の人権擁護部門を改組した地方事務局を置くというものである。しかし、多くの人権問題は、職場や居住地域といった地域の現場で生起するので、人権救済機関はその地域の事情に通じた地域密着型の組織とすべきである。そのためには、中央集権型の組織ではなく、中央の委員会と並んで、都道府県および政令市にも地方人権委員会を設置するという分権型の組織体制が妥当である。

中央のみに単一の人権委員会を置く体制では、①大量の人権救済申立てに対応できず、②全国各地の実情を十分に把握できず、③市民から敷居が高い存在とみなされるため、結果として市民から信頼を得るのはきわめて困難となろう。

(b) 人権救済機関の独立性・多元性

答申は、「人権救済機関は、政府からの独立性が不可欠」であるとする。政府からの独立性の確保は、人権救済機関の生命線である。日本の現状からすれば、人権救済機関は「法務省」から独立した存在でなければならない。答申は、法務省の人権擁護行政を下地として、新たな人権委員会制度をつくることを構想している。しかし、公権力による人権侵害を例にとれば、その多くは警察および法務省矯正局、同入国管理局の管轄する分野に集中しており、これらを法務省管轄下の人権委員会で救済することは事実上困難である。したがって、人権委員会は法務省ではなく、各省庁よりも一段高い地位に立つ内閣府の下に置くべきである。

また、政府からの独立を保ち、市民から信頼される人権救済機関とするため、人権委員会委員の選任基準および選任方法が重要であるが、この点について答申では、中立公正性、透明性、ジェンダー・バランスの確保など一般的な言及にとどまっている。しかし、人権委員会の独立性・多元性が人権委

員会の独立性を支える最大の支柱であることを十分に認識し、「国家機関の地位に関する原則（パリ原則）」が掲げているように、人権委員会の委員にはNGOや弁護士、種々のマイノリティ出身者を含めることを明記すべきであった。

　さらに、独立性をもった人権救済機関を実現するためには、事務局職員の独立性と多元性を確保することも必須であるが、答申ではこの面に関する言及も一般的なレベルにとどまっている。職員についても、ジェンダー・バランスへの配慮や、NGOや自治体職員、弁護士からの採用など、具体的に多元性を確保する方策を掲げるべきである。

(6)　特定職業従事者への人権教育・啓発

　答申は、「人権委員会は、人権啓発も併せて所掌すべきである」とし、「人権啓発の総合的かつ効果的な推進が可能となるよう特段の配慮が必要である」としている。新設予定の人権委員会事務局は法務省人権擁護局を改編して担わせることを想定してか、従来の法務省所管である人権「啓発」には言及するが、文部科学省所管である人権「教育」には一切言及していない。

　また、このためであろうか、法務省と文部科学省共管の2000年11月29日に成立した人権教育・啓発推進法に関しては、本文においては一切言及していない。わずかに「（注1）」として「人権教育及び啓発の推進に関する法律」について「人権啓発に関しては、人権教育及び啓発の推進に関する法律が平成12年11月成立し、同年12月から施行されている。」とするのみでる。

　新設の人権委員会の役割として最も期待されることは、法執行官、自衛官、医師、教師等の特定職業従事者に対する人権教育・啓発プログラムを作成し、これを実施することである。今回の答申でも一部触れている「国連自由権規約人権委員会の最終所見（1998年11月）の指摘を踏まえ、少なくとも裁判官をはじめ司法関係者、警察官、法務省所管の検察事務官、矯正施設職員、入国管理関係職員などに対する人権研修プログラムの策定・実施などについて、再度具体的に言及すべきであった。

(7)　人権政策提言機能
(a)　「助言」でなく「提言」機能を

答申は、人権救済および人権啓発の事務に加え、政府への「助言」等の事務を人権委員会は所掌すべきであると指摘する。基本的には正しい見解である。ただし、「助言」という言葉は弱すぎ、「提言」とすべきである。政府から真に独立した人権委員会なら、堂々と立法・行政・司法機関に対して、対等な立場から、人権政策や人権施策を「提言」できる存在であるべきである。こうした文言で表現される権能しかもたない人権委員会は、政府から実質的に独立した機関とみなすことはできない。

(b) 政府・議会等への「提言」機能の明確化

　答申は、「人権委員会が救済や啓発に係る活動の過程で得た経験・成果を政府への助言を通じて政策に反映させていくことも有用」としているが、誰に対して、何について助言するのか、また、その助言に対し、いかに応答すべきかについては、全く触れられていない。

　人権フォーラム21は、中央人権委員会と地方人権委員会の設置を提案し、政府・議会等への「提言」機能を次のように提起した。中央人権委員会は、国会および内閣に対し、①国の人権教育・啓発にかかる政策および施策のあり方、②人権問題にかかる法令の制定改廃、③人権施策の実施にかかる行政慣行の変更、④人権諸条約の批准またはこれへの加入、⑤国連ほか、諸外国の人権機関との協力、⑥日本が締約国となっている人権諸条約上提出が義務づけられている政府報告書の作成、などについて提言を行う。他方、地方人権委員会は、都道府県または政令市の首長ならびに議会に対し、上記①～③に相応する提言を行うものとしている。提言は、人権保護救済活動にかかわる市民の参加によって作成され、提言を受けた機関は、その対応について国民や住民に説明しなくてはならない。今回の答申には、パリ原則が重視する人権政策提言機能について、このような具体的内容を盛り込むべきであった。

　旧ハンセン病患者の補償請求に関する先の熊本地裁判決[8]、政府によるこの判決に対する控訴断念という事態を契機に、元患者に対する構造的人権侵害を直視し、国が全面補償する途が開かれた。しかし、長年にわたり人間の尊厳を否定されてきた元患者の苦痛は、想像を絶するものがある。ひるがえって、仮に数十年前に、日本に人権委員会が設置されており、当事者参加にもとづく人権政策提言機能をもっていたとすれば、人権委員会はかならず

や元患者に対する長年にわたる構造的な人権侵害を問題とし、政府や国会に対しその改善のため提言を行っていたはずである。このように考えると、社会的・構造的な重大人権侵害状況を改善するため、人権委員会に期待される政策提言機能の重みが理解されよう。

(1) 平成8年法律第120号。平成14年3月25日失効。
(2) 法務省ホームページ　http://www.moj.go.jp/shingi1/shingi_990729-2.html（2011.12.14アクセス）。
(3) 法務省ホームページ　http://www.moj.go.jp/JINKEN/public_jinken04_settlemen00.html　（2011.12.14アクセス）。なお、中間取りまとめの評価については、山崎公士「ぬけ落ちた『当事者の視点』─人権擁護推進審議会の救済制度に関する中間取りまとめについて」『部落解放』481号（2001年2月）参照。
(4) 各会場での公聴会の記録は、法務省ホームページ　http://www.moj.go.jp/shingi1/shingi_kouchokai.html　（2011.12.14アクセス）で入手できる。
(5) パブリックコメントの集計結果は、「人権救済制度の在り方に関する中間取りまとめ」に対する意見について、法務省ホームページ　http://www.moj.go.jp/JINKEN/public_jinken04_result_jinken04-2.html　（2011.12.14アクセス）。
(6) 法務省ホームページ　http://www.moj.go.jp/shingi1/shingi_010525_010525.html　（2011.12.14アクセス）。
(7) 人権教育・啓発推進法については、森実「『人権教育・啓発推進法』の制定について」『人権教育』14号（2001年）参照。
(8) 熊本地裁判決平成13年5月11日『判例時報』1748号30頁

第3章

人権擁護法案

I　人権擁護法案の国会上程

　2002年3月8日に人権擁護法案[1]（以下、「法案」という）が閣議決定され、内閣は同日第154回国会（常会。以下、「通常国会」などという）に法案を提出した。法案は参議院先議とされ、法務委員会で審議されることになった。

　2001年5月25日に人権擁護推進審議会から人権救済答申が出され、また同年12月21日には「人権擁護委員制度の改革について」の追加答申が出された。これらを受ける形で、形式的意味の「人権」行政を担う法務省によって同法案は準備された。しかし、2000年秋に、厚生労働省は「労働分野における人権救済制度検討会議」を設置し、2001年12月20日に「労働分野における人権救済制度の在り方について（報告）」[2]を公表し、労働分野における人権救済に関する厚生労働大臣の権限を明示した。同様に、船員労働関係の人権救済に関し国土交通大臣も権限を主張した。このように、人権救済に関しても、省庁縦割りが解消されなかった[3]。

II　人権擁護法案の概要と特徴

　法案は7章88条からなる。法案の目的は、「人権の侵害により発生し、又は発生するおそれのある被害」（人権侵害被害）の「適正かつ迅速な救済又はその実効的な予防」し、人権尊重の理念の啓発措置を講じ、人権擁護施策を総合的に推進し、「人権が尊重される社会の実現に寄与」すること（第1条）

とされている。このため、法案は第1に人権侵害等を一般的に禁止し、第2に新たな人権救済機関として「人権委員会」の組織体制を定め、第3に人権委員会の救済手続などを規定する。名称は「人権擁護法」[(4)]であるが、その内容は主に人権委員会の組織体制と人権救済手続を定める「人権委員会設置法」である。

1 人権侵害禁止規定

法案第3条は、公務員、物品・サービス提供業者、雇用者などは、「人種等を理由としてする不当な差別的取扱い」などの人権侵害をしてはならない

表 人権擁護法案の概要（人権フォーラム21作成）

1 人権委員会の組織体制

①委員会の性格	三条委員会。法務大臣の所轄に属する。委員長及び委員は独立して職権を行使する。
②委員会の構成	委員長＋常勤委員＋非常勤委員から成る。定数5名。3名が非常勤委員。任期3年。再任可。
③委員の資格要件	人権に関する高い識見を有する学識経験者から選任。一方の性が2名未満になってはならない。
④委員の任命	両議院の同意を経て、総理大臣が任命する。
⑤委員の身分保障	委員長及び委員は、(1)禁錮以上の刑に処せられたとき、(2)心身の故障又は義務違反・非行が認められたとき、(3)任命に対する両議院の承認が得られなかったときを除いては、罷免されない。(2)の認定は、人権委員会の全員一致（本人は除く）で行う。
⑥事務局	委員会には事務局を置く。事務局職員には、弁護士となる資格を有する者を加えなければならない。地方には地方事務所を置く。地方事務所の事務は地方法務局長に委任することができる。

2 救済手続

①一般救済手続	(1)助言、(2)関係機関・団体の紹介、(3)法律扶助に関するあっせん、(4)その他の援助、(5)加害者への説示・啓発・指導、(6)当事者間の調整、(7)関係行政機関への通告、(8)捜査機関への告発	【対象】あらゆる人権侵害
②一般調査	人権侵害の救済又は予防のために必要な調査を行うことができる。関係行政機関に対しては、(1)資料・情報提供要請、(2)意見表明要請、(3)説明要請を行うことができる。	

③特別救済手続	(1)調停・仲裁： 当事者の一方又は双方が申請することができる。職権調停も可。調停委員会・仲裁委員会は人権委員会の委員及び人権調整委員の中から委員長が3名を指名する。少なくとも1名は弁護士となる資格を有する者でなければならない。	【対象】 ①公務員による差別、②事業者による物品・サービス提供等における差別、③事業主による労働者に対する差別、④特定の者に対する悪質な差別的言動、⑤特定の者に対する悪質なセクハラ、⑥公務員による虐待、⑦福祉施設・医療施設等の職員による虐待、⑧学校職員による虐待、⑨児童虐待、⑩DV、⑪高齢者に対する虐待、⑫メディアによるプライバシー侵害・過剰取材（※）、⑬その他被害者自らでは排除できない深刻な人権侵害（※）
	(2)勧告・公表： 行為の中止、被害の救済・予防を勧告できる。勧告に従わない場合は、勧告内容等を公表できる。	
	(3)訴訟援助： 勧告をした事案が訴訟になった場合には、被害者側に資料を閲覧・交付することによって、その訴訟を援助する。人権委員会が訴訟に参加することもできる。	
	(4)差別助長行為停止勧告・差別助長行為差止請求訴訟： 行為の中止や将来同様の行為を行わないことを勧告できる。勧告に従わない場合には、当該行為の中止や将来同様の行為を行わないことを求める訴訟を人権委員会自らが提起することができる。	【対象】 不特定多数の者に対する差別助長行為
④特別調査	(1)出頭命令・質問、(2)文書・資料提出命令、(3)立入調査を行うことができる。拒否した者には30万円以下の過料を課すことができる。	【対象】 特別救済手続の対象となる人権侵害行為のうち、前出③の※を除いたもの。
⑤救済手続に関する特例	(1)労働関係の人権侵害については、厚生労働大臣が人権委員会と同様の調査・救済権限を行使する。（調停・仲裁は紛争調整委員会が行う。） (2)船員労働関係の人権侵害については、国土交通大臣が人権委員会と同様の調査・救済権限を行使する。（調停・仲裁については、船員地方労働委員会が行う。）	

3　特別救済手続の対象となる人権侵害行為の内容

①差　別	人種、民族、信条、性別、社会的身分、門地、障害、疾病又は性的指向を理由とする不当な差別的取扱い。
②虐　待	(1)人の身体に外傷が生じ、又は生じるおそれのある暴行を加えること。(2)人にその意に反してわいせつな行為をすること又は人をしてその意に反してわいせつな行為をさせること。(3)人の生命又は身体を保護する責任を負う場合において、その保護を著しく怠り、その人の生命また身体の安全を害すること。(4)人に著しい心理的外傷を与える言動をすること。

③差別助長行為	(1)人種等の共通の属性を有する不特定多数の者に対して、当該属性を理由として不当な差別的取扱いをすることを助長し、又は誘発する目的で、当該不特定多数の者が当該属性を有することを容易に識別することを可能とする情報を文書の頒布、掲示その他これに類する方法で公然と摘示する行為であって、これを放置すれば、当該差別行為を助長・誘発するおそれがあきらかであるもの。(2)人種等の共通の属性を有する不特定多数の者に対して、当該属性を理由として不当な差別的取扱いをする意思を広告、掲示その他これに類する方法で公然と表示する行為であって、これを放置すれば、当該意思表示を行った者が差別を行うおそれが明らかであるもの。
④メディアによる人権侵害	(1)報道機関等が報道するに当たり、犯罪被害者、犯罪行為を行った少年、犯罪被害者・加害者の家族の私生活に関する事実をみだりに報道し、その者の名誉又は生活の平穏を著しく害すること。(2)犯罪被害者、犯罪行為を行った少年、犯罪被害者・加害者の家族に対する取材をするに当たり、その者が取材を拒んでいるにもかかわらず、その者に対し、つきまとい、待ち伏せ、電話やファクスの送信などの行為を継続的に又は反復して行い、その者の生活の平穏を著しく害すること。

4　人権委員会のその他の機能

①公聴会の開催	必要があると認めるときは、公聴会を開いて、広く一般の意見を聴くことができる。
②公　表	法律の適正な運用を図るため、必要な事項を一般に公表することができる。
③国会への報告	毎年、内閣総理大臣を経由して、国会に対し、事務の処理状況を報告し、その概要を公表しなければならない。
④意見提出	内閣総理大臣や関係行政機関の長、又は内閣総理大臣を経由して国会に対し、必要な事項に関し、意見を提出することができる。
⑤国際協力	所掌事務に関する国際協力を行う。

出所：江橋崇・山崎公士編著『人権政策学のすすめ』学陽書房、2003年、104-105頁

と規定する[5]。ここにいう「人種等」とは、「人種、民族、信条、性別、社会的身分、門地、障害、疾病又は性的指向」（差別禁止事由）（第2条5項）とされる（31頁の**表1**参照）。この規定は一般的禁止規定としての法的効力をもつのか、単なる訓示規定なのか、文言だけからは明らかでない。しかし、法案を作成した法務省当局者は、この規定について、一般的規定としての法的効力を有し、民法上の不法行為責任を問うさいの根拠条文となると明言したと伝えられる。この点はきわめて重要なポイントなので、いずれ国会審議で明らかにされると期待された。仮に法務省当局者の発言通りとすれば、この条

文は、日本の法律で初めて差別を一般的に禁止するもので、画期的であった。だが、法案が2003年に廃案となった（後述Ⅳ3参照）ため、この人権侵害禁止規定が実体法となることはなかった。仮にこの規定を含む法案が成立し、施行されていれば、この規定はその後継続的に整備を進めていくべき差別禁止法体系の出発点となる規定であった。

2 人権委員会の設置と組織体制

　法案は新たな人権救済機関として、国家行政組織法第3条2項にもとづき法務大臣の所轄に属する「人権委員会」を設置することとしていた（法案第5条）。人権委員会の所掌事務は、①人権侵害被害の救済と予防、②人権啓発、民間の人権擁護運動支援、③人権擁護委員の委嘱、養成等、ならびに④所掌事務に関する国際協力等（第6条）とされていた。人権委員会は委員長と委員4人（ともに任期3年）の計5人構成で、そのうち3人は非常勤とされていた（第8条・10条）。人権委員会の委員長と委員は、「人格が高潔で人権に関して高い識見を有する者であって、法律又は社会に関する学識経験のあるもの」のうちから、両議院の同意を得て、内閣総理大臣が任命（第9条1項）し、独立してその職権を行う（第7条）こととされていた。なお、人権委員会の行う調停および仲裁に参与させるため、人権委員会に人権調整委員（任期3年、非常勤）を置くことが予定されていた（第48条）。

　全国的な組織体制に関し、法案は地方人権委員会を設置するという制度設計はとっていない。中央に人権委員会事務局を、また地方には地方事務所を置き、その事務を地方法務局長に委任することを予定していた（第15条・16条）。

3 人権擁護委員制度

　法案は第2章に人権委員会、第3章に人権擁護委員に関する規定を置き、現行の人権擁護委員法（昭和24年法律第139号）は廃止することとしていた（附則第2条1項）。したがって、法案が成立しても、人権擁護委員の委嘱者が法務大臣から人権委員会になるほかは、現行の人権擁護委員制度とほとんど変わらないものと推測された。

4　人権委員会による人権救済手続

　法案によれば、人権委員会は、人権侵害に関する各般の問題について、相談に応じる（第37条1項）。人権侵害の被害を受け、またはそのおそれがある者は、人権委員会に被害の救済または予防（以下、「人権救済」という）を図るため適当な措置を講ずべきことを求めることができる（第38条1項）。また人権委員会は、人権救済の申出がなくてもその必要性を認めるときは、職権で人権救済手続を開始できる（同条3項）。これが人権救済手続に関する基本的な制度設計であった。

　人権委員会の人権救済手続には、「一般救済手続」と「特別救済手続」が予定されていた。一般救済手続とは、あらゆる人権侵害を対象とする、①助言、②他の機関・団体の紹介、③法律扶助に関するあっせん、④その他の援助、⑤加害者に対する説示・啓発・指導、⑥被害者と加害者との調整、⑦関係行政機関への通告、⑧捜査機関への告発などの救済手法である（第41条1項）。これらに付随して、人権委員会は必要な任意調査（「一般調査」）を行うことができる（第39条1項）。一般救済手続や一般調査は任意的なもので、加害者への強制性はない。

　これに対し、特別救済手続はより実効性の高い救済措置である。対象とされるのは、①公務員による差別、②事業者による物品・サービス提供等における差別、③事業主による労働者に対する差別、④特定の者に対する悪質な差別的言動、⑤特定の者に対する悪質なセクシュアル・ハラスメント、⑥虐待[6]、⑦メディアによるプライバシー侵害・過剰取材、ならびに⑧これらに準じる人権侵害で、被害者が自らその排除または被害回復のため適切な措置を執ることが困難であると認められるもの、に限られる[7]。これらの重大で深刻な人権侵害に関し、①調停・仲裁、②勧告・公表、③訴訟援助という手法で被害者を救済するのが特別救済手続である（第42条）。

　この特別救済手続に付随して、人権委員会は出頭要求、資料提出要求、立入調査などの「特別調査」を行うことができる（第44条1項。ただし、⑦メディアによるプライバシー侵害・過剰取材はこの対象外）ものとされていた。これを拒絶したり妨害した者に対しては、30万円以下の過料を科すものとされていた（第88条）。

ところで、法案は、以上に加えて、差別助長行為停止勧告（第64条）および差別助長行為差止請求訴訟（第65条）という特種な特別救済手続を規定していた。前者は、第3条2項に規定する「文書配布等による差別助長行為」および「広告・掲示等による差別的取扱い」であって、「これを放置すれば当該不当な差別的取扱いをする」ことを助長・誘発するおそれ、またはこれをする意思表示者が当該不当な差別的取扱いをするおそれがあることが明らかである「差別助長行為」（第43条）をやめ、将来行わないことの人権委員会による勧告である。後者は、差別助長行為者がこの勧告に従わない場合に、その行為をやめ、将来行わないことを請求する人権委員会が提起する訴訟である。この規定によって、たとえば部落地名総鑑の頒布や、「外国人お断り」といった差別的意思表示が行われ、それを放置すれば、実際に差別が行われるおそれが強い場合には、人権委員会がこれら差別助長行為の中止を勧告し、相手がそれに従わないときは、裁判所に対して差別助長行為の中止を請求する訴訟を提起できることになる[8]。この救済手続は、これまでの日本の法制度にはみられなかったまったく新しい手法であり、注目された。

5　人権委員会によるその他の権能

　法案は人権救済および人権啓発という人権委員会の機能に加え、①職務遂行上必要な場合における公聴会の開催（第17条）、②職務遂行の結果の公表（第18条）、③国会に対する報告（第19条）、ならびに④内閣総理大臣等または国会に対する意見の提出（第20条）の機能も人権委員会に与えていた。

Ⅲ　人権擁護法案の問題点

　法案は日本における新たな人権救済制度を創設し、その実施機関である人権委員会の設置を予定していた。しかし、法案の規定や人権委員会の制度等についてはさまざまな問題点が指摘された。以下で、国際人権法の視点からみた法案の問題点を考えてみたい。

1　法案の特徴

　前述のように、法案の主な内容は人権委員会の組織体制と人権救済手続を定める人権委員会設置法である。法案は人権救済制度を整備する日本で初めての法律であるのでやむをえない面もあるが、本来なら、人権委員会を設置する法律とともに、日本国憲法第3章の人権規定および日本が批准または加入した人権諸条約上の人権規定を具体化する人権法または人権侵害禁止法も制定すべきであった。

　法案が包括的な人権法でなく人権委員会設置法であることは、第3条の人権侵害禁止規定の文言からも明らかである。人権法であれば、「すべての者は……の権利（自由）を有する」、あるいは「すべての者は……の権利（自由）を侵害されない」のように、人権享受主体を主語として、保障される権利（自由）の内容を規定する形式をとる。しかし、この法案の場合は、「何人も、他人に対し、次に掲げる行為その他の人権侵害をしてはならない。」（第3条1項）のように、人権侵害を行う可能性のある者を主語とし、禁止される人権侵害の類型を列挙する形をとっている。

2　人権・人権侵害の定義の明確化

　法案第2条1項では、「人権侵害」の定義はされているが、「人権」そのものの定義はなされていない。新設される人権委員会の判断基準を明確にし、また人権の範囲が恣意的に矮小化されることを防ぐためにも、明確な「人権」の定義が必要である。たとえば、韓国で2001年に制定された「国家人権委員会法」[9]第2条1項[10]などを参照し、「この法律において『人権』とは、日本国憲法及び法律が保障する権利、並びに日本が批准し又は加入した人権に関する条約に規定される権利をいう。」のように、国際人権基準も盛り込む形で「人権」を明確に定義すべきある。

3　人権侵害類型――公権力による人権侵害の不在

　法案は法務大臣の諮問機関である人権擁護推進審議会が2001年5月に提出した人権救済答申にもとづいて法務省によって策定された。この答申では、「差別」「虐待」「公権力による人権侵害」「メディアにる人権侵害」の人

権侵害の4類型が提示された。しかしながら、答申における人権侵害の4類型は法案に反映されなかった。公権力による人権侵害類型は独立した類型とされず、公務員等による差別的取扱い（第3条1項1号イ）や虐待（同項3号）という類型の中に巧みに融合されたからである。この点に関連して、日本は拷問等禁止条約を批准しているので、「虐待」とは別に、同条約第1条を踏まえて、公務員による「拷問」という類型を法案に盛り込むのが妥当である。また、救済手続に関しても、公権力による人権侵害にかかる独立した規定をもたず、私人間の人権侵害と同列に扱われていた。

　このように法案では、人権侵害類型に関しても、救済手続に関しても、公権力による人権侵害が重視されていなかった。メディアによる人権侵害が独立した人権侵害類型として規定されたこととあわせて考えると、この点は特異な印象を受ける。

4　人権委員会の独立性

　法案が設置を予定していた人権委員会は国内人権機関の一種である。国内人権機関が人権侵害を受けた者を実効的に救済できるか否かは、機関の政府からの独立性にかかっている。

　ここでは、パリ原則および国内人権機関づくりの『手引き書』（国連作成）[11]に照らして、法案の問題点を指摘しよう。

(1)　組織的独立性

　法案における人権委員会は、人権擁護法により、国家行政組織法第3条にもとづく独立行政委員会として設置されるので、国内人権機関の権限は憲法または法律によって明確に規定することを求めるパリ原則の要件は満たし、また形式的な独立性は確保されている。ただし、人権委員会は公権力による人権侵害に関する人権救済も扱うので、政府のいかなる省庁からも実質的に独立した存在でなればならない[12]。

　ところが法案では、人権委員会は法務省の下に置かれることになっており、その事務局は既存の同省人権擁護局および地方法務局の人権擁護部（課）を改組して組織することになっていた。人権委員会を法務省所管とすれば、公権力による人権侵害を実効的には救済できない[13]。なぜなら、暴行・虐待

等が問題視されている刑務所・拘置所や入管施設など被拘禁施設の多くは、法務省の入国管理局や矯正局の管轄下に置かれているため、人権委員会を法務省所管とすれば、これら機関と同じ組織体系に属することになり、被拘禁施設内での公権力による人権侵害について、人権委員会が実効的な調査権限や救済権限を及ぼすことができないおそれが濃厚である。

さらに、この組織体制では、縦割り行政の中で人権委員会の権限行使が抑制される可能性がある。人権問題は法務省以外でも厚生労働省、文部科学省等の多くの省庁の行政に関連するので、人権委員会は法務省ではなく、他の省庁よりも一段上位にあって総合調整機能を果たす内閣府の下に設置するのが妥当である[14]。

(2) 構成を通じての独立性

パリ原則は国内人権機関の構成に関して、社会集団の多元的な代表を確保すべきものとしている。しかし法案では、人権委員会の委員は「人格が高潔で人権に関して高い識見を有する者であって、法律又は社会に関する学識経験のあるもの」(第9条1項)から任命するものとされ、「委員長及び委員のうち、男女のいずれか一方の数が2名未満とならないよう努めるものとする」(同条2項)という条件を付しているにすぎなかった。ジェンダーバランスに配慮した点は評価できるが、識見や学識だけでなく、「人権に関する活動に従事した経験」を要件に加え、また人権侵害の当事者団体や人権NGO/NPOのメンバーなどを積極的に委員に採用できるようにし、社会の多元性を反映した人権委員会構成をとれる体制とすべきである[15]。

5 人権委員会の明確な管轄権

パリ原則は国内人権機関にできる限り広範な権限を与えるよう求めている。人権擁護推進審議会による人権救済答申は、メディアによる人権侵害も含め、公権力による人権侵害についても私人間の人権侵害についても、これを救済対象とする方針を示した。しかしながら、法案では、労働関係の人権侵害に対する救済権限を厚生労働大臣に委ね、船員労働関係の救済権限を国土交通大臣に委ねた(法案第5章「労働関係特別人権侵害及び船員労働関係特別人権侵害に関する特例」)。また、人権教育・啓発に携わるべき人権委員会の

所掌事務は、法案では「人権啓発」に限られ、文部科学省所管の「人権教育」は含まれていなかった（第6条2号）。

このような省庁割拠主義的な制度設計では、当事者の納得のいく人権救済は図ることはできず、従来のように、縦割り行政の狭間で被害者に泣き寝入りを強いることになる。人権問題に関する独立行政委員会である以上、人権委員会の所轄範囲を限定すべきではない。すべての人権問題は第一次的には人権委員会に委ねるべきである。ましてや、国務大臣と独立行政委員会としての人権委員会を同列視し、厚生労働大臣などに人権委員会同様の調査権限や救済権限を与えることは、パリ原則からの明らかな逸脱と言わざるを得ない。

6　人権委員会の利便性

『手引き書』は、国内人権機関が、物理的にも心理的にも利用（アクセス）しやすい存在であるべきことを強調する[16]。国内人権機関は、市民から信頼され利用しやすい存在でなければ、人権救済の実があがらないからである。

ところが、法案によって設置を予定していた人権委員会は、中央に一つしか置かれず、その委員会が全国の人権問題を一手に処理し、すべての意思決定を行うことになっていた（第5条）。この制度設計では、自治体が人権委員会の救済手続に関与できる余地はほとんどなく、また地方事務所の事務を地方法務局長に委任することを認める規定（第16条3項）が置かれるなど、集権的な事務運営を行うことが予想された。人権問題は、地域に根ざした人々の日常生活の中で、その土地の地域性や慣習、歴史などを背景として生じる場合が多いことを考えれば、このような中央集権的な組織体制は効率的でないばかりか、非現実的でさえある。

全国各地で生起する人権問題を効果的に解決していくためには、各都道府県および政令市ごとに地方人権委員会を設置し、国に置く中央委員会から独立した救済権限を与えるべきである。これは分権化の推進という時代の要請や、人権問題の実情に適合する現実的な制度設計である。

なお、この場合の中央人権委員会と地方人権委員会の所掌に関しては、前者が、①複数の都道府県・政令市にまたがる人権侵害・差別事案、②国家公務員または国の行政機関による公権力の行使に伴う人権侵害・差別事案、お

よび③深刻で重大な人権侵害・差別事案等を扱うこととし、後者は、①中央人権委員会の所掌する事案以外のすべての人権侵害・差別事案、②当該都道府県または政令市住民のかかわる事案、および③当該地方で生じた事案、をそれぞれ扱うこととするのが妥当である。

7　メディアによる人権侵害

　法案では、マスメディアの報道によってプライバシー侵害や名誉毀損の被害を被った者や過剰な取材を受けた者による人権救済の申出が認められており、人権委員会はその申出を受けて、勧告・公表などの特別救済手続を執ることができることとされていた（第42条1項4号）。しかし、プライバシー侵害や過剰取材の要件や判断基準が明確でなく、人権委員会の恣意的な判断で、マスメディアに圧力が加えられる危険性が否定できない。

　表現の自由や報道の自由は、民主主義社会を支える支柱であり、これが不当に侵されるような余地を与えてはならない。人権委員会も行政機関であることに変わりはなく、人権委員会が一方的な判断によってマスメディアの報道内容や取材方法を人権侵害であると認定し、その中止などを勧告することがあれば、報道の自由や知る権利が侵されるおそれがある。パリ原則も『手引き書』も、国内人権機関がメディアによる人権侵害事案を扱うことを想定していない。諸国の国内人権機関でも、メディアに起因する人権侵害にかかる救済を扱う事例はみられない。

　したがって、メディアによる人権侵害については、メディア側の自主的な救済策に委ね、人権委員会による特別救済手続の対象からは一切除外すべきである。

8　意見・勧告表明、提言機能

　国内人権機関の機能のうちパリ原則がもっとも重視しているのは意見・勧告表明、提言機能である。諸国の国内人権機関においても、個別事案の法的解決を図る司法機関とは異なり、人権問題の根底に潜む構造的な課題の解決に向けて積極的な提言等を行っている[17]。人権委員会の機能としても、この提言等の機能は重視されて然るべきところである。

　法案では、人権委員会の権能の一つとして、内閣総理大臣や関係行政機関

の長、または国会に対する意見提出権を規定していた。しかし、人権委員会が政府から真に独立した存在となるためには、意見の提出にとどまらず、政策提言の機能をもたせるべきである。具体的には、前述（6参照）したように中央人権委員会と地方人権委員会を設置することとした場合でいうと、中央人権委員会は、国会および内閣に対し、たとえば、①人権教育・啓発にかかる政策のあり方、②人権問題にかかる法令の制定・改廃、③人権政策の実施にかかる行政慣行の変更、④人権諸条約の批准または加入、⑤国連および諸外国の人権機関との協力、⑥人権諸条約上提出が義務づけられている政府報告書の作成、などについて提言を行い、地方人権委員会は、都道府県または政令市の首長ならびに議会に対し、相応する提言を行うことなどが想定される。

同時に、人権委員会が意見提出や提言を行った場合には、その名宛人である行政機関の長や国会に、意見または提言に対する応答義務と説明責任があることも明記すべきである。

Ⅳ　人権擁護法案の国会審議の経緯

1　法案趣旨説明・質疑

2002年4月24日の参議院本会議で、当時の森山眞弓法務大臣は人権擁護法案について以下の趣旨説明[18]を行った。

> 人権擁護法案につきまして、その趣旨を御説明いたします。
> 我が国におきましては、日本国憲法の下、すべての国民は基本的人権の享有を妨げられず、個人として尊重され、法の下に平等とされております。しかし、今日におきましても、不当な差別、虐待その他の人権侵害がなお存在しており、また、我が国社会の国際化、高齢化、情報化の進展等に伴い、人権に関する様々な課題も見られるようになってまいりました。
> このような情勢にかんがみ、平成8年12月、人権擁護施策推進法が制定され、この法律によって設置された人権擁護推進審議会におきまして、人権が

侵害された場合における被害者の救済に関する施策の充実に関する基本的事項について調査審議が重ねられてまいりました。そして、同審議会により、平成13年5月に人権救済制度の在り方についての答申がされ、同年12月に人権擁護委員制度の改革についての追加答申がされました。
　そこで、この人権擁護推進審議会の答申を踏まえ、人権の世紀と言われる21世紀において、現行の人権擁護制度を抜本的に改革し、独立行政委員会である人権委員会の下に、人権侵害による被害の実効的な救済と人権啓発の推進を図るため、この法律案を提出する次第であります。
　この法律案の要点を申し上げますと、第1に、不当な差別、虐待その他の人権侵害をしてはならないことを明らかにしております。
　第2に、新たに独立の行政委員会としての人権委員会を法務省の外局として設置することとしております。人権委員会の委員長及び委員は、両議院の同意を得て内閣総理大臣が任命するものとし、その職権行使の独立性を保障することとしております。
　第3に、人権擁護委員について、答申を踏まえて所要の規定を整備し、現行の人権擁護委員法は廃止するものとしております。
　第4に、人権委員会を主たる実施機関とする人権救済制度を創設し、その救済手続その他必要な事項を定めております。
　この人権救済制度には、あらゆる人権侵害を対象として任意の調査及び救済を行う一般救済手続と、不当な差別、虐待等について、過料の制裁を伴う調査をし、調停、仲裁、勧告、公表、訴訟援助を行う特別救済手続とを設けております。報道機関による犯罪被害者等に関する一定の人権侵害についても、表現の自由に十分配慮しつつ、特別救済手続の対象とします。なお、労働分野における人権侵害については、厚生労働大臣及び国土交通大臣もこの人権救済手続を行うこととしております。
　第5に、この法律は、平成15年4月1日から同年7月31日までの範囲内において政令で定める日から施行することとしております。
　以上が、この法律案の趣旨であります。
　何とぞ、慎重に御審議の上、速やかに御可決くださいますようお願いいたします。

その後の同年7月23日、参議院法務委員会で森山法務大臣が法案の趣旨説明を行った[19]。しかし、同月31日に第154回通常国会は閉会し、法案は実質審議されることなく、継続審議とされた。

第155回臨時国会では、2002年11月7日の参議院法務委員会で、法案の審査のため、同月12日に参考人の出席を求め、その意見を聴取することとされ、また中川義雄（自由民主党）、江田五月（民主党・新緑風会）、浜四津敏子（公明党）、井上哲士（日本共産党）、平野貞夫（自由党）、福島瑞穂（社会民主党）の各議員が質問に立ち、法務大臣や法務省人権擁護局長等との間で質疑応答がなされた[20]。これは法案に関する最初の実質審議であった。

2 法案に関する参考人質疑

同年11月12日、参議院法務委員会で法案に関する参考人質疑[21]がなされた。参考人は、塩野宏（東亜大学通信制大学院教授（当時。以下同じ））、石井修平（日本テレビ放送網株式会社報道局長）、岡村勲（弁護士・全国犯罪被害者の会代表幹事）、藤原精吾（弁護士・日本弁護士連合会国内人権機関に関するワーキンググループ座長）、茗荷完二（全国自由同和会会長）および山崎公士（人権フォーラム21事務局長・新潟大学法学部教授）であった。

3 再度の継続審議と廃案

参議院法務委員会では、参考人質疑後さしたる審議はなされないまま同年12月13日に第155回臨時国会は閉会となり、法案は再度継続審議とされた。

2003年の第156回通常国会および第157回臨時国会でも法案は実質審議されず、同年10月10日の衆議院解散に伴い、法案は自動的に廃案となった。

V 名古屋刑務所事件と公権力による人権侵害の表面化

ところで、2002年10月以降、名古屋刑務所などでの受刑者に対する暴行・虐待の実態が表面化した。

名古屋、府中、大阪、横須賀の4刑務所で、過去10年間に死亡した260人の受刑者のうち、病死、老衰ではない「変死」が100人にも上ると伝えら

れた(『読売新聞』2003年3月14日付)。名古屋刑務所等における公権力による人権侵害は国会審議を契機として発覚し、大々的に報道されたため、参議院法務委員会での法案審議に大きな影響を及ぼした。11月12日における同委員会での参考人質疑でも大きく取り上げられ、法案が設置予定の人権委員会を法務省の下に置くのは妥当でないことが、一層浮き彫りになった。

　名古屋刑務所事件の波及効果を懸念した政府は、本件の原因を解明し、国民の不信を払拭するため調査し、抜本的な再発防止策を検討・策定するため、2003年2月、法務省に「行刑運営に関する調査検討委員会」を設置し、3月31日に「行刑運営の実情に関する中間報告」を公表した。中間報告は職員の人権意識の欠如を指摘し、また6か月以内に皮手錠を廃止し、民間識者による「行刑改革会議」を発足させるとの方針を示した。同会議は2003年12月に「行刑改革会議提言～国民に理解され、支えられる刑務所へ～」[22]を公表した。

　その後、この提言をもとに、1908年制定の監獄法が約100年ぶりに改正され、「刑事施設及び受刑者の処遇等に関する法律」(平成17年法律第50号、2006年5月24日施行)が成立、さらに2006年の改正法(平成18年法律第58号)により「刑事収容施設及び被収容者等の処遇に関する法律」と改称された(2007年6月1日施行)。同法は、受刑者に対する矯正処遇として、作業のほか改善指導および教科指導を明確に位置づけ、規律を緩和するとともに外部交通を拡大し、刑事施設視察委員会を創設するなど画期的内容を含むものとなっている。

---

(1) 人権擁護法案(第154回閣法第56号) http://www.shugiin.go.jp/itdb_gian.nsf/html/gian/honbun/houan/g15405056.htm (2011年12月14日アクセス)。

(2) 「労働分野における人権救済制度の在り方について(報告)」 http://www.mhlw.go.jp/shingi/0112/s1220-4.html (2011年12月14日アクセス)。

(3) 第154回国会参議院本会議(2002年4月24日)における森山法務大臣による人権擁護法案の趣旨説明に対する代表質問で、福山哲朗(民主党・新緑風会)議員は、「……人権擁護推進審議会の答申においても、解決が困難な一定の事案については人権救済機関が積極的に救済を行うとされていた以上、すべての領域の人権救済は人権委員会で一元的に行われるべきであります。にもかかわらず、厚

生労働省や国土交通省で特別救済を行う旨の特例を設けられたのは、これまた人権委員会を法務省の外局としたことから生じた縦割り行政からくる弊害以外の何物でもないではありませんか。」と指摘している（第154回国会参議院本会議会議録第20号。詳細は「国会会議録検索システム」 http://kokkai.ndl.go.jp/)。また、日本弁護士連合会も、2002年3月15日の「人権擁護法案に対する理事会決議」で、「労働分野での女性差別や退職強要・いじめ等の人権侵害については、厚生労働省の紛争解決機関に委ねてしまい、特別人権侵害調査などの権限は厚生労働大臣（船員は国土交通大臣）にあるものとされ、この分野における救済機関の独立性は全く考慮されていない。今ある都道府県労働局長による指導・助言や紛争調整委員会によるあっせん・調停は、人権侵害被害者の視点に立っておらず、実効ある役割を果たしていないとの批判があり、労働分野を人権委員会から切り離す理由はない。」との見解を表明した（http://www.nichibenren.or.jp/activity/document/opinion/year/2002/2002_4.html（2011年12月14日アクセス））。

(4) この名称は次の理由によると思われる。①「人権侵犯事件の調査・被害の救済・予防、人権啓発等、人権擁護委員に関すること、ならびに人権相談に関すること」は法務省の所掌事務とされ（法務省設置法第4条26〜29号）、このため同省に人権擁護局が置かれている（法務省組織令第2条）こと、②「人権擁護」は法務省の所掌事務であるので、人権救済制度のあり方を審議した人権擁護推進審議会は法務省に置かれたこと（法務省設置法附則2項）、③法案で設置を予定する人権委員会は法務大臣の所管とされ（法案第5条2項）たこと、④現行の人権擁護委員法（昭和24年法律第139号）を廃止し、この内容を法案第3章に規定する（法案附則第2条）こと。

(5) 人権侵害禁止事由として限定列挙されたのは、「人種、民族、信条、性別、社会的身分、門地、障害、疾病又は性的指向」（法案第2条5項）である。「性的指向」（sexual orientation）が禁止事由に入ったことは評価できるが、「国籍、婚姻上の地位、家族構成、性的自己認識、病原体の保持」も列挙すべきであるとの意見がある。

(6) (a)公務員、(b)社会福祉施設や医療施設の職員、(c)学校職員による、①身体的虐待、②心理的虐待、③性的虐待、④ネグレクト（必要な保護を怠ること）、及び（ア）配偶者、（イ）高齢者、（ウ）児童に対する①から④の虐待行為。

(7) ①〜⑥の類型については、第Ⅰ部第4章表1人権擁護法案第3条の人権侵害禁止規定参照。

(8) 梓澤和幸・佐久間達哉・田島泰彦「座談会 人権擁護法案の検討」『法律時報』74巻8号（2002年7月）参照。

(9) 金東勲訳「韓国の『国家人権委員会法』」『部落解放研究』143号（2001年12月）、申先雨「韓国『国家人権委員会法』の成立と施行経過」『独協法学』59号（2002年12月）参照。

(10) 「この法律において『人権』とは、憲法、大韓民国が批准し又は加入した国際条約、国際慣習法及び法律に基づきすべての人が有する自由及び権利をいう。」。

⑪　Centre for Human Rights, National Human Rights Institutions, A Handbook on the Establishment and Strengthning of National Human Rights Institutions for the Promotion and Protection of Human Rights ("Handbook"), U.N. Doc. HR/P/PT/4, 1995. 国連人権センター著／マイノリティ研究会訳（山崎公士監修）『国内人権機関―人権の伸長と保護のための国内機関づくりの手引き書』（解放出版社、1997年）。

⑫　Handbook, *supra* note 11, para. 70.

⑬　1998年11月の自由権規約の日本政府第4回報告書に対する最終所見で、「特に委員会は、警察や入国管理局職員による虐待の申立を、調査と救済のために持ち込むことができる独立の機関がないことに懸念をもっている。委員会は、日本がそのような独立の機関を速やかに設置するよう勧告する。」と指摘されたことを想起する必要がある（U.N. Doc. CCPR/C/79/Add.102, para.10.）。

⑭　食品安全委員会は、「重要性と独立性の観点から」内閣府に設置された（「食品安全委員会(仮称)の概要について」平成14年6月11日・食品安全行政に関する関係閣僚会議、http://www.kantei.go.jp/jp/singi/shokuhin/kettei/020611_1.pdf）。また、公正取引委員会も、通信部門の競争を促し、同委員会の独立性を強化する観点から、平成15年度に郵便事業を所管する総務省から内閣府に移管された。

⑮　オーストラリアの連邦・人権及び機会均等委員会（現、オーストラリア人権委員会）が一つのモデルである。川村暁雄「オーストラリア人権及び機会均等委員会」NMP研究会・山崎公士編著『国内人権機関の国際比較』（現代人文社、2001年）参照。

⑯　Handbook, *supra* note 11, paras. 98-105.

⑰　川村暁雄・前掲注⑮、および金子匡良「カナダ人権委員会」『国内人権機関の国際比較』前掲注⑮、参照。

⑱　第154国会参議院本会議会議録第20号（前掲注⑶「国会会議録検索システム」）。

⑲　第154国会参議院法務委員会会議録第19号（前掲注⑶「国会会議録検索システム」）。

⑳　第155国会参議院法務委員会会議録第4号（前掲注⑶「国会会議録検索システム」）。

㉑　第155国会参議院法務委員会会議録第5号（前掲注⑶「国会会議録検索システム」）。

㉒　http://www.moj.go.jp/shingi1/kanbou_gyokei_kaigi_index.html　（2011年12月14日アクセス）。

第4章
人権擁護法案への批判と政府・与党の対応

I 人権擁護法案へのメディアの反発

　人権擁護推進審議会における人権救済施策の審議は1999年9月に開始されたが、2000年11月の「中間取りまとめ」を経て2001年5月の人権救済答申に至るまで、一部の報道を除けばメディアに取り上げられることは少なかった。しかし、2001年〜2002年の間に、新聞・雑誌・放送等のメディアは、人権擁護法案（以下、「法案」という）と個人情報保護法[1]案[2]に猛反発した[3]。プライバシー侵害・過剰取材行為を受けた者を「特別救済手続」の対象とする旨が法案に規定されたことがこうした反発の直接的契機である。もっとも、その底流には、1999年3月に所沢のダイオキシン報道[4]などをきっかけに「報道と人権等のあり方に関する検討会」が自民党内に設置され、同年8月、報道による人権侵害についてメディアによる自主的規制の実効性が上がらないのであれば、法による規制も選択肢であるとの報告書が同検討会から出されたという事実が存在する[5]。また同年10月には、法務省人権擁護局の担当者が日本新聞協会に対し、「行政命令による記事の事前差止も検討したい」と発言し、抗議を受けて撤回する事態も起こった[6]。
　以上の経緯を踏まえ、メディアは法案に強い警戒心を抱いていた。こうした背景の下に、表現の自由・報道の自由を脅かすおそれがある規定が法案に明記されたため、メディアは猛反発をみせ、人権擁護法案のメディア規制的部分を強調する報道を繰り返した。その結果、人権擁護法案は個人情報保護法案とともに、「メディア規制法」であるかの印象が定着しつつあった。
　なお、2002年3月7日（法案の国会上程前日）に、日本新聞協会・日本民

間放送連盟・日本放送協会は、「人権擁護法案に対する共同声明」[7]を公表した。法案に反対する理由が明快に示されているので、その全文を下記に掲げる。

　日本新聞協会、日本民間放送連盟、日本放送協会の新聞、通信、放送320社は、政府が国会へ提出する人権擁護法案に対し、共同の見解を表明する。
　人権擁護法案は、人権侵害事件の救済手続きとして、従来の制度と同様の「一般救済」と、踏み込んだ対応を行う「特別救済」の2つを設け、「報道による人権侵害」をこのうち特別救済の対象とした。われわれが再三異議を述べたにもかかわらず、「差別」「虐待」と同列に並べて「報道による人権侵害」を特別救済の対象に加えたことは、極めて遺憾である。
　しかも法案は、「報道による人権侵害」の類型の1つに「過剰な取材」を挙げ、取材を拒む被害者や容疑者の家族らを継続して「待ち伏せし、見張ること」などのほか、繰り返し「電話をかけ、ファクシミリを送信すること」が「過剰な取材」に当たると明文化している。
　「過剰な取材」とみなされれば、政府の機関として新設される人権委員会が取材停止の勧告などを行い、場合によっては勧告内容の公表に踏み切ることになる。
　電話やファクシミリをどの程度繰り返せば「過剰な取材」となるのか、その線引きはもっぱら人権委員会の判断に委ねられ、報道側からの不服申し立ての規定は設けられていない。
　このような制度は、政府機関による報道への不当な干渉につながりかねず、国民の知る権利に応えるための「熱心な取材」「粘り強い報道」にブレーキをかける危険がある。現状の法案を容認することはできないと、われわれは言わざるを得ない。
　近年、われわれは、人権擁護のさまざまな取り組みを自主的に実行してきた。日本新聞協会は一昨年、新聞倫理綱領を改定し、同協会に加盟する新聞・通信各社の間では、社外の第三者によるチェック機関の設置など、各社独自の対応も相次いだ。一方、日本民間放送連盟の放送各局と日本放送協会は5年前に第三者機関の「放送と人権等権利に関する委員会機構」(BRO)[8]を設け、人権救済の勧告や公表を自主的に行ってきた。

さらに、日本新聞協会、日本民間放送連盟、日本放送協会の3者は現在、連携して、事件や事故の際に見られる集団的過熱取材の弊害を防ぐための協議を進めている。

われわれは、今後も連携を一層強め、改めるべき点は自らの手で改善していく決意である。

人権擁護法案の国会審議に当たっては、以上を踏まえ、取材・報道活動が不当に規制されない、報道の自由に十分配慮した制度がつくられることを強く求める。

なお、同年3月15日、日本弁護士連合会は「人権擁護法案に対する理事会決議」[9]を採択し、「独立性の保障されていない人権委員会が、メディアに対し調査を行い、取材行為の停止等を勧告する権限を有することは、民主主義社会において不可欠である市民の知る権利を侵害するおそれが強く、極めて問題である。」と表明した。

このほか、2002年3月〜4月の間に、個人情報保護法案、青少年有害社会環境対策基本法案とともに法案をメディア規制法案（あるいはメディア規制3点セット）とみたメディア関係者・団体は、法案のメディア規制的な側面を問題とする下記の公開シンポジウムを相次いで開催した。

＊緊急・公開シンポジウム「人権擁護法案を考える〜法規制とメディアの自律」（日本民間放送連盟・日本新聞協会・日本放送協会の共催、3月25日、東京都）
＊シンポジウム「どうなる、日本の人権救済〜人権委員会は使えるか？」（人権フォーラム21主催、3月30日、東京都）
＊シンポジウム「これでいいのか？人権擁護法案〜独立性に重大な疑問」（日本弁護士連合会主催、4月11日、東京都）
＊シンポジウム「メディア規制法」（共同通信労働組合主催、4月27日、東京都）

法案にはメディアの取材活動を制約しかねない規定が盛り込まれており、この点は大きな問題点であった。しかし、新聞・雑誌・テレビ等のメディアがこの側面のみを強調し、人権救済制度の確立と政府から独立した新たな人権救済機関としての人権委員会の設置という、法案本来の目的を十分に報道

しなかったのは、きわめて遺憾な事態であったと言わざるをえない[10]。

II 法案廃案後の政府・与党の対応

　2003年10月の衆議院解散で法案は自動廃案となった。その後2004年末に法案を2005年の第162回通常国会に一部修正を加えた上で再提出する方針が政府・自民党（当時の与党）で固められた。主な修正点は、①「報道規制につながる」との反対論があったメディアによる人権侵害を特別救済手続の対象とする規定を「凍結」し、②法律施行から一定期間が経過した後に必要な見直しを行う、というものであった。

　しかし、法案の国会再上程の動きに対し、①法案が設置予定の「人権委員会」を法務省の下に置くと独立性が確保できず、刑務所・入管施設等で起きる人権侵害に適切に対処できない、②メディアの取材・報道を萎縮させかねない規定が盛り込まれている、との理由で、人権団体等やメディアは強く反発した。

　こうしたなか、2005年3月10日の自民党の法務部会・人権問題等調査会合同会議で、①法案における人権侵害の定義はあいまいで、憲法が保障する表現の自由などに反する、②人権委員会の下で人権救済活動にあたる「人権擁護委員」の選考過程が不透明で、国籍条項も撤廃されるのは問題だ、などの強い意見が出され、法案の国会上程を党内決定できない状況となった。同年の通常国会は同年8月上旬まで55日間と大幅会期延長されたが、この年の通常国会に法案は、結局、再上程されなかった。

　法案は差別や虐待など人権侵害された者を簡易、迅速に、無料で、実効的に救済するため、「人権委員会」を設置することを目的とするものであった。しかし、法案をめぐる2004年末から2005年春にかけての一部政治家や論者による論調は、本筋から逸れた方向に進んだ。

　2006年4月7日、杉浦法務大臣は閣僚懇談会で、法案の2006年第164回通常国会への提出を断念し、メディアによる人権侵害にかかる救済に関する規定等を大幅に見直して次期通常国会で再提出をめざすと報告した。同大臣は報道機関の取材を規制することとなる規定の見直しに向けて、報道機関と

法務省による協議を開始した。なお、小泉政権末期の同年8月、同大臣は法案を次の通常国会に提出するよう「ポスト小泉政権」に求めると表明した。
　2006年9月に安倍内閣が発足したが、同年中は法案をめぐってとりたてた動きはなかった。2007年1月31日、安倍首相は、第166回通常国会の参議院本会議で、「まずは（これまでの）議論を一つ一つしっかりと吟味しながら、慎重の上にも慎重な検討を行うことが肝要」と答え、法案提出に難色を示した。
　2007年9月26日に福田内閣が発足した。同年10月24日、鳩山邦夫法務大臣は第168回国会衆議院法務委員会で、「さまざまな問題点をクリアできる方法を考え、人権擁護法案は国会に再提出したいと考えている。日本に人権擁護法案がないというのは実に情けないことではないか」と答弁した。これに呼応し、同年12月3日、自民党・人権問題等調査会（以下、「調査会」という。会長・太田誠一元総務庁長官）は、党本部で約2年7か月ぶりに活動を再開し、法案について検討を開始した。
　2008年1月23日、福田首相は第169回通常国会の参議院本会議で、「人権擁護を推進するための法整備については、人権擁護推進審議会の答申や人権擁護施策推進法の附帯決議などを受けて与党内においても様々な御議論がなされておりますが、政府としては、こうした議論を踏まえつつ、引き続き真摯な検討を行ってまいります。」と答弁した。その後、同年2月13日に、前年12月に活動を再開した自民党・人権問題等調査会が再開後の第1回会合を行い、審議会の人権救済答申の内容を具体化する方向性を確認した。

Ⅲ　法案への保守派の反発

　安倍内閣は法案に消極的態度をとっていたが、福田内閣はいったん廃案となった法案について前向きな態度を示し、自民党の調査会も活動を再開した。こうした情勢に危機感をもった保守派政治家等は、2008年2月15日に、真・保守政策研究会（中川昭一会長）を結成し、法案反対の観点から勉強会を開催した。講師として出席した百地章日本大学教授は同法案を「憲法違反」と断じ、危険性を訴えた[11]。

同年2月29日、調査会第3回会合で、法務省が法案の経緯や概要を説明したが、反対派による反対論が噴出した。同年3月10日には、平沼赳夫、中川昭一両氏ら国会議員12人が、法案に反対する集会を都内で開催した。
　こうした中、調査会は会合を重ねた。同年3月12日の第4回会合で、塩野宏東京大学名誉教授から人権救済制度についてヒアリングを行い、同14日の第5回会合では、百地章日本大学教授と筆者から人権救済制度についてヒアリングを行った[12]。同19日の第6回会合では、全国人権擁護委員連合会長の滝田三良弁護士から人権救済制度についてヒアリングを行った。
　調査会は同年6月20日までに16回会合し、法務省や専門家の意見を聴いた。調査会で意見を述べた法務省や専門家の多くは、人権救済制度や法案の必要性について語った。しかし、発言した議員の多くは、①日本の人権問題には現行法や制度で十分に対処できるので、②新たな人権侵害を引き起こすおそれのある権限の強い「人権委員会」の創設を含む法案は不要であり、③人権救済制度全般の議論にあたっては2001年の人権救済答申に立ち返る必要がある、等の発言を繰り返した。その結果、調査会での検討は暗礁に乗り上げた。

Ⅳ　太田試案と自民党・人権問題等調査会の活動休止

　そこで、調査会の太田会長は、2008年5月29日の第12回調査会に下記のような「『話し合い解決』等による人権救済法（案）」（いわゆる「太田試案」）を提示し、局面の打開を図った。

　Ⅰ　目的：差別や虐待など人権侵害に対する現行の救済制度を明文化し、加えて「人権侵害を行ったとされる側との話し合いによる解決」等の新たな救済制度を導入し、人権問題を法の支配の下に置く。
　Ⅱ　人権救済対象の限定
　　現在でも行っている援助など任意の人権救済の対象を、憲法14条が定める人種等による差別、障害疾病による差別、及び職務上の地位を利用して行う性的な言動、優越的な立場においてする虐待などの人権侵害、及び名誉毀損・

プライバシー侵害に限定する。

　人権救済の対象のうち「話し合い解決」等の対象となる類型を次のものに限定する。

　　公務員及び事業者・雇用主が行う差別的取扱い
　　公務員が行う虐待、児童虐待、施設内虐待他
　　反復して行う差別的言動
　　職務上の地位を利用して行う性的な言動のうち、被害者を畏怖困惑させるもの
　　差別的取扱いを誘発する差別助長行為、及び差別的取扱いの意志表示

　ただし「話し合い解決」等は、事実の確認（調査）に基づく調停仲裁・勧告・訴訟援助等を言う。

Ⅲ　制度濫用の防止

　[制度濫用の防止] 申し立てられる側に不利益となる措置は、その対象を、合理的に正当化できない行為（不法行為）に限定し、勧告に対しては不服申し立てができる。

　また、特定の歴史観に基づく被害申し立て等救済の対象から除外すべき類型を列挙する。

　[申し立てられる側の保護] 申し立てられる側が、申し立て自体を不当として対抗措置をとれることとする制度を創設し、同一の救済手続きの中で処理するものとする。

Ⅳ　その他

1　「話し合い解決」等は委員会の責任で行い、随時民間ADRを活用する。
2　差別的言動に対する調査については、過料の制裁を除く。
3　報道機関については特別な取り扱いをせず法の下に平等な扱いとし、「話し合い解決」等の対象とするかについては、将来検討課題とする。
4　人権擁護委員については現行制度を維持する。

(別紙) 救済の対象から除外すべき類型

　次のような場合には、人権侵害の申出があっても、救済の対象から除外する事を法律に定める。

1　申出の内容に、次のような事情が認められるとき
　　A　学術上の論議、歴史上の事象又は宗教上の教義についての見解を根

拠・前提として被害を受けたと主張するもの
　　B　法令が憲法に違反する旨の見解を根拠・前提として被害を受けたと主張するもの
　　C　これらのほか、その性質上、人権救済機関の調査・措置に馴染まないもの
　2　不正な利益を得る目的、他人の名誉を毀損する目的その他の不当な目的でされたと認められるとき
　3　被害が発生しておらず、かつ、発生するおそれがないことが明らかなとき
　4　名誉毀損については、公共利害事実に係わり、かつ、公益目的であったと認められるとき

　同年6月11日の第7回調査会では、太田試案を中心に、百地章教授と筆者から人権救済制度について再度ヒアリングを行った。当日筆者は下記のレジュメをもとに、太田試案への批判的意見を述べた。

　Ⅰ　総論的コメント
　1　全般的にみて、人権擁護法案（以下、「法案」）に比べ、太田試案（以下、「試案」）の内容は極めて限定的である。
　2　旧法案は大別すれば、①「人権委員会の組織体制」、②「救済手続」、③「特別救済手続の対象となる人権侵害行為の内容」、④「人権委員会のその他の権能」を規定していた。
　3　しかし、試案は、①「人権委員会の組織体制」に言及していない。
　4　②「救済手続」に関しては、
　　a　「簡易な救済」（任意の救済）（法案の「一般救済」にあたるものと思われる）の対象を限定し、「あらゆる人権侵害」をその対象とする現行制度から後退しており、
　　b　「積極的救済」（法案の「特別救済」にあたるものと思われる）の対象を限定している。
　5　③「話し合い解決」とは、法案が規定していた「特別救済手続」のうち、「調停・仲裁」、「勧告」、「訴訟援助」等をいうものとされている。したがって、「公表」と「差別助長行為停止勧告・差別助長行為差止請求訴訟」は

除外されていると考えられる(これらは「等」に含まれないと理解すれば)。
6 ④法案が規定していた、「公聴会の開催」、「公表」、「国会への報告」、「意見提出」、「国際協力」のような「人権委員会のその他の権能」は言及されていない。

Ⅱ 各論的コメント

	太田試案の内容	コメント
1	法案の名称を「『話し合い解決』等による人権救済法」とする。略称を「話し合い解決法」とする。	(1)「人権擁護」ではなく「人権救済」となったことは評価できる。 (2)試案の趣旨であれば、「『話し合い解決』等」を法律名に明記する必要はなく、「人権救済法」で良いのではないか。 (3)略称は本来、法律に規定すべきことではなく、メディアや市民が何と呼ぶかにかかっている。
2	法律の目的が、「人権問題を法の支配の下に置く」ことにあると規定する。	(1)趣旨が不明。現状では人権問題が法の埒外に置かれているということか。 (2)仮に「法の支配」という文言が法律に盛り込まれれば、初めての例になる。
3	「任意の救済」の対象を、①憲法14条が定める人種等による差別、②障害疾病による差別、③職務上の地位を利用した性的言動、④優越的な立場においてする虐待などの人権侵害、⑤名誉毀損・プライバシー侵害に限定する。	(1)差別禁止事由を限定列挙とするのか、例示列挙とするのかが不明。 (2)「憲法14条が定める人種等による差別」とあるが、憲法14条が掲げる差別禁止事由は、例示列挙と解するのが通説・判例であり、新法でもそのように規定・解釈するのであれば、かなりの差別事象が救済対象となりうる。 (3)一方、その後ろにわざわざ「障害疾病による差別」を挙げているところを見ると、法案に規定されていた「性的指向」を削除した上で、差別禁止事由を限定する意図があるとも理解できる。 (4)この点は法の実効性を大きく左右する。
4	「話し合い解決」の対象を、①公務員・事業者が行う差別、②公務員が行う虐待、児童虐待、施設内虐待等、③反復して行う差別的言動、④職務上の地位を利用して行う性的言動のうち被害者を畏怖困惑させるもの、⑤差別助長行為・差別的取扱いの意思表示に限定する。	(1)法案と比べると、差別的言動に「反復して行われる」という限定がかかっている。 (2)メディアによる人権侵害(法案42条四号)が救済の対象外とされたのは、メディアの社会的使命を重視する観点から、評価できる。試案では、将来検討課題とするとされているが、この点は明確に「対象外」と位置づけるべきである。 (3)なお、「被害者の力では救済が図れない人権侵害」(法案42条五号)も同様に対象外とし、いわゆるバスケットクローズを除外している。 (4)しかしながら、バスケットクローズがあれば、例えば拉致被害者の家族は人権委員会に申出ができるが、それがなければかつてのように泣き寝入りするしかないことになる。したがって、

第4章 人権擁護法案への批判と政府・与党の対応──155

		いわゆるバスケットクローズを除いたことは、救済の実効性という観点から問題であろう。 (5)悪質な差別的言動は、通常、反復して行われるので、この点に関しては法案の規定と実質的には同じと考えられる。
5	「話し合い解決」とは、調停仲裁、勧告、訴訟援助等をいう。	(1)差別貼り紙などに対する差止請求訴訟の提起が削除されたが、差止請求はいわばウルトラCなので、この規定を欠いても、救済の実効性が極端に低下することはないと思われる。 (2)なお、上記のように、「等」の中に「勧告の公表」が含まれているのかどうかは重要な問題である。最低限、公務員と事業者による人権侵害については、勧告の公表を残すべきである。
6	「話し合い解決」等は委員会の責任で行い、随時民間ADRを活用する。	調停仲裁について「委員会」の責任において民間弁護士に委託してもよいとのことだが、委員会の根幹的な機能である調停仲裁は、委員会の責任で実施するのが筋であり、これを民間委託する制度設計には賛成できない。法案が定めるように、調停仲裁は人権委員会に設けられる人権調整委員及び調停委員会で行うべきである。仮に調停を委託する場合でも、委託先は都道府県弁護士会や消費生活センター等の公的機関に限定すべきである。
7	差別的言動に対する調査については、過料の制裁を除く。	私人間の事案については過料の制裁は不適切であるが、公権力による人権侵害事案については、過料の制裁を維持することを検討すべきである。
8	人権擁護委員については現行制度を維持する。	(1)人権擁護推進審議会による人権救済答申においても、人権擁護委員のありかたが問われているので、人権擁護委員の人数・役割・資質等について抜本的に見直すべきである。 (2)法案同様、人権擁護委員の国籍条項は設けず、外国籍者集住地域で外国籍者を人権擁護委員に選任できる途を開くべきである。

　調査会では2回にわたり太田試案が検討されたが、議論が紛糾し、合意を得るには至らなかった。その後、2008年6月20日の第16回を最後に調査会はいったん休止し、臨時国会の召集にあわせて再開することとされた。しかし、その後調査会が再開されることはなかった。

(1) 個人情報の保護に関する法律（個人情報保護法）（平成15年法律第57号）は2003年5月に成立した（一部の施行は2005年）。
(2) 個人情報保護法案の問題点については、藤井昭夫・三宅弘・田島泰彦「座談会 個人情報保護法案の検討」『法律時報』74巻8号（2002年7月）参照。
(3) たとえば、毎日新聞東京朝刊2002年4月9日24頁「メディア規制3法案を問う―こんな問題、官による規制」では、原寿雄氏（元共同通信編集主幹）が「メディア対象、世界に例なし」として、次のように述べている。「権力を監視する立場のメディアが、逆に監視される危機にある。背景は、98年の参院選に惨敗した自民党が危機感を強め、メディア統制を政治的課題としたのが始まりだ。神戸の連続児童殺傷事件が起きてから、メディアが凶悪な少年犯罪を引き起こしているとされ、青少年有害社会環境対策基本法案に結びついた。同法案は、雑誌やテレビなどすべての表現活動を政府の監督下に置き、最終的に『お上』が有害情報か否かを決める。しかしそもそも、教育など総体的な青少年対策をとらず、メディアを少年非行の主犯に見たて退治しようとすることが間違っている。人権擁護法案も、人権侵害を監視する肝心の人権委員会が法務省の外局に置かれるのでは、警察、入管など公権力の人権侵害はまず摘発できない。メディアを規制対象にしたのも言語道断。人権擁護推進審議会の資料でも、例示14カ国はメディアを規制の対象にしてない。こんな法案では、独立した人権救済機関を作るよう日本に勧告した国連人権委員会も、あきれるに違いない。問題の3法は、すべて行政が言論活動を監視する構図だ。表現の自由を定めた憲法21条をなし崩し的に否定し、21条を「解釈改憲」してしまうものだ。メディアは今こそ、社ごと業界ごとに第三者的な苦情処理機関を強化し、同時にメディアの存在意義を実感できるよう、社会正義追求や権力監視に力を入れるべきだ。表現の自由の危機は、市民の『知る権利』『民主主義』が脅かされることだ。」
(4) 詳しくは、毎日新聞東京朝刊1999年2月16日25頁「[追跡]メディア ダイオキシン報道を検証する」参照。
(5) 自民党の「報道と人権等のあり方に関する検討会」報告書の問題点については、柳澤伸司「新聞批判とジャーナリズム倫理」『マス・コミュニケーション研究』57号（2000年7月）参照。
(6) 同上参照。
(7) http://www.pressnet.or.jp/statement/privacy/020307_403.html （2011年12月14日アクセス）。
(8) 日本放送協会（NHK）および日本民間放送連盟（民放連）により1997年に設置された。この下に、「放送と人権等権利に関する委員会」が置かれた。なお、NHKおよび民放連は2003年に放送番組向上協議会とBROを統合し、放送倫理・番組向上機構（BPO）を設置した。「放送番組委員会」（2007年解散。「放送倫理検証委員会」を設置）、「放送と人権等権利に関する委員会」および「放送と青少年に関する委員会」の3委員会はBPOが継承した。
(9) http://www.nichibenren.or.jp/activity/document/opinion/

year/2002/2002_4.html （2011年12月14日アクセス）。
(10) この点に関し、山崎公士「『人権擁護法案』はメディア規制法か？」『月刊民放』32巻11号（2002年11月）参照。
(11) 百地教授の見解は、百地章「またぞろ蠢き出した人権擁護法案」『正論』2008年4月号で端的に示されている。
(12) 産経新聞2008年3月15日の「人権問題調査会　百地教授らからヒアリング」は、「人権擁護法案の提出を目指す自民党人権問題調査会（会長・太田誠一元総務庁長官）は14日、党本部で5回目の会合を開き、法案に反対する百地章日本大教授（憲法学）と、推進派の山崎公士新潟大大学院教授（人権政策学）からヒアリングを行った。」と報じた。しかし、筆者は法案の問題点を指摘しており、決して法案を「推進」する立場ではなかった。この旨はヒアリング当日も冒頭で言及した。

第5章
自治体における人権救済制度

I 鳥取県人権救済条例の成立と施行停止

　これまで述べたように、国レベルでは、人権擁護法案が廃案になった後、国会再上程の動きもなく、新たな人権救済制度の確立は足踏み状況にあった。こうしたなか、鳥取県は条例を制定し、自治体レベルでの県独自の人権救済制度の創設を試みた[1]。

　2002年6月、片山善博知事は県議会での一般質問に対し、地方における人権救済制度の必要性を表明した。これを受けて、2003年6月、鳥取県は「人権救済制度導入検討経費」を計上し、また同年9月から「鳥取県人権尊重の社会づくり協議会」に制度のあり方と条例案の検討を諮問した。さらに、2004年8月には、県民の意見募集がなされた。同年11月、同協議会において県民の意見が検討され、これらを踏まえ同年12月、「鳥取県人権救済手続条例案」が知事提案として県議会に提出された。

　これに対して、鳥取県弁護士会は条例案の問題点について会長声明[2]を公表し、「鳥取県人権救済手続条例案が、国によって構想されていた人権擁護機関に対立するものとして地方ごとに救済機関を設置すべきであるとの理念から提起されたものであること、鳥取県が人権救済機関の設置に向けて率先して行動しようとしていること、については賛意を表明するものである。しかしながら、今議会に上程された条例案の内容については想定される人権救済機関の機構・権能について、……問題点が存し、これら問題点を解消した上で、改めて議会に提案されるべきと考える。」として、条例案に反対した。

　こうした情勢を受けて同年12月、県議会の会派「信」は「鳥取県人権救

済手続条例案」を提案した。しかし、12月県議会では知事案、会派「信」案とも継続審査となった。2005年2月県議会でも両案とも継続審議とされた。その後、県議会での審議を経て同年10月に「鳥取県人権侵害救済推進及び手続に関する条例」[3][4]が県議会で可決され、2006年6月に施行される予定であった。同条例の概要は以下の通りである。

①人種等を理由とする差別的取扱いや言動、社会的信用を低下させる目的で公然とひぼう・中傷する行為などを人権侵害として禁止する。
②議会の同意を得て知事が任命する5人の委員からなる人権救済推進委員会（以下「委員会」）を設置する。
③委員会は、人権侵害を救済するため、県民の相談に応じる。
④委員会は、人権侵害事案について当事者からの聞き取り等調査を行い、事実関係を確認し、調査結果は当事者に書面で通知する。調査結果に不服があるときは、再調査を申し立てることができ、委員会は再度調査を行う。事案の当事者が正当な理由なく調査に協力しないときは、5万円以下の過料を科す。
⑤委員会は、人権侵害を救済する必要があると認めるときは、関係者に対する助言・援助、人権侵害行為者に対する説示・指導等を行う。
⑥生命、身体に危険を及ぼす行為、公然と繰り返される差別的言動等重大な人権侵害が現に行われ、被害を救済するために必要な場合には、委員会は人権侵害をやめることを勧告し、この勧告に従わないときは、委員会はその旨を公表することができる。この勧告、公表はいずれも行う前に、あらかじめ弁明の機会が設けられる。

しかし、成立前に鳥取県弁護士会長による条例反対声明が出されるなど、県内外から条例反対の意見が寄せられた。条例に寄せられた主な批判点は次の通りである。

①条例の予定する人権救済は適正な手続の保障に欠ける。
②人権を擁護するはずの本条例案が却って国民の基本的人権を著しく制約する結果をもたらす懸念を払拭できない。

③調査過程そのものが国民の基本的人権を侵す。
④行政権力による人権侵害に対する救済規定が極めて不十分である。
⑤委員会の独立性の保障が極めて不十分である。

　こうした批判を反映して、2006年3月に「鳥取県人権侵害救済推進及び手続に関する条例等の停止に関する条例」が採択され、2006年6月から施行予定だった同条例の施行が停止された。なお、同条例の見直しを検討することも議会で決まり、条例の検討過程の透明性、公平性を確保しながら見直しに要する期間は必要最小限とし、速やかに実効性のある条例を施行することとされた。このため、「人権救済条例見直し検討委員会」（会長：永山正男鳥取大学副学長）が設置され、2006年5月から2007年10月まで18回の会合により、条例の見直し作業を行った。その結果、同委員会は2007年11月に「鳥取県人権侵害救済推進及び手続に関する条例の見直しに関する意見」[5]を公表し、施行凍結中の同条例について、「人権問題を広く対象とし、かつ準司法的に取り扱う現条例は十分に機能せず、また弊害も多いことが予想され、適切な運用が期待できない。」とし、「人権侵害の救済を図る新たな制度案を……示すが、執行部においては1年6ヶ月にわたる本検討委員会の議論を踏まえて新しい制度を検討していただきたい。」と要望した。

　これを受け、2009年1月、平井伸治鳥取県知事は同条例を廃止する条例案を2月議会に提案する旨を表明した。同年3月25日、同条例の廃止を含めた「鳥取県人権尊重の社会づくり条例の一部を改正等する条例」（平成21年鳥取県条例第14号）[6]が県議会で可決・成立し、同年4月1日に施行された。こうして、人権救済条例は施行されることなく廃止された。

　なお、2006年8月17日の第4回調査会では、助言者からのヒアリングが行われ、筆者[7]と大隈義和九州大学名誉教授（憲法）が意見を述べた。

II　千葉県障害者差別撤廃条例

　千葉県は2004年7月に発表された「第三次千葉県障害者計画」や「千葉県障害者地域生活づくり宣言」において、「国に障害者差別禁止法の制定を

働きかけるとともに、千葉県独自の条例の制定を検討する」ことを明記した。これを受けて、千葉県では、条例制定に向けた第一歩として当事者を含む県民から広く「差別に当たると思われる事例」を募集し、2005年1月には第三次千葉県障害者計画推進作業部会の下に「障害者差別をなくすための研究会」を設置し、差別の定義や差別の解消に向けた具体的な取組みについて検討を開始した。また、関係団体や市町村に対するヒアリングやタウンミーティング等を通じてさまざまな立場の幅広い意見も検討した。

こうした検討を経て、2006年2月の定例県議会に「障害のある人もない人も共に暮らしやすい千葉県づくり条例案」が提案された。しかし、審議の結果、市町村教育委員会や企業関係者など、より多くの関係者からの意見を聴く必要がある等の理由から、継続審査とされた。

その後曲折を経て、2006年10月11日の千葉県議会9月定例会の本会議で「障害のある人もない人も共に暮らしやすい千葉県づくり条例」(平成18年千葉県条例第52号)[8][9]が全会一致で可決された。障害者の差別を禁じた条例の制定は全国で初めてである。2007年7月1日から施行された。

同条例は「障害」を「障害者基本法第2条に規定する身体障害、知的障害若しくは精神障害、発達障害者支援法第2条第1項に規定する発達障害又は高次脳機能障害があることにより、継続的に日常生活又は社会生活において相当な制限を受ける状態をいう。」と定義した(第2条1項)。また「差別」は「次の行為をすること及び障害のある人が障害のない人と実質的に同等の日常生活又は社会生活を営むために必要な合理的な配慮に基づく措置を行わないことをいう。」(同条2項)と定義し、①福祉サービス、②医療、③商品・サービス提供、④雇用、⑤教育、⑥施設・公共機関の利用、⑦不動産取引、⑧情報提供の8分野について差別禁止行為を具体的に列挙した。救済手続に関しては、県の委嘱を受けた500人ほどの「地域相談員」が、まず当事者間の仲裁にあたり、解決できない場合には、知事が障害者の申立てを受け、障害者や福祉、法律の専門家ら20人以内で構成される第三者機関である「調整委員会」に助言・あっせんを行わせることとされた。正当な理由なく助言・あっせんに従わない場合には、知事に是正勧告の権限を与えた(第24条1項)。しかし、条例は地域ぐるみで障害者への理解を深めるのが趣旨であり、罰則は予定されていない。

Ⅲ　その他の自治体における障害者差別禁止条例の制定

　千葉県障害者差別撤廃条例に触発され、その後少なからぬ自治体で同種の条例が制定されつつある[10]。

　2009年3月27日、「北海道障がい者及び障がい児の権利擁護並びに障がい者及び障がい児が暮らしやすい地域づくりの推進に関する条例」（平成21年北海道条例第50号）[11]が北海道議会で可決・成立し、一部の規定を除き同年3月31日に施行された。この条例は、「障がい者及び障がい児の権利を擁護するとともに、障がいがあることによって障がい者及び障がい児がいかなる差別、虐待も受けることのない暮らしやすい地域づくりを推進するため、障がい者及び障がい児の視点に立って、道の施策の基本となる事項、道が実施すべき事項及び道と市町村との連携により実現すべき事項などを定めること等により、地域における障がい者及び障がい児の権利を擁護し、及び生活の支援に向けた環境を整備し、もって北海道の障がい者及び障がい児の福祉の増進に資することを目的とする。」（第1条）。

　2010年12月14日、「障がいのある人もない人も共に学び共に生きる岩手県づくり条例」（平成22年岩手県条例第59号）[12]が岩手県議会で可決・成立し、2011年7月1日に施行された。この条例は、「障がいについての理解の促進及び障がいのある人に対する不利益な取扱いの解消に関し、基本理念を定め、県の責務並びに市町村、県民及び事業者の役割を明らかにするとともに、その施策の基本となる事項を定めることにより、障がいのある人と障がいのない人とが互いに権利を尊重し合いながら共に学び共に生きる地域づくりを推進することを目的とする。」（第1条）。

　2011年3月4日、「誰もが共に暮らすための障害者の権利の擁護等に関する条例」（平成23年さいたま市条例第6号）[13]がさいたま市議会で可決・成立し、一部の規定を除き同年4月1日に施行された。この条例は、「障害者への差別及び虐待を禁止するとともに、障害者の自立及び社会参加を支援するための措置を講じることにより、障害者が地域社会を構成する一員として日常生活を営み、権利の主体として社会、経済、文化その他のあらゆる分野の活動に参加する機会を得られるよう、地域福祉の推進を図り、もって市民が障害

の有無にかかわらず、等しく市民として個人の尊厳と権利が尊重され、その権利を享受することができる地域社会の実現に寄与することを目的とする。」（第1条）。

　2011年7月1日、「障害のある人もない人も共に生きる熊本づくり条例」（平成23年熊本県条例第32号）[14]が熊本県議会で可決・成立し、2012年4月1日より施行された。この条例は、「障害者に対する県民の理解を深め、障害者の権利を擁護するための施策に関し、基本理念を定め、並びに県の責務及び県民の役割を明らかにするとともに、障害者の権利擁護等のための施策の基本となる事項を定めることにより、障害者の権利擁護等のための施策を総合的に推進し、もって全ての県民が障害の有無にかかわらず社会の対等な構成員として安心して暮らすことのできる共生社会の実現に寄与することを目的とする。」（第1条）。

　これらの条例は、障害者の権利を自治体レベルで確認し、障害のある人とない人が共に生きる地域社会づくりをめざすものである。これら条例の運用実績は、国レベルにおける人権救済の制度設計にも有益な経験を提供することになろう。

⑴　自治体による人権救済制度全般については、金子匡良「自治体の人権救済制度」松本健男・江橋崇・友永健三・横田耕一編『これからの人権保障―高野眞澄先生退職記念』（有信堂、2007年）所収参照。
⑵　鳥取県人権救済手続条例案に対する会長声明　http://toriben.jp/sub_history2004-3.php　（2011年12月14日アクセス）。
⑶　条例の全文は、http://www.pref.tottori.lg.jp/dd.aspx?menuid=92990（2011年12月14日アクセス）。
⑷　鳥取県人権救済手続条例については、内田博文「鳥取県人権侵害救済推進及び手続に関する条例―批判に対する多角的検討」『ヒューマンライツ』215号（2006年2月）、金子匡良「鳥取県人権救済条例の意義と課題」『部落解放研究』170号（2006年6月）、内田博文「鳥取県人権侵害救済推進及び手続に関する条例の見直しに関する意見について」『ヒューマンライツ』239号（2008年2月）、大田原俊輔「鳥取県人権条例をめぐる経緯と課題」『障害者問題研究』36巻1号（2008年5月）参照。
⑸　http://www.pref.tottori.lg.jp/secure/237496/jorei-kyusai_kentou20071102.pdf　（2011年12月14日アクセス）。

⑹　条例の全文は、http://www.pref.tottori.lg.jp/secure/337143/H21go28jourei14.pdf　(2011年12月14日アクセス)。
⑺　当日の筆者の意見要旨は、下記の通りである（第4回人権救済条例見直し検討委員会議事録　http://www.pref.tottori.lg.jp/secure/237496/jorei-kyusai_kentou20060817.pdf　(2011年12月14日アクセス))。

　(ア)　はじめに
○鳥取県が人権救済条例を全国に先駆けて作られたのは日本にとどまらず国際的にみても画期的なことだが、人権救済条例の内容は完璧ではない。

　(イ)　司法機関以外による人権救済
○人権救済条例によって設置される人権救済推進委員会は、国際人権法でいう国内人権機関に当たる。
○司法救済以外の人権救済には、法務省の人権擁護制度があるが、人権擁護推進審議会の答申のとおり十分には機能していない。地方では市町村の人権相談などある。
○司法救済ではお金、時間がかかるし、公開の裁判で心の傷をもう一度語ることにより2次被害、3次被害も生じうる。また個別事案の解決にとどまり、社会的、構造的、適切な解決にはならない。
○1993年、国際連合では、主権国家内での社会的構造的な人権侵害をなくし、ひいては平和に貢献することを目的として、立法、司法、行政のいずれでもない政府から独立した国内救済機関を国家に設けることなど示したパリ原則を採択した。
○パリ原則はガイドラインを提示したもので、その全てを守らなければならないというものではないが、新たに国内人権機関を設けようとするとき、有力な指針となりうる。

　(ウ)　国内人権機関とは
○国内人権機関とは、次の4つの性格を有する機関で、複数の個人で構成される委員会型とオンブズパーソン（たとえば、スウェーデンの国会オンブズマン）のような独任型がある。
　①人権保障のため機能する既存の国家機関とは別個の公的機関
　②憲法または法律を設置根拠とする
　③人権保障に関する法定された独自の権限をもつ
　④メディアなども含めたいかなる外部勢力からも干渉されない独立性をもつ
○国内人権機関の独立性を確保するため、構成員には社会の多元性を反映させ、裁判官の身分保障に類するような任命、退任を定め、任期は法定することが望ましい。
○国内人権機関の機能と権限（パリ原則による）は次の6つ。
　①人権法制・状況に関する政府・議会への提言
　②人権諸条約の批准や国内実施の促進
　③人権諸条約上の政府報告書への意見表明

④国連人権関係機関などとの協力
　　　⑤人権教育・研究プログラムの作成支援
　　　⑥人権・差別撤廃の宣言、など
○国内人権機関の中心的活動は提言、広報、教育。また、NGOとの連携も重要。
○個別救済においては、ゆるやかなあっせん、調停、勧告を試みる。調停は友好的な解決で、加害者が心から悔い改め、謝ることによって救済を図ることを目指す。
○救済と教育は現実には一体のもので、加害者にとっては教育、被害者にとっては救済。日本では国内人権機関がないため法務省と文部科学省がそれを縦割りで別にやってきたが、国内人権機関にはこれらを一体に行う妙味がある。
　（エ）　国内人権機関の設置形態
○設置形態としては次の3とおりが考えられる。
　　　①法律で中央人権委員会と地方人権委員会を設置
　　　②法律で中央人権委員会のみを設置
　　　③法律設置の中央人権委員会と自治体条例設置の地域人権委員会の併存
○世界的には①の形態によるところが多い（オーストラリアなどがこの形態）。地方に支部があれば気軽に相談に行けるメリットがある。日本でも中央に加えて地方の法務局が手足となるやり方が考えられる。
○②の形態のものはアメリカ合衆国が連邦レベルで設置している雇用機会均等委員会など世界にはたくさんある。
○鳥取の人権救済条例が施行されて、かつ法律によって国レベルの委員会ができれば③の形態。
　（オ）　自治体が人権救済条例に基づき地域の人権救済機関を持つ意義
○相談救済を国が行うのは当然であり、地方政府が踏み込むことはなかった。志が高い。
○市民が気軽に相談できる。地域の問題は地域の特性が反映される場合もあり、地域で解決するのが望ましく、地域特性を反映できる長所がある。また、自治体は窓口行政で多くのノウハウを蓄積しているが、霞ヶ関には現場の状況に応じたきめ細かな行政はできない。
　（カ）　鳥取県人権救済条例の意義
○既に個別の人権課題に限定した条例は存在したが、鳥取県人権救済条例は全国初の包括的な人権救済条例で先駆的な取組み。
　（キ）　人権擁護法案および各自治体の人権救済条例の比較
○社会には様々な人権課題があり、設置主体によりその規定には特徴がある。
　（ク）　鳥取県人権救済条例の問題点
○人権擁護法案は「人権」の定義がなく、「人権侵害」の定義が曖昧だが、この条例も同じ。法的な枠組みがないと人権救済委員会もその事務局も適正な活動ができず、暴走や見過ごしなどが生じることが考えられる。
○「メディア規制」は反対。このような規定は世界でも例がない。しかし、メディ

アスクラム、過剰取材など問題は現実にあり、国内のメディアは自主的に、イギリスやスウェーデンのメディア評議会のような第三者機関を一刻も早く設けることが望まれる。
○国内人権機関の役割は司法とは異なるため、司法と同程度の厳格な適正手続はなじまない。だからといって、いい加減ではいけない。
○独立性を確保するための工夫をすべき。鳥取県弁護士会の、「議会内に、人権救済委員会委員の任命のための推薦委員会を設置」という提言は傾聴に値する。
○独立性を確保するため、委員の構成には社会の多元性を反映させるべき。そのためには委員5名では不十分。増員も検討に値する。また、ジェンダーバランスも重要。現条例では委員の数は男女いずれかが2名未満でもよいと読めるので工夫すべき。
○調査協力拒否に対する過料について、諸外国では規定はあるが適用しないケースが多い。適用しないなら規定しないでもよいという考えもあるが、企業や団体など力のあるものに対しては過料を背景に調査を行ったほうがよい場合もある。私人に対して公権力が罰則をもって手続を進める必要があるのかどうか、慎重に議論すべき。個人的には必要なしと考える。公権力には強い制裁を予定して差し支えない。

(8) 条例の全文は、http://www.pref.chiba.lg.jp/shoufuku/shougai-kurashi/jourei/documents/syogaijorei_1.pdf （2011年12月14日アクセス）。
(9) 条例制定の背景や実施状況等については、千葉県健康福祉部障害福祉課「障害のある人への差別をなくすために―『障害のある人もない人も共に暮らしやすい千葉県づくり条例』制定までの経緯と施行後の展開」『自治体法務研究』22号（2010年）、野沢和弘『条例のある街―障害のある人もない人も暮らしやすい時代に』（ぶどう社、2007年）、千葉県障害者条例情報発信プロジェクトチーム編『障害者条例を必要としているあなたへ―たったひとつから全国のまちへ』（ぎょうせい、2009年）参照。
(10) 「千葉県、北海道、岩手県、さいたま市で制定された条例の比較表」(特集　障害者差別禁止法を目指して)『ノーマライゼーション』31巻5号（2011年5月）参照。
(11) 条例の全文は、http://www.pref.hokkaido.lg.jp/hf/shf/grp/05/jyoureis01.pdf （2011年12月14日アクセス）。
(12) 条例の全文は、http://www.pref.iwate.jp/view.rbz?cd=33175　（2011年12月14日アクセス）。
(13) 条例の全文は、http://www.city.saitama.jp/www/contents/1260336773439/index.html　（2011年12月14日アクセス）。
(14) 条例の全文は、http://www.pref.kumamoto.jp/soshiki/29/syougaisyajourei.html　（2011年12月14日アクセス）。

第6章

人権システムの確立と国内人権機関の設置を求める民間の提言

　第Ⅲ部では国内人権機関の設置を織り込んだ法案と、これに対する多様な批判論、自治体による人権救済あるいは障害者差別撤廃・禁止条例を中心に、日本に国内人権機関を設置する動きについて概観してきた。最後に、日本の国内人権システムの整備に向けて、国内人権機関の設置を提言してきたNGOの活動のうち、筆者が主体的に関わった①人権フォーラム21[1]「これからの日本の人権保障システムの整備をめざして―人権政策提言 ver.2.1」、②人権市民会議「日本における人権の法制度に関する提言」および③国内人権機関設置検討会「望ましい国内人権機関『人権委員会設置法』法案要綱・解説」(いずれも巻末資料に掲載。❿～⓬) の趣旨と内容を紹介し、日本におけるあるべき国内人権機関像を展望したい。

Ⅰ　人権政策提言

1　人権政策提言の背景

　1996年12月に成立した人権擁護施策推進法にもとづき設置された人権擁護推進審議会は、日本の人権施策全般を検討した。同審議会は1995年7月には人権教育・啓発施策に関する答申を出し、同年9月から人権侵害被害者の救済施策の審議に入った。2000年秋以降、審議会は海外視察、人権NGOからのヒアリング、20名の委員全員による意見表明を行うなど精力的な審議を展開し、2001年5月に人権救済答申がまとめられた。
　審議会では人権施策のあり方が公的に議論された。その審議結果は、21

世紀前半の日本の人権政策や施策の大枠を方向づける可能性があった。

　人権問題は抽象的な課題でなく、生身の人間がかかわる問題である。人権侵害や差別事象をいかに解消するか、人権侵害や差別を実際に受けた者をいかに救済するかという問題の検討にあたっては、実際に人権を侵害され、差別を受けた当事者の視点を重視する必要がある。したがって、これからの人権政策や施策の検討は国家エリートだけに委ねることはできない。日常生活感覚、現場感覚をもった市民こそが、人権政策や施策づくりの過程に積極的に参画すべきである。人権フォーラム21による「人権政策提言」[2]はこうした発想からまとめられた。

2　人権政策提言の検討

　日本の人権政策や施策を検討するうえで、日本における人権状況と人権保障制度の現状を正確に把握する必要がある。同時に、世界各国の人権保障制度からも学ぶ必要がある。このため、人権フォーラム21は反差別国際運動日本委員会（IMADR-JC）と共同で、1998年4月に「国内人権システム国際比較プロジェクト」（National Machinery Project、略称NMP研究会）を2年間の調査・研究プロジェクトとして発足させた。その目的は、国内人権機関を中心に各国の国内人権システムを比較調査・研究し、日本における制度設計の参考となる素材を提供することであった。NMPはトヨタ財団と東京人権啓発企業連絡会などから研究助成を得て、スウェーデン、イギリス、ドイツ、フランス、インド、フィリピン、オーストラリア、ニュージーランド、カナダ、アメリカの10か国について、国際比較調査・研究を行った。NMP研究会の成果は、1999年7月に『世界の国内人権機関―国内人権システム国際比較プロジェクト（NMP）調査報告』（解放出版社、1999年）として刊行され、また本年10月には『国内人権機関の国際比較』（現代人文社、2001年）として公表された。日本の人権政策を検討するにあたり、人権フォーラム21はNMP研究会の国際比較調査・研究の成果を十分に参照した。

3　基本的な視点

　従来の人権保障制度は、主として統治者の観点をもつ国家エリートによって形成されてきた。統治者が被統治者を治めるための制度づくりという、い

わば国家主義的な視点で設計される制度では、人権侵害や差別の被害者になりがちな市民の利害は見落とされがちである。これに対し、人権フォーラム21は、人権侵害や差別を受ける当事者の視点を第一に考え人権政策のあり方を検討した。

　人は誰でも、まず生物として生存し、また人間らしく自由に生活したいと願っている。しかし、世の中にはさまざまな不当な制約や困難が待ち受けている。これら不当なものをはね除け、生身の人が生まれながら持っているものを守るための法的な砦が「人権」である。「人権」は誰でも生まれながらに持っているもので、決して国の制度によって与えられるものではない。この当たり前のことを制度設計のすみずみまで行き渡らせるのが、人権フォーラム21のめざすところであった。

　なお、人権フォーラム21による人権政策提言の基本理念は、提言の「1 人権政策の指導原理」に盛り込まれている。

4　人権政策提言の特徴

　人権フォーラム21の人権政策提言は「下から」の視点[3]を基調として描かれている。その特徴をキーワードで示せば次の通りである。

(1) 「国家裁量型人権ビジョン」から「共生社会型人権ビジョン」へ

　これまでの日本における人権保障制度は、国の裁量で認められる範囲でしか「人権」を制度的に保障しない「国家裁量型人権ビジョン」に貫かれていた。しかし、「人権」は市民が誰でも生まれながらに持っているもので、国家の裁量の範囲内で存在するものではない。このことは、部落解放運動、アイヌ民族の人権運動、女性の人権運動、障害者の人権運動など、さまざまなマイノリティによる長年の闘いによって絶えずとらえ返されてきた。

　これからの人権政策は、まず人権保障に関する国の責務を確認したうえで、国・自治体・地域・市民が「協働」して創り上げる「共生社会」に相応しいものでなければならない。共に生きる人びとの、共に生きる人びとによる、共に生きる人びとのための人権政策が求められている。これを実現するため、すべての市民が人権保障制度に関する合意形成と決定過程に参画し、国・自治体・地域・市民の「協働」によって人権保障制度を運用する「共生

社会型人権ビジョン」を人権政策の基本理念とする必要がある。

(2) 「人権政策三原則」

「共生社会型人権ビジョン」を日本の人権政策の基本理念とするため、次の「人権政策三原則」を確立しなければならない。すなわち、①総合性＝省庁の縦割り行政の弊害を排した人権侵害・差別事案への総合的取り組み、②当事者性＝当事者自らによる事案解決に対する適切な支援、③地域性＝地域において人権侵害・差別事案を自ら解決する取り組みの支援、の三原則を柱にした人権政策の構築と人権施策の実施が今後の課題である。

(3) 日本の国内人権システム全般に関する「総合的人権政策提言」

これまで自由人権協会（JCLU）アジア人権小委員会、日本弁護士連合会、大阪弁護士会、人権擁護委員連合会などの各種団体によって、政府から独立した「国内人権機関」（人権委員会）の創設などに関するさまざまな提言が検討されてきた。これらの団体による検討作業は、現行の人権保障制度のあり方や「国内人権機関」の新設に焦点が絞られている。これに対し、人権フォーラム21は、「共生社会型人権ビジョン」を基調とする「人権政策三原則」を確立するため、もう少し幅の広い観点から、日本の「国内人権システム」全般のあり方を検討した「総合的人権政策提言」をめざしている。このため、政府から独立した「国内人権機関」の新設に限らず、人権に関する総合調整機能を有した官庁の新設などの行政府の課題や、立法府・司法府のあり方にも提言は言及している。21世紀における日本の人権政策を確立するため、内閣の責務だけではなく、国会や裁判所の責務もきわめて重大である。

(4) 新たな「法的基礎づけ」の必要性

「共生社会型人権ビジョン」を基調とする人権政策を確立するため、人権教育・啓発の根拠法（「人権教育・啓発法」）が必要である。同時に、差別禁止事由と差別禁止分野を特定する「人権課題別差別禁止法」を順次制定し、後日総合的な「差別禁止法」の制定を期す必要がある。

(5) 「泣き寝入り」を許さない「人権相談・救済制度」の確立

日本の人権擁護行政や人権擁護委員制度は市民からあまり信頼されてこなかった。裁判も時間と費用がかかり、市民にとっては敷居が高かった。その結果、人権侵害や差別を受けた人びとは人権相談や人権救済を十分に活用できず、「泣き寝入り」してしまうことも少なくなかった。しかし、人権侵害・差別を受け、人間の尊厳を不当に傷つけられた人びとの人権が守られない事態は、明らかに社会正義に反する。今後は、市民が気軽に人権相談を受け、原則として無料で人権救済を受けられる制度を確立すべきである。このため、政府から独立した「国内人権機関」の創設が緊急の課題である。

II 「日本における人権の法制度に関する提言」

1 提言の背景

人権の世紀といわれる21世紀に入って、日本や世界の人権状況は改善されたとはいえない状況にある。こうした認識にたって、「人権の法制度を提言する市民会議」[4]は、2006年12月に「日本における人権の法制度に関する提言」[5]を公表した。

2 提言の策定方針と内容

この提言は、それまでさまざまな人権課題に取り組んできた団体や個人が横に連携し、長年培われた成果を持ちより、9か月間の集中討議を経て策定された。政府や自治体と一定の緊張感を保ちつつ、協力できることは協力し、実現可能な提言を行うことが策定の方針とされた。提言は、「1 日本の人権状況をめぐる現状認識」、「2 提言にあたっての基本的視点」、「3 提言の基本的枠組み」および「4 わたしたちの提言」からなる。

(1) 「現状認識」の概要

日本社会には多くの人権侵害や差別が存在し、中には社会問題として認められてすらいないものもある。一定の施策は行われたが、解決していない人

権課題も山積している。しかし、人権侵害や差別をなくす取り組みは社会全体で共有されていない。逆に近年、新自由主義や排外主義、反テロ活動を名目とした人権を損なうような法制度が新たに制定されている。また、それぞれのマイノリティは、分断され、周縁化されている。そこで、それぞれのマイノリティが連帯し、法制度の変革を迫る必要がある。

(2) 「基本的視点」の概要

人権は互いの権利を認め、尊重し、人間の尊厳を確保するための共生社会の基本的ルールである。マイノリティと他の人びととが互いの尊厳を認めつつ連帯し、ともに地域で生活する社会を実現するため、「人権」を基本的視点に据えなければならない。

「見えなくされてきたマイノリティ」、「存在をきちんと知らされてこなかったマイノリティ」に対する人権救済や差別撤廃を実現しなければならない。

人権侵害・差別されている当事者間の協働と連帯が不可欠である。また、国連や東アジアの各国や地域における人権救済システムに学び、これと連携する方向で「人権の法制度」を構想しなければならない。

(3) 「基本的枠組み」の概要

提言は次のことを目標として策定された。

- ◆人権運動の現場から学び、現代社会における構造的課題を分析し、具体的に提言する。
- ◆多様な人権侵害や差別を生み出している共通の歴史的背景・社会構造や法体系の問題点を明確にし、各人権分野に共通する課題を確認し、提言する。
- ◆人権侵害や差別を禁止し、マイノリティ当事者が効果的に参画する人権相談や救済のための法整備を提言する。
- ◆実効性ある人権救済制度の確立に向けて提言する。
- ◆人権侵害や差別を予防するため、実効的な人権教育・啓発を進めるよう提言する。

(4) わたしたちの提言

全体像は、巻末資料⓫に譲り、ここでは具体的な提言内容の項目のみを紹介する。

 4-1 人権救済制度に関する当面の課題
  4-1-1 国内人権機関の創設に関する提言
  4-1-2 国内人権機関の機能に関する提言
  4-1-3 自治体の人権救済制度に関する提言
  4-1-4 国際人権法上の個人通報制度に関する提言
 4-2 人権の法制度に関する基本的課題
  4-2-1 人権を侵害する法や制度の改廃に関する提言
  4-2-2 人権基本法の制定に関する提言
  4-2-3 当事者別差別禁止法の制定に関する提言
  4-2-4 国や自治体の総合的な人権行政推進体制の確立に関する提言
  4-2-5 人権教育・啓発の推進に関する提言
  4-2-6 国際人権システムの活用に関する提言
  4-2-7 東アジアにおける地域人権システムに関する提言

Ⅲ 「人権委員会設置法」法案要綱・解説

国内人権機関設置検討会[6]は望ましい国内人権機関のあり方を検討する研究会で、十数名の弁護士、研究者、人権活動家等からなる。2009年11月から約2年かけて検討を積み重ね、2011年12月に「望ましい国内人権機関―『人権委員会設置法』法案要綱・解説」[7]と題する冊子を刊行した。この法案要綱・解説の目的は、日本の人権環境をいっそう充実させるため、国内人権機関―国際標準の人権機関―の組織や機能について、提言するものである。

第3章でも述べたが、かつて日本においても、国内人権機関の設置が模索されたことはあった。2001年に人権擁護推進審議会が出した人権救済答申を受けて、2002年に当時の小泉内閣が国会に提出した人権擁護法案がそれである。この法案は、国内人権機関として、法務省の下に人権委員会を設

置するというものであったが、人権委員会の独立性に疑問が呈され、またマスメディアの報道の自由を侵害するおそれがあるといった批判を受けたため、ほとんど審議されないままに、2003年10月の衆議院解散に伴って廃案となった。その後、野党時代の民主党が同種の法案を提出したことはあったが、結局、成立には至らず、日本には国際標準に合致した国内人権機関は存在しないまま今日に至っている。

しかし、国内人権機関の設立を求める声は、この間にも絶えることはなかった。2004年には、国内人権機関の設置を求める市民や研究者らから成る部落解放・人権政策確立要求中央実行委員会によって、「人権侵害救済法法案要綱試案」が提示され、また2008年には日本弁護士連合会が、「日弁連の提案する国内人権機関の制度要綱」[8]を発表している。こうした中、歴代の民主党政権首脳は、国内人権機関の設置を政策課題の一つに掲げ、2011年8月には法務省政務三役が「新たな人権救済機関の設置について（基本方針）」[9]を、また同年12月には同政務三役が「人権委員会の設置等に関する検討中の法案の概要」[10]を公表し、国内人権機関の設置に関する方向性を示した。

この期を捉え、市民の視点から国内人権機関のあるべき姿を提言すべく、国連・パリ原則に準拠した、市民にとって望ましい国内人権機関のあり方を検討した。「望ましい国内人権機関『人権委員会設置法』法案要綱・解説」は、その成果の骨子と解説を示したものである。

(1) 1997年11月10日に設立され、2002年12月12日に解散した人権政策提言活動を行う5年間の時限NGO。「設立の趣旨および目的」には、「国内外の差別の実態を踏まえ、さまざまな差別問題の現状と課題を明確にしながら、幅広い意見を集約して、日本の人権政策のあり方について、広く各方面に政策提言を提示」し、これを「人権擁護推進審議会」の議論や答申内容に反映していくと謳われていた。詳しくは、http://www.jca.apc.org/jhrf21/（2012年2月29日アクセス）参照。
(2) 巻末資料10。
(3) 「これまでの日本の人権政策は、国が裁量によって、上から下に施す処分であり措置である。」（人権政策提言1）。従来のこうした「上から」の視点でなく、「市民主体性、すわなち、人権政策を日本社会に生活するすべての市民が主体的に形成していく」(同上）という視点を意味する。

⑷ 人権課題を抱える当事者団体と個人が連帯して、人権の視点から法制度を改善しなければ日本社会は変わらないとの考えで2006年3月に結成され、同年12月に解散した。代表世話人は江橋崇、江原由美子、武者小路公秀の3氏であった。

⑸ 巻末資料⓫。

⑹ 日本における国内人権機関の設置をめざす法律家、研究者、人権団体関係者からなる。パリ原則にのっとり日本の実情を踏まえた国内人権機関を提案するため人権団体や法律家と協議しつつ「望ましい国内人権機関―『人権委員会設置法』法案要綱・解説」をとりまとめた。山崎公士(代表、神奈川大学教員)、川村暁雄(世話人、関西学院大学教員)、寺中誠(世話人、東京経済大学教員)、中村義幸(世話人、明治大学教員)、山田健太(世話人、専修大学教員)各氏が代表と世話人であり、齋藤明子、武村二三夫、谷元昭信、友永健三、藤原精吾各氏の協力を得た。

⑺ 巻末資料⓬。

⑻ 巻末資料❾。

⑼ 巻末資料❼。

⑽ 巻末資料❽。

おわりに

　国内人権機関は1970年代後半頃から諸外国で登場しはじめた、立法・行政・司法機関とは異なる新たなタイプの国家設置の人権機関である。過去30数年間に、国連加盟国の過半数の諸国で国内人権機関は設置されるに至っている。国内人権機関が設置された事情は国によって異なる。しかし、従来の国家制度では、歴史的・構造的な人権侵害に対処できず、侵害された者を十分に救済できないという認識から、諸外国は国内人権機関を設置したものと考えられる。

　日本においても、事情は諸国と同様である。第Ⅲ部で論じたように、日本には依然として解決すべき人権課題が山積しており、人権侵害に苦しむ人びとを実効的に救済するしくみは十分であるとは言い難い。その背景として次の2点が指摘される。第1は、憲法に平等原則が書かれているが、これを具体化する法律が未整備であることである。日本は自由権規約・人種差別撤廃条約・女性差別撤廃条約など人権諸条約の締約国であるので、これら条約が示す法規範が法律の不備を補う可視性はある。しかし、日本政府や日本の裁判所は、これまで各人権条約の国内実施や裁判における適用に関し、必ずしも積極的な姿勢を示していない。第2は、実効的な人権救済のしくみが整っていないことである。

　国内人権機関という、立法・行政・司法の三権とは異なる、新たなタイプの公的機関が登場すれば、①人権政策提言、②人権教育の総合調整、③人権相談・救済という、従来別個の公的機関によって個別に進められてきた活動が有機的に統合される。

　国内人権機関は、法執行者に対する人権教育、政府に対する人権政策提言、あるいは公権力による人権侵害に関する人権救済活動も展開するので、政府

の政策や施策と対峙する場面も想定される。それ故、国内人権機関は、政府から実質的に独立した存在でなければ、自らの役割を実効的に展開できない。しかし、国内人権機関は国家機関であるため、組織的・財政的に政府から完全に独立した組織とすることは困難である。諸国の国内人権機関は発足時点でも、発足後も、政府からの相対的独立性をいかに確保するかに腐心してきた。組織的には国家機関の一部であるにせよ、中央政府や地方政府から指揮・命令を受けることなく独自の立場を堅持し、場合によっては政府に対し苦言を呈することができなければ、国内人権機関は本来の機能を十分に発揮できない。

　こうした政府からの相対的独自性を維持するためには、人権委員会委員やオンブズパーソン、ならびにこれを支える職員の意思と能力が不可欠である。また、委員の選任や職員の採用に関しては、パリ原則を念頭に置き、ジェンダーバランスを保つとともに、マイノリティからも積極的に人材を登用し、社会の多元性を反映した人的構成とするのが望ましい。こうすることで、国内人権機関は市民から信頼され、多くの人権相談や人権救済の申立てが寄せられよう。国内人権機関が政府からの独立性を確保するいちばんの近道は、市民から信頼される機関となることである。

　主権国家内における人権救済の方法として、A：行政による人権相談・救済、B：あっせん・調停などの裁判外紛争解決（ADR）、C：司法裁判が考えられる。国内人権機関は、もっぱらADR手法によって人権救済を図る国家機関であり、これが設置されれば、人権侵害された個人等にとって国内的救済の可能性が質的に拡大することになる。

　諸外国の国内人権機関は国連人権理事会等の国際機関の場で、自国政府とは異なる立場で国際的な活動も展開している。この活動の目的は、国内の人権状況を改善することである。国際人権法を国内実施し、国内人権法と国際人権法を架橋する国内人権機関の役割は、今後ますます重視されることになるであろう。

　本書では日本における国内人権システムを整備する一環として国内人権機関を設置するのが望ましいという観点から、第Ⅰ部で国内人権機関の意義と概要を確認し、第Ⅱ部で国内人権機関が果たしうる諸機能を分析し、これ

らを踏まえ第Ⅲ部で日本における国内人権機関の設置に向けた動向を整理した。本書は国内人権機関に関する筆者の研究、ならびにこれを踏まえ筆者が主体的に関与した日本における国内人権システム整備に向けた政策提言をまとめたものである。しかし、国内人権機関に関する研究という点では不十分な内容であり、今後の研究課題として以下の諸点が残されている。

　第1に、国際人権システムおよび国内人権システムにおける国内人権機関の位置づけをよりいっそう明確にすることである。この研究にもとづき、第2に、国家内の人権保障にかかわる既存の公的機関との関係を念頭に置きつつ、国内人権機関による活動の実効性について、実態に即して分析することである。「世界の潮流として出現している動向は、統治機構全体において人権を『主流化』させる試みとなっていることにも眼を向けるならば、国内人権機関の意義がより大きなものであることを認識しえよう。」[1]という江島晶子教授のご指摘を実証的に検証する必要がある。第3に、民主化への移行過程にある諸国で国内人権機関が設置され、活動中であることに着目し、社会の民主化やグッド・ガバナンスの形成過程における国内人権機関の顕在的・潜在的な役割を実態に即して分析することである。

　以上のテーマはいずれも大きな課題であり、今後の検討対象としたい。

(1) 江島晶子「『人権救済法』としての憲法の可能性―憲法訴訟・国際人権機関・国内人権機関―」『法律論叢』83巻2・3号(2011年2月)、93頁。

資料

1 国家機関（国内人権機関）の地位に関する原則（パリ原則）　183
2 世界の国内人権機関一覧　185
3 反人種差別立法の制定における諸政府の指針となるモデル国内立法
　（国連・反人種差別モデル国内法）　192
4 人権救済制度の在り方について（答申）　196
5 人権擁護法案　211
6 新たな人権救済機関の設置について（中間報告）　226
7 新たな人権救済機関の設置について（基本方針）　227
8 人権委員会の設置等に関する検討中の法案の概要　228
9 日弁連の提案する国内人権機関の制度要綱　230
10 これからの日本の人権保障システムの整備をめざして
　―人権政策提言ver.2.1―　241
11 日本における人権の法制度に関する提言　251
12 望ましい国内人権機関 『人権委員会設置法』法案要綱・解説　255

❶国家機関（国内人権機関）の地位に関する原則（パリ原則）

(1993 年 12 月 20 日に国際連合総会決議 48/134 によって採択)
(全面改訳版)

権限および責任

1　国内人権機関は人権を促進および保護する権限を付与されるものとする。
2　国内人権機関はできる限り広範な職務（mandate）を与えられるものとする。その職務は、機関の構成および権限の範囲を定める憲法または法律において明確に規定されるものとする。
3　国内人権機関は、特に、次の責任（responsibility）をもつものとする。
　(a)　政府、議会その他権限のある機関に対し、人権の促進および保護に関するあらゆる事柄（any matters）について、関係当局の要請によりまたは上級機関に付託することなく問題につき聴聞する（to hear a matter）自らの権限の行使によって、助言的な基盤で、意見、勧告、提案および報告を提出すること。国内人権機関はそれらを公表すると決定することができる。これらの意見、勧告、提案および報告、ならびに国内人権機関の特権は、以下の分野に関連するものとする。
　　(i)　人権の保護を維持し展開することを目的とする立法上または行政上の規定、ならびに司法機関に関する規定。これに関連して、国内人権機関は、現行の立法上または行政上の規定、ならびに法律案（bills）および法律提案（proposals）を検討するものとし、これらの規定が人権の基本原則に合致するよう確保するため、適切と考える勧告を行うものとする。国内人権機関は、必要であれば、新たな立法の採択、現行法の改正、ならびに行政施策の策定または変更を勧告するものとする。
　　(ii)　国内人権機関が取り上げると決定した人権侵害の状況。
　　(iii)　人権一般に関する国内状況、およびより具体的な問題に関する報告書の準備。
　　(iv)　国内の地域で人権が侵害されている状況につき政府の注意を喚起し、そのような状況を終了させるための方策を政府に提案し、必要な場合には、政府の姿勢と対応について意見を表明すること。
　(b)　法律、規則および慣行と国家が締約国となっている国際人権条約との調和、ならびに国際人権条約の実効的な履行を促進し確保すること。
　(c)　国際人権条約の批准またはこれへの加入を奨励し、その履行を確保すること。
　(d)　国際連合の機関および委員会ならびに地域的国際組織に対し、条約上の義務にもとづき国家が提出を求められる報告につき貢献し、必要な場合には、自らの独立性を十分に考慮し、報告に関し意見を表明すること。
　(e)　人権の促進と保護の分野で権限をもつ国際連合および国際連合システムの他の機関、地域的国際組織ならびに他国の国内人権機関と協力すること。
　(f)　人権に関する教育および研究プログラムの作成を支援し、学校、大学および専門家団体におけるそのプログラムの実施に参画すること。
　(g)　特に情報伝達および教育を通じて、またあらゆる報道機関を活用して、民衆の関心を高め、人権およびあらゆる形態の差別、特に人種差別と闘う努力に関し宣伝すること。

構成ならびに独立性および多元性の保障

1　国内人権機関の構成およびその構成員の任命は、選挙によるか否かを問わず、人権の促進と保護に関わる（市民社会の）社会勢力から多元的な代表を確保するため必要なあらゆる保障を備えた手続に従って行われるものとする。特に、これ〔国内人権機関の構成およびその構成員の任命〕は、下記の代表との実効的協力の確立を可能とする勢力によって、または下記の代表の参加を通じて、行われるものとする。
　(a)　人権に取り組み人種差別と闘うため努力するNGO、労働組合、ならびに弁護士会、医師会、ジャーナリスト協会および学術会議のような、関連する社会組織および専門

家組織
(b)　哲学思潮または宗教思潮（Trends in philosophical or religious thought）
(c)　大学および高度の専門家
(d)　議会
(e)　政府部門（これが含まれる場合、その代表者は助言的資格でのみ議論に参加すべきである。）
2　国内人権機関はその活動を円滑に行えるような基盤、特に十分な財源をもつものとする。この財源の目的は、政府から独立で、その独立性に影響しかねない財政統制の下に置かれるとのないよう、国内人権機関が自らの職員と土地家屋を持つことを可能とするものでなければならない。
3　機関の真の独立にとって不可欠である構成員の安定した権限を確保するため、構成員は一定の任期を定めた公的決定（an official act）によって任命されるものとする。この任期は、構成員の多元性が確保される限り、更新可能である。

活動の方法

　　国内人権機関はその活動の枠組みにおいて、次のことを行うものとする。
(a)　政府によって付託されたものであれ、上位の当局に付託せず自らが取り上げたものであれ、構成員または申立者の提起によって、その権限に属する問題につき自由に検討すること。
(b)　その権限に属する状況を評価するため、いかなる者の意見も聞き、情報およびその他の文書を取得すること。
(c)　特にその意見や勧告を公表するため、直接にまたは報道機関を通じて、世論に呼びかけること。
(d)　定期的に会合すること。必要な場合には、正式な招集手続を経て、全構成員の出席で会合すること。
(e)　必要に応じて、構成員からなる作業グループを設置し、また機関の機能を補佐するため、地方や地域に支部（local or regional sections）を置くこと。
(f)　管轄権の有無にかかわらず、人権の促進と保護に責任をもつ団体（特に、オンブズマン、仲裁者類似の機関）との協議を維持すること。
(g)　国内人権機関の活動を拡大するうえでのNGOの基本的な役割を考慮し、人権の促進と保護、経済的および社会的発展、人種主義との闘い、特定の弱者集団（特に、子ども、移住労働者、難民、身体および精神障害者）の保護、または専門領域に取り組んでいるNGOとの関係を発展させること。

準司法的権限をもつ委員会の地位に関する追加的原則

　　国内人権機関に、個人の状況に関する苦情や申立を聴聞し、検討する権限を認めることができる。個人、その代理人、第三者、NGO、労働組合の連合体またはその他の代表組織は事案を国内人権機関に提起できる。この場合には、委員会の他の権限に関する上記の原則にかかわらず、国内人権機関に委ねられる機能は以下の原則にもとづくものとすることができる。
(a)　調停により、または法が規定する制約の範囲内で、拘束力のある決定によって、また必要な場合には非公開で、友好的な解決を追求すること。
(b)　申立を行った当事者にその者の権利、特に可能な救済につき情報提供し、救済の利用を促すこと。
(c)　法が規定する制約の範囲内で、苦情や申立を聴聞し、またはこれらを他の管轄当局に移送すること。
(d)　特に法律、規則および行政慣行が、自らの権利を主張するため申立を行う者が直面する困難の要因となっている場合には、特にそれらの改正または改革を提案することによって、権限ある当局に勧告を行うこと。

〔翻訳〕山崎公士
〔出所〕Commission on Human Rights resolution 1992/54 of 3 March 1992, annex (Official Records of the Economic and Social Council, 1992, Supplement No. 2(E/1992/22), chap. II, sect. A); General Assembly resolution 48/134 of 20 December 1993, annex.
〔注〕
1　（　）は英語テキストにあるもので、〔　〕は訳者が補ったものである。
2　一部のキーワードについて、参考までに（英文）を表記した。

2 世界の国内人権機関一覧

〔地域〕・国名	国内人権機関（正式名称）	ICC認証資格
〔アフリカ〕34 機関		
アルジェリア	アルジェリア人権委員会 (Algeria National Human Rights Commission of Algeria)	B
アンゴラ	アンゴラオンブズマン (Angola Provedor di Justiça di direitos)	
ベナン	ベナン人権委員会 (Bénin Human Rights Commission)	C
ブルキナファソ	ブルキナファソ人権委員会 (Burkina Faso National Human Rights Commission of Burkina Faso)	B
カメルーン	カメルーン国家人権・自由委員会 (Cameroon National Commission on Human Rights and Freedoms)	A
カーボヴェルデ	カーボヴェルデ国家人権委員会 (Cape Verde National Human Rights Commission)	
チャド	チャド国家人権委員会 (Chad National Human Rights Commission)	B
コートジボワール	コートジボワール国家人権委員会 (Côte d'Ivoire National Human Rights Commission)	
コンゴ民主共和国	コンゴ民主共和国国家人権機関 (Democratic Republic of the Congo National Human Rights Observatory)	A(R)
ジブチ共和国	ジブチ国家人権委員会 (Djibouti National Human Rights Commission)	
エジプト	エジプト国家人権評議会 (Egypt National Council for Human Rights)	A
エチオピア	エチオピア人権委員会 (Ethiopian Human Rights Commission)	
ガボン	ガボン国家人権委員会 (Gabon National Human Rights Commission)	
ガーナ	ガーナ人権・行政正義委員会 (Ghana Commission on Human Rights and Administrative Justice)	A
ケニア	ケニア国家人権委員会 (Kenya National Commission on Human Rights)	A
マダガスカル	マダガスカル国家人権委員会 (Madagascar National Human Rights Commission)	C

マラウィ	マラウィ人権委員会 (Malawi Human Rights Commission)	A
マリ	マリ国家人権協議委員会 (Mali Commission nationale consultative des droits de l'homme)	
モーリタニア	モーリタニア国家人権委員会 (Mauritania National Human Rights Commission)	B
モーリシャス	モーリシャス国家人権委員会 (Mauritius National Human Rights Commission)	A
モロッコ	モロッコ人権評議会 (Morocco Human Rights Advisory Council)	A
ナミビア	ナミビアオンブズマン事務所 (Namibia Office of the Ombudsman)	A
ニジェール	ニジェール国家人権・基本的自由機関 (Niger National Observatory on Human Rights and Fundamental Freedoms)	
ナイジェリア	ナイジェリア人権委員会 (Nigerian Human Rights Commission)	B
ルワンダ	ルワンダ人権委員会 (Rwanda National Commission for Human Rights)	A
セネガル	セネガル人権委員会 (Senegalese Committee for Human Rights)	A
シエラレオネ	ナイジェリア人権委員会 (Nigerian Human Rights Commission)	
南アフリカ	南アフリカ人権委員会 (South African Human Rights Commission)	A
タンザニア	タンザニア人権・グッドガバナンス委員会 (Tanzania Commission for Human Rights and Good Governance)	A
トーゴ	トーゴ国家人権委員会 (Togo National Human Rights Commission)	A
チュニジア	チュニジア人権・基本的自由上級委員会 (Tunisia Higher Committee on Human Rights and Fundamental Freedoms)	
ウガンダ	ウガンダ人権委員会 (Uganda Human Rights Commission)	A
ザンビア	ザンビア常設人権委員会 (Zambia Permanent Human Rights Commission)	A
〔南北アメリカ〕25機関		
アンティグア・バーブーダ	アンティグア・バーブーダオンブズマン事務所 (Antigua and Barbuda Office of the Ombudsman)	C

アルゼンチン	アルゼンチンオンブズマン (Defensoría del Pueblo de la Nación Argentina (Ombudsman))	A
バルバドス	バルバドスオンブズマン事務所 (Barbados Office of the Ombudsman)	C
ベリーズ	ベリーズオンブズマン事務所 (Belize Office of the Ombudsman)	
バミューダ	バミューダオンブズマン (Bermuda Ombudsman)	
ボリビア	ボリビアオンブズマン (Bolivia Defensor del Pueblo)	A
カナダ	カナダ人権委員会 (Canadian Human Rights Commission)	A
コロンビア	コロンビア共和国オンブズマン (Defensor del Pueblo de la República de Colombia)	A
コスタリカ	コスタリカオンブズマン (Defensoria de los Habitantes)	A
エクアドル	エクアドル共和国オンブズマン (Defensor del Pueblo de la República de Ecuador)	A
エルサルバドル	エルサルバドル人権オンブズマン (Procuraduría de Defensa de los Derechos Humanos)	A
グアテマラ	グアテマラ人権オンブズマン (Procurador de los Derechos Humanos)	A
ガイアナ	オンブズマン事務所 (Office of the Ombudsman)	
ハイチ	オンブズマン (Office de la Protection du Citoyen)	
ホンジュラス	国家人権委員会 (Comisionado Nacional de los Derechos Humanos)	A
ジャマイカ	オンブズマン事務所 (Office of the Public Defender)	
メキシコ	国家人権委員会 (National Human Rights Commission)	A
ニカラグア	ニカラグア人権オンブズマン (Procuraduría para la Defensa de los Derechos Humanos de Nicaragua)	A
パナマ	パナマ共和国オンブズマン (Defensoria del Pueblo de la Republica de Panama)	A
パラグアイ	パラグアイ共和国オンブズマン (Defensoria del Pueblo de la República del Paraguay)	A
ペルー	ペルーオンブズマン (Defensoria del Pueblo de Perú)	A

プエルトリコ	オンブズマン事務所 (Oficina del Procurador del Ciudadano)	C
セントルシア	議会オンブズマン事務所 (Office of the Parliamentary Commissioner)	
トリニダード・トバゴ	トリニダード・トバゴオンブズマン事務所 (Office of the Ombudsman of Trinidad and Tobago)	
ベネズエラ	ベネズエラ・ボリバル共和国オンブズマン (Ombudsman Institution of the Bolivarian Republic of Venezuela)	A
〔アジア・太平洋〕20機関		
アフガニスタン	アフガン独立人権委員会 (Afghan Independent Human Rights Commission)	A
オーストラリア	オーストラリア人権委員会 (Australia Human Rights Commission)	A
フィジー	フィジー人権委員会 (Fiji Human Rights Commission)	
香港	機会均等委員会 (Equal Opportunities Commission)	C
インド	独立国家人権委員会 (India National Human Rights Commission)	A
インドネシア	インドネシア国家人権委員会 (Indonesia National Commission for Human Rights)	A
イラン・イスラム共和国	イスラーム人権委員会 (Islamic Human Rights Commission)	C
ヨルダン	国家人権センター (National Centre for Human Rights)	A
マレーシア	マレーシア人権委員会 (Human Rights Commission of Malaysia (SUHAKAM))	A
モルディブ	モルディブ人権委員会 (Human Rights Commission of the Maldives)	B
モンゴル	モンゴル国家人権委員会 (National Human Rights Commission of Mongolia)	A
ネパール	ネパール国家人権委員会 (National Human Rights Commission of Nepal)	A
ニュージーランド	人権委員会 (Human Rights Commission)	A
パレスチナ	独立人権委員会／パレスチナ (Independent Commission for Human Rights/Palestine)	A
フィリピン	人権委員会 (Commission on Human Rights)	A

カタール	国家人権委員会 (National Committee for Human Rights)	A
韓国	国家人権委員会 (National Human Rights Commission)	A
スリランカ	スリランカ人権委員会 (The Human Rights Commission of Sri Lanka)	B
タイ	タイ国家人権委員会 (The National Human Rights Commission of Thailand)	A
東ティモール	人権・正義オンブズマン事務所 (Office of the Provedor for Human Rights and Justice)	A

〔ヨーロッパ〕46機関

アルバニア	オンブズマン (The People's Advocate)	A
アルメニア	アルメニア人権オンブズマン (Human Rights Defender of the Republic of Armenia)	A
オーストリア	オーストリアオンブズマン理事会 (The Austrian Ombudsman Board)	B
アゼルバイジャン	人権委員会 (Human Rights Commission)	A
ベルギー	機会均等・人種主義対抗センター (Centre for equal opportunities and opposition to racism)	B
ボスニア・ ヘルツェゴビナ	ボスニア・ヘルツェゴビナ人権オンブズマン (The Human Rights Ombudsman of Bosnia and Herzegovina)	A
ブルガリア	ブルガリア議会オンブズマン (Bulgarian Parliamentary Ombudsman)	
クロアチア	クロアチアオンブズマン事務所 (Office of the Croatian Ombudsman)	
キプロス	国家人権保護機関 (National Institute for the Protection of Human Rights)	
チェコ	オンブズマン (Ombudsman)	
デンマーク	デンマーク人権機関 (The Danish Institute for Human Rights)	A
フィンランド	フィンランド議会オンブズマン (Parliamentary Ombudsman of Finland)	
フランス	国家人権諮問委員会 (National Consultative Commission of Human Rights)	A
グルジア	グルジアオンブズマン事務所 (Office of Public Defender of Georgia)	A
ドイツ	ドイツ人権機関 (The German Institute for Human Rights)	A

ギリシャ	ギリシャ国家人権委員会 (Greek National Commission for Human Rights)	A
ハンガリー	議会民族・種族的マイノリティコミッショナー (Parliamentary Commissioner on the Rights of National and Ethnic Minorities)	
アイルランド	アイルランド人権委員会 (Irish Human Rights Commission)	A
イタリア	人権委員会 (Commissione per i Diritti Umani - Présidence du Conseil des Ministres)	
カザフスタン	カザフスタン人権委員(オンブズマン) (Kazakhstan Commissioner for Human Rights (National Ombudsman))	
コソボ	コソボオンブズマン機関 (Ombudsperson Institution in Kosovo)	
キルギス	キルギス共和国オンブズマン (Ombudsman of the Kyrgyz Republic)	
ラトビア	ラトビア国家人権事務所 (Latvian National Human Rights Office)	
リトアニア	議会オンブズマン (The Seimas Ombudsmen)	
ルクセンブルク	人権諮問委員会 (Consultative Commission of Human Rights)	A
マケドニア	マケドニア人権オンブズマン (Human Rights Ombudsman of Macedonia)	
モルドバ	モルドバ人権センター (The Centre for Human Rights of Moldova)	
モンテネグロ	モンテネグロ共和国オンブズマン事務所 (Office of the Ombudsman of the Republic of Montenegro)	
オランダ	均等待遇委員会 (Equal Treatment Commission)	B
北アイルランド, イギリス	北アイルランド人権委員会 (Northern Ireland Human Rights Commission (NIHRC))	A
ノルウェー	ノルウェー人権センター (Norwegian Centre for Human Rights)	A
ポーランド	市民的権利保護コミッショナー (Commissioner for Civil Rights Protection)	A
ポルトガル	オンブズマン事務所 (Ombudsman Office)	A
ルーマニア	オンブズマン (Advocate of the People)	

ロシア	ロシア連邦人権コミッショナー (Commissioner on Human Rights in the Russian Federation)	B
セルビア	セルビア共和国市民保護管 (Protector of Citizens of the Republic of Serbia)	
スロバキア	スロバキア国家人権センター (Slovak National Centre for Human Rights)	B
スロベニア	人権オンブズマン (Human Rights Ombudsman)	B
スペイン	オンブズマン事務所 (The Office of the Ombudsman)	A
スウェーデン	子どもオンブズマン (Children's Ombudsman)	A
	スウェーデン反人種差別オンブズマン (The Swedish Ombudsman against Ethnic Discrimination)	A
	スウェーデン障害者オンブズマン (The Swedish Disability Ombudsman)	A
	平等オンブズマン (Ombudsman for Equal Rights)	A
スイス	連邦反人種主義委員会 (Federal Commission against Racism (FCR))	B
ウクライナ	ウクライナ議会人権コミッショナー (Ukrainian Parliament Commisioner for Human Rights)	A
イギリス	平等・人権委員会 (Equality and Human Rights Commission)	A
ウズベキスタン	ウズベキスタン共和国議会人権オンブズマン (Authorized Person of the Oliy Majlis of the Republic of Uzbekistan for Human Rights)	

〔出所〕INTERNATIONAL COORDINATING COMMITTEE OF NATIONAL INSTITUTIONS FOR THE PROMOTION AND PROTECTION OF HUMAN RIGHTS (ICC), Directory of National Human Rights Institutions, available at <http://nhri.ohchr.org/EN/Contact/NHRIs/Pages/default.aspx> (last visited Jun. 8, 2012).〔一部修正〕

❸反人種差別立法の制定における諸政府の指針となるモデル国内立法（国連・反人種差別モデル国内法）

人種主義および人種差別と闘う第 3 次 10 年（1993 — 2003）

〔目　次〕

第Ⅰ部　定義
第Ⅱ部　一般原則と措置
　A節　一般原則
　B節　制裁と補償（Penalties and compensation）
　C節　申立て手続（Recourse procedure）
　D節　人種差別に反対する独立した国内当局
第Ⅲ部　犯罪（offences）と制裁（penalties）
　A節　言論・表現の自由の行使として犯された人種差別犯罪
　B節　暴力行為と人種暴力の煽動（incitement）
　C節　人種主義団体と活動
　D節　公務員が犯す人種差別犯罪
　E節　場面別人種差別犯罪
　　1　雇用における人種差別
　　2　教育における人種差別
　　3　住居に関する人種差別
　　4　商品、施設およびサービスの提供における人種差別
　F節　その他の人種差別犯罪
　G節　被害者の保護と司法の妨害

反人種差別モデル法

1　この法律は、市民的、政治的、経済的、社会的および文化的諸分野、とくに雇用、教育、住居ならびに商品、便宜およびサービスの提供における、個人、集団、公的当局、公的・私的な国家的・地域的機関・組織による人種差別を禁止し、またはこれを終了させることを目的とする。

第Ⅰ部　定義

2　この法律において、人種差別とは、人種、皮膚の色、門地または国籍もしくはエスニック的出身に基づくあらゆる区別、排除、制限、優先または不作為であって、国際法上認められた人権および基本的自由を承認し、平等にこれを享受または行使することを、直接または間接に、妨げまたは害する目的または効果を有するものをいう。

3　国際法上認められた人権と基本的自由の享受と行使に関して、特定の人種、皮膚の色、門地、国籍またはエスニック的出身の個人または集団の適切な進歩を確保する目的の特別措置で、その結果異なる人種の集団に対して別個の権利を維持することとならず、かつその目的が達成された後は継続されないものは、人種差別には含まれない。

第Ⅱ部　一般原則と措置

A節　一般原則

4　上に定義した人種差別はこの法律上犯罪である。

5　すべての人間は、人種差別に対抗し平等の保護を受ける法律上の権利を有する。これには、人種差別に対する効果的な救済への権利、ならびに人種差別の結果として被ったあらゆる損害に対する公正かつ適切な賠償その他の満足（satisfaction）を求める権利が含まれる。

6　国家は人種差別に反対する政府〔訳注：連邦国家を念頭に置いていると思われる。〕、全国および地方の政策とプログラムを促進する措置（定義の第3項に記した特別措置を含む）をとるものとする。

7　国家は、市民的、政治的、経済的、社会的および文化的分野における人種差別、とくに雇用、教育、住居、ならびに商品、便宜およびサービスの提供、健康および栄養における、人種差別と闘う措置（公務員等によるあらゆる行政行為に関しては、第Ⅲ部D節に従って）をとるものとする。

B節　制裁と補償
（Penalties and compensation）

8　第Ⅲ部A、B、C、D、E、FおよびG節に列挙される犯罪（offences）は、訴追対象と

9 人種差別の犠牲者は、被ったすべての被害について、公正かつ適正な賠償（reparation）その他の満足を受ける権利をもつ。
10 犯罪は次の手段によって罰せられる。
   (a) 禁固
   (b) 罰金
   (c) 公職に選出される権利の停止
   (d) 異なる人種集団間の良好な関係を促進するための社会サービス
11 人種差別の犠牲者に対し、弁償（restitution）および／または補償の手段によって、賠償がなされる。弁償や補償は、人種差別による危害や損失に対する支払い、出費の返済、サービス提供または権利の回復、ならびに、第Ⅲ部A、B、C、D、EおよびG節に列挙される犯罪の犠牲者への不利な影響を除去しまたは軽減するため一定期間とられる措置、の形でなされる。被害者は、加害者（offender）の費用による発行部数の多い機関での司法的決定の公表や同様の手段による被害者の回答権の保証のような、その他のあらゆる満足手段を利用する権利も有する。
12 被害者は賠償を求めるさいに自らの権利につき正しく情報提供されるものとする。

C節　申立て手続（Recourse procedure）

13 個人や集団は、この法律にもとづき、人種差別の苦情を申し立てることができる。人種差別行為以前に存在した法人で、人種差別と闘う目的をもつものも、この法律にもとづき、被害者または被害者であると申し立てる者のため（またはその同意を得て）の申立てなどの、人種差別の苦情を申し立てることができる。
14 第Ⅲ部に定義する人種差別行為に関する苦情申立ては適切な司法機関に提起し、またはその他の国内的救済手続に付託される。司法機関は、公序を脅かす人種差別行為に関し、自動的管轄権をもつものとする。
15 この法律は、人種差別の被害を申し立てる者が、適切な地域的および国際的機関にその苦情を申し立てる権利を害するものではない。ただし、これらの申立ては国際法にもとづく許容条件に従うものとする。
16 この法律にもとづく人種差別行為は、（同種のその他の行為）に適用される訴訟規則に関する法律に従うものとする。

D節　人種差別に反対する独立した国内当局

17 高いモラル基準と公平性を備えた専門家からなる人種差別に反対する独立した国内委員会（以下、「委員会」）を設置する。
18 委員会の委員は、委員会の独立性と衡平な人種的・地理的代表を確保する方法で任命される。
19 委員会は、人種差別に関するあらゆる事柄を検討し、決定する権限をもつものとする。
20 委員会は以下の機能をもつものとする。
   (a) この法律の実施を検討し、審査すること
   (b) 私的および公的団体に勧告の意見を与え、ならびにこれら団体によるこの法律の実施や人種差別撤廃のためのその他の措置を支援すること
   (c) 特定分野におけるこの法律の実施に関する行動綱領を準備（または準備を支援）すること（かかる行動綱領は、権限ある立法機関によって採択されると、拘束力をもつようになる）
   (d) この法律の改正や人種差別と闘うため必要なその他の措置を権限ある立法機関に提言すること
   (e) 異なる人種集団間の良好な関係を促進し、奨励するため、情報と教育を提供すること
   (f) 活動について（権限ある立法府に）年次報告すること
   (g) 被害に対する苦情申立てを受理すること
   (h) 申立て者のためまたは自ら、調査を実施すること
   (i) 申立て者のためまたは自ら、仲介者として行動すること
   (j) 申立て者のためまたは自ら、訴訟を提起すること
   (k) この法律にもとづき裁判所に訴訟を提起した申立て者に法律扶助と法的支援を提供すること
21 委員会は全国に管轄権をもつものとする。委員会は各国の国内行政組織に従い、地方、国内地域、全国レベルで代表される。委員会はさまざまな活動分野に関し可能な限り専門的な知識と経験をもつものとする。

第Ⅲ部　犯罪(offences)と制裁(penalties)

A節　言論・表現の自由の行使として犯された人種差別犯罪

22　この法律にもとづき、かつ国際法に従い、表現および言論の自由ならびに平和的集会および結社の自由は、以下の制限に従うものとする。

23　人種差別または憎悪を生じさせ、あるいは生じさせる企てと合理的に解釈される言葉または行動によって、個人や集団を脅かし、侮辱し、あざけるなどの侵害行為、または個人や集団に対するこうした行為の煽動は、犯罪とされる。

24　この節〔訳注：原文は「項」となっているが、「節」の誤りである。〕に列挙される行為が人種差別という結果をもたらす場合には、人種差別行為を煽動し、または憎悪を生じさせる企てと合理的に解釈される言葉または行動によって、個人や集団を脅かし、侮辱し、あざけるなどの侵害行為をした者は、人種差別行為を生じさせた者の共犯者とみなされる。

25　第Ⅰ部に列挙した人種的理由の一つにもとづく個人または集団の名誉毀損は、犯罪である。

26　人種差別を煽動する目的の考えや理論を表明または含意するものを、出版、放送、展示その他の社会的意思伝達手段で広報し、または結果として広報することは、犯罪である。

27　この節の23～25項に列挙される行為は、公の場でなされたか私的な場でなされたかを問わず、犯罪を構成するとみなされる。

28　私的な住居内で起きた行為で、その場にいた証人が1人または少人数の場合には、犯罪を構成しない。

B節　暴力行為と人種暴力の煽動（incitement）

29　この法律上、人種を理由とする個人もしくは集団に対する暴力、または他者へのかかる暴力行為の煽動は、犯罪である。

C節　人種主義団体と活動

30　個人または集団に対し人種差別を促し、煽動し、宣伝しまたは組織する団体は、違法と宣言し、禁止されるものとする。

31　個人または集団に対し人種差別を促す目的または効果をもつ活動を組織することは、犯罪である。

32　この節の30項に関し、人種差別行為時に当該組織で代表もしくは事務局長その他類似の立場にあった者、またはかかる資格で行動しもしくは行動したとされる者は、当該組織が法人格を有するか否かにかかわらず、この法律上の犯罪を犯したものとみなされる。

33　32項にもとづく犯罪を犯した者は有罪とみなされる。ただし、当該行為者が知識または同意なく人種差別行為を犯し、かつ人種差別行為を防ぐため利用可能なあらゆる手段を相当の注意をもってとったことを立証できる場合は、この限りでない。

34　この節の30項にいう禁止された団体の活動に故意に参加することは、犯罪である。

35　人種差別行為を犯す個人、集団または団体を、金銭その他の手段で故意に支援することは、犯罪である。

D節　公務員が犯す人種差別犯罪

36　公務員その他国家のため働く者、および公的事業所、国営企業もしくは公的当局から財政援助を受ける法人の従業員が、人種を理由として、個人または集団が権利、特権または便宜を享受するのを否定するのは、犯罪である。

E節　場面別人種差別犯罪

1　雇用における人種差別

37　人種を理由とする以下の行為は、犯罪である。
(a) 空席の職への適性がある個人もしくは集団の雇用を拒否し、または雇用を控えること。
(b) 個人または集団に、同一環境かつ同一資格で他の個人または集団が利用できた同一の雇用、労働および訓練機会、ならびに昇進を提供もしくは用意することを拒否し、または避けること。
(c) 同じ仕事で雇用されている他の被雇用者が解雇されない環境で、個人を解雇すること。

38　この節の規定は、雇用者によって契約上他の個人や事業にその労働力が提供される個人や集団にも適用される。

2　教育における人種差別

39　人種を理由とする以下の行為は、犯罪である。
- (a) 個人または集団があらゆる形式のあらゆるレベルの教育を受けることを否定し、または制限すること。
- (b) 個人または集団が質の劣る教育を受けることを許すこと。
- (c) 個人または集団に分離教育を提供すること。
- (d) 個人または集団のため分離教育制度または機関を確立しまたは維持すること。

3　住居に関する人種差別

40　人種を理由とする以下の行為は、犯罪である。
- (a) 個人または集団が不動産の提供条件に従いこれを賃貸借し、購入し、売買その他の方法で所有権を取得もしくは処分し、または財産を利用する機会を否定しもしくは制限すること。かかる財産を求める個人または集団の待遇につき、上記の否定または制限をする行為も同様である。
- (b) 不動産の管理に関し、在住者に便宜や施設を与え、かかる便宜や利用を否定し、またはこれに関連する故意の不作為をし、かかる財産の利用条件について在住者を追い立てるなど、その在住者を区別すること。

4　商品、施設およびサービスの提供における人種差別

41　人種を理由として、個人または集団に対する商品、施設またはサービスの提供を拒否し、または故意に控えることは、犯罪である。同じ理由で、個人または集団に、他の個人または集団と同じ質または同一条件で商品、施設またはサービスを提供しないことも、犯罪である。

42　この節の規定は、次の施設およびサービスに適用される。
- (a) 公衆が立ち入り、利用できる場所
- (b) ホテルなどの宿泊施設
- (c) 銀行および保険会社、ならびに融資、補助（grant）、信用保証または資金供与などのサービス
- (d) 娯楽、余暇または気分転換のための施設および場所

F節　その他の人種差別犯罪

43　第Ⅰ部に定める人種差別行為で、第Ⅲ部で特定の制裁が特に規定されていないものも、この法律上犯罪とみなされる。

G節　被害者の保護と司法の妨害

44　人種差別の被害者または被害を受けたと申し立てる者を脅迫し、その者が現行の救済手続に従いこの法律にもとづく手続を通じて救済を得ようとする努力を妨害する行為は、犯罪である。

〔翻訳〕山崎公士

4 人権救済制度の在り方について（答申）

平成 13 年 5 月 25 日
人権擁護推進審議会

目 次

はじめに
第 1　調査審議の対象とその経過
第 2　我が国における人権侵害の現状と被害者救済制度の実情
　1　人権侵害の現状
　2　被害者救済制度の実情
　　(1)　法務省の人権擁護機関による人権相談及び人権侵犯事件調査処理制度
　　(2)　司法的救済と各種裁判外紛争処理制度（ADR）等
　　　ア　司法的救済
　　　イ　各種裁判外紛争処理制度（ADR）等
　3　人権救済をめぐるその他の情勢
第 3　人権救済制度の果たすべき役割
　1　人権救済制度の位置付け
　2　具体的役割
　　(1)　あらゆる人権侵害を対象とする総合的な相談と、あっせん、指導等の手法による簡易な救済
　　(2)　自主的解決が困難な状況にある被害者の積極的救済
　3　その他
第 4　各人権課題における必要な救済措置
　1　差別
　　(1)　人権侵害の現状と救済の実情
　　(2)　必要な救済措置等
　　　ア　差別的取扱い等
　　　　(ｱ)　救済対象
　　　　(ｲ)　救済手法
　　　イ　差別表現
　2　虐待
　　(1)　人権侵害の現状と救済の実情
　　(2)　必要な救済措置等
　3　公権力による人権侵害
　　(1)　人権侵害の現状と救済の実情
　　(2)　必要な救済措置等
　4　メディアによる人権侵害
　　(1)　マスメディアによる人権侵害
　　　ア　人権侵害の現状と救済の実情
　　　イ　必要な救済措置等
　　　　(ｱ)　自主規制
　　　　(ｲ)　人権救済機関による救済
　　(2)　その他のメディアによる人権侵害
第 5　救済手法の整備
　1　簡易な救済の手法
　　(1)　相談
　　(2)　あっせん、指導等
　2　積極的救済の手法
　　(1)　調停
　　(2)　仲裁
　　(3)　勧告・公表
　　(4)　訴訟援助
　　(5)　特定の事案に関する強制的手法
　3　人権問題についての自由な意見交換のできる環境づくり
第 6　調査手続・権限の整備
第 7　人権救済機関の組織体制の整備
　1　人権救済機関の独立性等
　2　人権委員会の全国的な組織体制の在り方
　3　人権擁護委員が人権救済に果たすべき役割
　4　人権委員会の人的構成に関する留意点
　5　救済にかかわる他の機関・団体との連携の在り方
　　(1)　国
　　(2)　地方公共団体
　　(3)　民間
　6　人権委員会が他に所掌すべき事務

〔参考資料〕（省略）

第 1　調査審議の対象とその経過

〈1〉　人権擁護推進審議会（以下「本審議会」という。）は、平成 11 年 7 月に、人権教育・啓発の在り方に関する諮問第 1 号について答申した後、同年 9 月以降、諮問第 2 号である「人権が侵害された場合における被害者の救済に関する施策の充実に関する基本的事項」について、本格的な調査審議を行ってきた。
　諮問第 2 号の下での本審議会の任務は、人権侵害の被害者の救済のために法務省の

人権擁護機関がこれまで行ってきた取組を踏まえ、被害者救済に関する施策をより充実させるという観点から、行政機関による人権救済のための基本的な仕組み、すなわち人権救済制度の在り方について提言することである。特に、各国の取組等国際的な潮流も視野に入れつつ、我が国における人権侵害の現状と救済の実情を踏まえて、新たな人権救済制度の在り方を示すことが求められている。

〈2〉 本審議会では、これに応えるため、平成10年3月に人権救済制度検討準備委員会を設置して、各国の人権救済に関する取組や我が国の裁判外紛争処理制度（ADR）等についての基礎的な調査を開始した。諮問第2号に関する本格的な調査審議を開始した平成11年9月からは、改めて各種人権課題に関する関係団体からのヒアリングを実施するとともに、救済にかかわる各種制度等に関して関係行政機関から説明を聴取するなどして、国内における人権侵害の現状と救済の実情の把握に努め、これらに対する理解を深めた。さらに、北米、欧州4か国にわたる海外調査の実施等により、広く諸外国の人権救済に関する取組についても認識を深めてきた。

昨年4月からは、これらの基礎的調査の成果を参照しつつ、救済の理念と対象、救済の措置、調査手続・権限、救済機関の組織体制の4つの柱を中心に、論点の整理を行った上、これを基に9月以降議論を進め、11月に中間取りまとめを公表して、広く一般の方々の意見を求めた。本年2月からは、各方面から寄せられた様々な意見を踏まえつつ、慎重な調査審議を重ね、この答申に至ったものである。

〈3〉 本審議会は、人権救済制度における「救済」の意味を、人権侵害が発生した後の侵害行為の排除や被害回復のみならず、人権侵害が発生するおそれの高い場合のその防止や、いったん発生した後の再発防止を含む広いものとしてとらえた。人権は一たび侵害されると被害の回復が容易でなく、また、人権侵害は往々にしてこれを生む慣行等を背景として継続的又は集団的に発生することから、侵害を未然に防止することは、優れて救済としての意義を有するものと考える。この観点からは、加害者に人権尊重思想を啓発し（個別啓発）、自主的な被害回復とともに再発防止を図ることも救済として重要である。

もっとも、ここでの救済は、人権尊重の理念の普及高揚を目的として行われる一般的な啓発活動とは異なるが、いわば対症療法としての人権救済と、根治療法としての人権啓発は、人権尊重社会の実現を目標とする人権擁護行政における車の両輪であり、両者が互いに有機的な関係を保ちながら推進されてこそ、初めて真に効果的なものとなることに十分留意しなければならない(注1)。

〈4〉 人権救済にかかわる世界の潮流に目を向けると、人権諸条約に基づく各種委員会の活動や、欧州等における地域的な人権保障の枠組みに基づく取組等に加え、近時、人権救済をその重要な任務の一つとする国内人権機構(注2)の整備の動きが活発化しつつある。国際連合（以下「国連」という。）総会で採択された「国内機構の地位に関する原則」（いわゆるパリ原則）(注3)や国連人権センター作成の「国内人権機構：人権の促進と擁護のための国内機構の設立と強化に関するハンドブック」(注4)は、国内人権機構の整備に指針やモデルを提供するものであり、各国における実際の取組（別添参考資料7参照）と並んで、我が国における人権救済制度の在り方を考える上でも貴重な資料である。本審議会も、これらの国際的潮流を十分視野に置いて審議を行ってきたものである。

(注1) 人権教育及び人権啓発の推進に関する法律
人権啓発に関しては、人権教育及び人権啓発の推進に関する法律が平成12年11月成立し、同年12月から施行されている。

(注2) 国内人権機構
"national human rights institution" の訳語（国内人権機関と訳されることもある。）。明確な定義はないが、人権擁護に係る一定の活動を行っている特別の政府機関等を指していう例が多い。「国内人権機構：人権の促進と擁護のための国内機構の設立と強化に関するハンドブック」(注4参照) においては、「憲法又は法令に基づき、政府によって設立された機関で、人権の促進と擁護に関し、その機能が明確に定められているもの」と定義されている。

(注3)「国内機構の地位に関する原則」（いわゆるパリ原則）

1991年（平成3年）、国連人権委員会の決議に基づいてパリで開かれた第1回国内機構ワークショップ（我が国も参加）において採択され、1993年（平成5年）、国連総会でも附属文書として採択された原則で、国内人権機構の権限・責務、構成等についての指針を提供している（詳細については、別添参考資料5参照）。

(注4)「国内人権機構：人権の促進と擁護のための国内機構の設立と強化に関するハンドブック」

1995年（平成7年）、国連人権センター（現国連人権高等弁務官事務所）が、国内人権機構の設置や強化を考えている諸国のためのガイドラインとして発行したもので、国内人権機構が実効的に機能するための要素等を示している。

第2 我が国における人権侵害の現状と被害者救済制度の実情

1 人権侵害の現状

本審議会は、諮問第1号に対する先の答申において、人権教育・啓発の在り方を検討する前提として、女性、子ども、高齢者、障害者、同和関係者、アイヌの人々、外国人、HIV感染者やハンセン病患者、刑を終えて出所した人、犯罪被害者等に対する人権侵害の現状についての認識を明らかにした（第1、1「人権に関する現状」）。諮問第2号に関する本格的な調査審議を開始した平成11年9月以降は、人権救済制度の在り方を検討する観点から、我が国における人権侵害の現状やこれに対する救済の実情に関する認識を深めるため、改めて関係団体からヒアリングを行うとともに、関係行政機関から説明を求めるなどしてきた。

人々が生存と自由を確保し、幸福を追求する権利としての人権は、人間の尊厳に基づく固有の権利であって、歴史的には国家を始めとする公権力からの不当な侵害を抑制する原理として発展してきたものであるが、今日においては、公権力による人権侵害のみならず、広範かつ多様な差別、虐待事案等にみられるように私人間における人権侵害も深刻な社会問題として広く認識されるに至っており、国は、このような私人間の人権侵害についても、その被害者を救済する施策を推進する責務を有している（人権擁護施策推進法2条）。

そこで、我が国における人権侵害の現状を概観すると、まず、加害者のいかんを問わず、差別、虐待の問題が極めて顕著な問題となっており、これを私人間についてみると、次のとおりである。

○差別の関係では、女性・高齢者・障害者・同和関係者・アイヌの人々・外国人・HIV感染者・同性愛者等に対する雇用における差別的取扱い、ハンセン病患者・外国人等に対する商品・サービス・施設の提供等における差別的取扱い、同和関係者・アイヌの人々等に対する結婚・交際における差別、セクシュアルハラスメント、アイヌの人々・外国人・同性愛者等に対する嫌がらせ、同和関係者・外国人・同性愛者等に関する差別表現[注5]等の問題がある。

○虐待の関係では、夫・パートナーやストーカー等による女性に対する暴力、家庭内・施設内における児童・高齢者・障害者に対する虐待、学校における体罰、学校・職場等におけるいじめ等の問題があり、これらの問題はその性質上潜在化しやすいことから、深刻化しているものが少なくない。

次に、歴史的にも、また現在でも看過することのできない公権力による人権侵害についてみると、まず、差別、虐待の問題としては、各種の国営・公営の事業等における差別的取扱いや虐待等、私人間におけるものと基本的に同じ態様の問題に加え、捜査手続や拘禁・収容施設内における暴行その他の虐待等、固有の問題がある。このほか、公権力による人権侵害としては、違法な各種行政処分による人権侵害や、いわゆる冤罪や国等がかかわる公害・薬害等に至るまで様々な問題がある。

また、近時、社会問題化しているものとして、マスメディアによる犯罪被害者等に対する報道によるプライバシー侵害、名誉毀損、過剰な取材による私生活の平穏の侵害等の問題があるほか、その他のメディアを利用した人権侵害として、インターネットを悪用した差別表現の流布や少年被疑者等のプライバシー侵害等の問題がある。

そのほか、高齢者・障害者にかかわる家族等によるその財産の不正使用や悪質な訪問販売・悪徳商法による財産権侵害の問題等、様々な問題がある。

2 被害者救済制度の実情

法務省の人権擁護機関は、広く人権侵害一般を対象とした人権相談や人権侵犯事件の調査処理を通じて、人権侵害の被害者の救済に一定の役割を果たしているが、現状においては救済の実効性に限界がある。また、被害者の救済に関しては、最終的な紛争解決手段としての裁判制度のほか、行政機関や民間団体等による各種の裁判外紛争処理制度（ADR）等が用意されているが、これらは、実効的な救済という観点からは、それぞれ制約や限界を有している。

(1) 法務省の人権擁護機関による人権相談及び人権侵犯事件調査処理制度

〈1〉 法務省人権擁護局、その出先機関である法務局・地方法務局の人権擁護部門と各支局の人権擁護担当職員に加え、各市区町村に配置された全国約1万4,000名の人権擁護委員で構成される法務省の人権擁護機関は、人権相談や人権侵犯事件の調査処理を通じて、人権侵害の被害者の簡易・迅速で柔軟な救済に努めてきた。平成12年に受け付けた人権相談は約65万件、人権侵犯事件は約1万7,000件に上っている。

このうち、人権侵犯事件の調査処理制度は、法務大臣訓令という内規に基づく制度であり、任意調査により人権侵害事実の有無を確認し、これが認められるときは、勧告、説示等の措置をもって加害者を啓発し、人権侵害状態の除去や再発防止を促すなど、専ら任意的手法によって人権侵害事案の解決を図るものである。対象とする人権侵害に特段の限定がないため、その時々に問題となっている人権侵害事象に対して柔軟な対応が可能であり、また加害者に対する啓発を中心としたソフトな手法は、それなりの効果を上げてきた。

〈2〉 しかし、その反面、実効的な救済という観点からは、次のような限界や問題点がある。

○専ら任意調査に依存しているため、相手方や関係者の協力が得られない場合には、調査に支障を来し、人権侵害の有無の確認が困難となる。

○専ら啓発的な任意の措置に頼っているため、加害者が確信的であるなど任意に被害者救済のための行動をとることが期待できない場合には、実効性がない。

○政府の内部部局である法務省の人権擁護局を中心とした制度であり、公権力による人権侵害事案について公正な調査処理が確保される制度的保障に欠けている。

○人的資源が質・量ともに限られており、専門的対応や迅速な調査処理が困難な場合がある。

○上記の結果として、国民一般から高い信頼を得ているとは言い難い。

(2) 司法的救済と各種裁判外紛争処理制度（ADR）等

ア 司法的救済

裁判制度に関しては、国民のより利用しやすい司法の在り方等について、現在、司法制度改革審議会において検討が行われているところであり、本審議会としてもその成果に期待するものである。しかし、裁判制度には、以下に述べるような制約がある。すなわち、［ア］その中心となる訴訟は、法と証拠に基づき権利・義務関係を最終的に確定するものであるため、本質的に厳格な手続を要するものであること（公開性、要式性等）や、現行不法行為法上、採り得る救済措置が限られていること（事後的な損害賠償が中心）などから、簡易・迅速な救済や事案に応じた柔軟な救済が困難な場合がある。［イ］裁判手続を利用するためには、権利侵害を受けた者による申立てと手続の追行が必要であるが、差別や虐待の被害者のように、自らの社会的立場や加害者との力関係から被害を訴えることを思いとどまったり、たとえ訴えようとしても、証拠収集や手続追行の負担に耐えられずにこれを断念せざるを得ない者が少なくなく、そもそも被害意識が希薄な被害者らもいるなど、自らの力で裁判手続を利用することが困難な状況にある被害者がいる、といった問題がある。

イ 各種裁判外紛争処理制度（ADR）等

労働問題、公害、児童虐待等の分野においては、最終的な紛争解決手段である裁判制度を補完する裁判外紛争処理制度（ADR）や被害者保護のための特別の仕組みが設けられており、また、様々な分野で、公私の機関・団体による被害者保護の取組が行われている（別添参考資料4参照）。これらは、それぞれに被害者救済の機能を果たしているが、実効性の観点から限界や

問題点を指摘されているものもあり、改善のための取組も行われている。また、これらの制度等は、そもそも総合的な人権救済の視点に立って設置されるなどしたものではないため、救済が必要な分野をすべてカバーしているわけではない。

3 人権救済をめぐるその他の情勢
〈1〉 本審議会設置の一つの契機となった地域改善対策協議会の「同和問題の早期解決に向けた今後の方策の基本的な在り方について（意見具申）」（平成8年5月）においては、各国の取組等国際的な潮流も視野に入れ、21世紀にふさわしい人権侵害救済制度の確立を目指して鋭意検討を進めるべきことが提言されている。また、男女共同参画社会基本法（平成11年6月成立）においては、性差別等による人権侵害の被害救済を図るために必要な措置を講ずべきことが国の責務とされ（17条）、主に法務省の人権擁護機関がその任に当たることが期待されている。

〈2〉 規約人権委員会[注6]は、我が国の報告書に対する最終見解（1998年（平成10年）11月）の中で、人権侵害の申立てに対する調査のための独立した仕組みを設置すること、とりわけ、警察及び出入国管理当局による不適正な処遇について調査及び救済を求める申立てができる独立した機関等を設置することを勧告した。また、児童の権利に関する条約に基づく児童の権利に関する委員会も、我が国の報告書に対する最終見解（同年6月）の中で、独立した監視の仕組みを設置するために必要な措置を講ずることを勧告した。さらに、人種差別撤廃条約[注7]に基づく人種差別の撤廃に関する委員会は、我が国の報告書に対する最終見解（2001年（平成13年）3月）の中で、同条約の規定を国内において完全に実施することを考慮するよう勧告した。

（注5）差別表現
この答申においては、差別表現という言葉を、差別に基づいて個人又は集団を誹謗・中傷する表現のほか、いわゆる部落地名総鑑のように、必ずしも個人等を直接誹謗・中傷するものではないが、差別を助長・誘発する表現を含むものとして使用している。

（注6）規約人権委員会

市民的及び政治的権利に関する国際規約に基づく人権委員会

（注7）人種差別撤廃条約
あらゆる形態の人種差別の撤廃に関する国際条約

第3 人権救済制度の果たすべき役割

1 人権救済制度の位置付け

人権侵害の現状や被害者救済制度の実情、特に、最終的な紛争解決手段である裁判制度における一定の制約などを踏まえると、今日の幅広い人権救済の要請に応えるため、人権擁護行政の分野において、簡易性、柔軟性、機動性等の行政活動の特色をいかした人権救済制度を整備していく必要がある。すなわち、新たな人権救済制度は、被害者の視点から、簡易・迅速で利用しやすく、柔軟な救済を可能とする裁判外紛争処理の手法を中心として、最終的な紛争解決手段である司法的救済を補完し、従来くみ上げられなかったニーズに応える一般的な救済制度として位置付けられるべきである。

既に個別的な行政上の救済制度が設けられている分野、例えば、女性の雇用差別に関する都道府県労働局（雇用均等室）・機会均等調停委員会や児童虐待に関する児童相談所など、被害者の救済にかかわる専門の機関が置かれている分野においては、当該機関による救済を優先し、人権救済機関は、当該機関との連携の中で必要な協力を行うとともに、当該機関による解決が困難な一定の事案については、人権救済機関として積極的な対応を行うなど、適正な役割分担を図るべきである。また、各種の行政上の不服申立手続や刑事手続との間においても、適正な役割分担を図る必要がある。

2 具体的役割
(1) あらゆる人権侵害を対象とする総合的な相談と、あっせん、指導等の手法による簡易な救済

人権救済制度においては、法務省の人権擁護機関が従来取り組んできたように、あらゆる人権侵害を対象として、総合的な相談と、あっせん、指導等の専ら任意的な手法による簡易な救済が図られるべきである。
〈1〉 相談は、適切な助言を通じて、人権侵害の発生や拡大を防止し、人権侵害に関す

る紛争の自主的解決を促進するなど、それ自体が有効な救済手法である。同時に、より本格的な救済手続への導入機能や、他の救済にかかわる制度等を利用すべきものについてはその紹介・取次ぎによる振り分け機能をも併せ持っている。したがって、人権救済制度においては、あらゆる人権侵害を対象とする総合的な相談サービスを提供すべきである。

〈2〉 あっせんや啓発的手法を用いた指導その他の強制的要素を伴わない専ら任意的な手法による救済は、対象を限定することなく、広範な人権侵害に対して簡易・迅速で柔軟な救済を可能とする仕組みとして、引き続きその充実を図る必要がある。

(2) 自主的解決が困難な状況にある被害者の積極的救済

差別や虐待の被害者など、一般に自らの人権を自ら守ることが困難な状況にある人々に対しては、より実効性の高い調査手続や救済手法を整備していく必要があり、積極的救済を図っていく必要がある（以下、このような意味での実効的な救済を「積極的救済」と呼ぶこととする。）。

〈1〉 様々な理由から自らの力で裁判手続を利用することが困難な状況にある被害者がおり、司法的救済には、このような被害者との関係では有効に機能しないという限界がある（第2、2(2)ア）が、一般に差別や虐待の被害者はその典型である。これらの被害者には、自らの社会的立場や加害者との力関係から被害を訴えることを思いとどまったり、たとえ訴えようとしても、証拠収集や訴訟追行の負担からこれを断念せざるを得ず、泣き寝入りに終わるものも少なくないほか、そもそも被害意識が希薄である場合すらあり、被害が潜在化している実情にある。そして、そのことが更に同種の人権侵害を拡大させるおそれがある。したがって、差別や虐待の被害者を中心とした自らの人権を自ら守ることが困難な状況にある人々に対しては、積極的救済を図っていく必要がある。

〈2〉 先の答申において、女性や子ども等の被害者別にみた人権課題を指摘した（第1、1「人権に関する現状」）が、これらの被害者の属性をもって一律に弱者ととらえることは妥当でなく、むしろ、一般にその被害者が自らの人権を自ら守ることが困難な状況に置かれている差別、虐待といった人権侵害の態様に着目して、積極的救済の対象とすることが適当である。

〈3〉 積極的救済の対象とする人権侵害については、特に私人間における人権侵害の場合において、その救済手続が一面で相手方や関係者の人権を制限するものでもあることから、そのような関係者らの予測可能性を確保する意味からも、対象となる差別や虐待の範囲をできるだけ明確に定める必要がある。

〈4〉 積極的救済は、差別、虐待を中心に、救済の必要性が高く、人権救済機関が有効な関与をなし得る人権侵害を対象として行うべきである。さらに、差別、虐待等の一定の類型に属さないものについても、人権擁護の観点から看過し得ないものに対しては、機動的かつ柔軟に積極的救済を図ることができる仕組みを工夫する必要がある。なお、積極的救済の対象を考えるに当たっては、人権救済機関の人的・物的資源を分散し、その実効性を損なうことがないよう、また、市民生活への介入を無用に増大させることがないよう配慮する必要がある。

3 その他

人権救済機関は、その活動に関する公開性・透明性を高め、説明責任を果たすことにより、信頼性の向上に努めるとともに、具体的事件の調査処理に当たっては、関係者のプライバシー保護に配慮する必要がある。

第4 各人権課題における必要な救済措置

第3で述べた人権救済制度の果たすべき役割を念頭に置きつつ、第2、1でみた人権課題に関し、我が国において顕著な差別、虐待の問題から、順次、積極的救済を中心とした必要な救済措置について検討する。

1 差別

人種、信条、性別、社会的身分、門地、障害、疾病、性的指向[注8]等を理由とする、社会生活における差別的取扱い等については、調停、仲裁、勧告・公表、訴訟援助等の手法により、積極的救済を図るべきである。差別表現については、その内容、程度、態様等に応じた適切な救済を図るべきである。

(1) 人権侵害の現状と救済の実情

〈1〉 先に指摘したとおり、女性・高齢者・障害者・同和関係者・アイヌの人々・外国人・HIV感染者・同性愛者等に対する雇用における差別的取扱い、ハンセン病患者・外国人等に対する商品・サービス・施設の提供等における差別的取扱い、同和関係者・アイヌの人々等に対する結婚・交際における差別、セクシュアルハラスメント、アイヌの人々・外国人・同性愛者等に対する嫌がらせ、同和関係者・外国人・同性愛者等に関する差別表現等の問題がある。

〈2〉 これらのうち差別的取扱いに関しては、雇用や公共的な各種事業等の分野ごとに禁止規定が設けられているが、社会的身分に基づく募集・採用差別や、一般業種に関する商品・サービス・施設の提供等における差別的取扱いなど、私人間における差別に関しては明示的に禁止されていない領域もあり、違法な差別の範囲が必ずしも明確ではない。

〈3〉 そのほか、これらの差別に関する司法的救済については、一般に、異なる取扱いの差別性、不合理性を立証するための証拠収集が被害者にとって重い負担となっており、また、特に雇用等の継続的関係における相手方との力関係や人間関係悪化等への懸念もあり、被害者が訴えにくい状況がある。

〈4〉 雇用における差別に関しては、厚生労働省都道府県労働局長による紛争解決援助や機会均等調停委員会による調停、募集等における個人情報の収集制限に関する厚生労働大臣(公共職業安定所長)の指導、助言、改善命令等の行政上の取組がなされている。

(2) 必要な救済措置等
　ア　差別的取扱い等
　　(ｱ) 救済対象
　　　これらのうち差別的取扱いに関しては、一般に積極的救済が必要であるが、まず、その対象とすべき差別的取扱いの範囲を明確にする必要がある。
　　〈1〉 積極的救済を行うべき差別的取扱いの範囲は、上記の問題状況や、差別を禁止する憲法14条1項、人種差別撤廃条約(特に1条、5条)の趣旨等に照らし、人種・皮膚の色・民族的又は種族的出身、信条、性別、社会的身分、門地、障害、疾病、性的指向等を理由とする、社会生活(公権力との関係に係るもののほか、雇用、商品・サービス・施設の提供、教育の領域における私人間の関係に係るものを含む。)における差別的取扱いを基本とすべきである。

　　〈2〉 一定の年齢以上であることを理由とする差別の問題については、雇用の場面では定年制等の年齢を基準とする雇用慣行が存在し、許されない差別の範囲が必ずしも明確でないことから、これを積極的救済の対象とすることは困難である。一方、住宅の賃貸等の場面において人権擁護上看過し得ない事案があれば、個別に事案に応じた救済を図っていくことが相当である。

　　〈3〉 結婚・交際における差別事案に対しては、この問題の重要性にもかんがみ、まず、一般的な啓発活動を一層充実させる必要があり、さらに、具体的事案については、あっせん、指導等の任意的手法により、関係者間の調整を行い、あるいは関係者を粘り強く啓発していくなどの取組が必要である。また、結婚・交際を妨害するため当人らに加えられる嫌がらせや侮辱については、積極的救済が図られることになる(後記〈4〉及びイ〈1〉)。なお、これらの差別につながる身元調査に対しても、関係者に対する指導等、適切な取組が必要である。

　　〈4〉 セクシュアルハラスメントや人種、民族、社会的身分等にかかわる嫌がらせも、差別的取扱いと同様、積極的救済の対象とすべきである。

　　(ｲ) 救済手法
　　〈1〉 積極的救済の対象とすべき上記差別的取扱い等に関しては、当事者間の合意を基本とする調停や仲裁のほか、勧告・公表、さらには、これらが奏功しない場合の訴訟援助の手法が有効と考えられる。

　　〈2〉 差別の事後的救済には限界があることから、差別的取扱いを内容とする営業方針が公表されるなど、将来、不特定又は多数の者に対して差別的取扱いが行われる明白な危険がある場合に、勧告・公表までの手法で解決をみないときは、具体的な被害発生後の被害者による訴訟提起を待つことなく、人権救済機関の積極的な関与により当該差別的取扱いを実効的に防止する仕組みを導入すべきであり、そのための手法を検

討する必要がある（第5、2(5)参照）。
イ　差別表現
〈1〉　差別表現のうち、特定の個人に対する侮辱や名誉毀損に当たるものについては、差別的取扱いに関する救済手法と同様の手法により、積極的救済を図るべきである。
〈2〉　いわゆる部落地名総鑑の出版やインターネット上の同種情報の掲示のように、人種、民族、社会的身分等に係る不特定又は多数の者の属性に関する情報を公然と摘示するなどの表現行為であって、差別を助長・誘発するおそれが高いにもかかわらず、法律上又は事実上、個人では有効に対処することが著しく困難な一定の表現行為が行われた場合において、勧告・公表までの手法で解決をみないときは、訴訟援助の手法が機能しないことから、上記ア(イ)〈2〉と同様、人権救済機関の積極的な関与により当該表現行為を排除していく仕組みを導入すべきであり、そのための手法を検討する必要がある（第5、2(5)参照）。
〈3〉　集団誹謗的表現（人種、民族、社会的身分等により識別された一定の集団を誹謗・中傷する表現）の中には、関係者の人間としての尊厳を傷つけ、あるいは一定の集団に対する差別意識を増幅させるなど、人権擁護の観点から看過し得ないものがあり、適切に対応することが必要である。集団誹謗的表現は、その内容、程度、態様等において様々なものがあることから、その対応に当たっては、これらを踏まえることが必要である。
○集団誹謗的表現のうち、個別的人権侵害であるととらえることのできるもの（例えば、特定の職場や地域の中で当該集団に属する多数人を侮辱し、その名誉を毀損するもの）については、特定の個人に対する侮辱や名誉毀損に当たる差別表現と同様に取り扱うべきである。
○上記以外の集団誹謗的表現については、憲法の保障する表現の自由に配慮し、当該表現の内容、程度、態様等に留意しながら、人権救済機関による意見表明や行為者に対する個別指導等の手法によって適切に対応すべきである。

2　虐待
加害者・被害者間に法律上又は事実上の力の優劣を伴う関係がある中で起きる虐待についても、調停、仲裁、勧告・公表、訴訟援助の手法や早期発見のための工夫等により、積極的救済を図るべきである。
(1)　人権侵害の現状と救済の実情
〈1〉　先に指摘したとおり、夫・パートナーやストーカー等による女性に対する暴力、家庭内・施設内における児童・高齢者・障害者に対する虐待、学校における体罰、学校・職場等におけるいじめ等の問題があり、深刻化しているものが少なくない。
〈2〉　虐待は、通常そのほとんどが犯罪を構成するが、「法は家庭に入らず」の原則により警察等が家庭内の問題に慎重な姿勢をとってきたこと、被害者が処罰意思を明確に示すことのできない状況に置かれている場合も少なくないことなどから、刑事的規制が必ずしも有効に機能してこなかった。女性に対する暴力、保護者等が加害者となることが多い児童、高齢者、障害者に対する虐待は、いずれもその密室性や加害者との力関係、被害者自身の立場の弱さ等から潜在化し、問題を一層深刻化させている。
〈3〉　近時、女性に対する暴力の関係では、ストーカー規制法[注9]が成立し、ストーカー行為が犯罪とされるとともに、行政的対応が整備され、また、配偶者暴力防止法[注10]が成立し、保護命令制度の導入や、婦人相談所を中心とした配偶者暴力相談支援センターの整備等、被害者保護のための手当てがなされた。児童虐待の関係では、児童虐待防止法[注11]が成立し、児童福祉法の下での児童相談所の対応が強化された。行政面では、警察が、女性、子どもを守るための積極的対応を打ち出している。各種施設における虐待に関しては、都道府県知事等による監督の仕組みがあるほか、近時、地方公共団体によるオンブズマン組織設置の動きがある。
(2)　必要な救済措置等
〈1〉　虐待に関しては、上記のとおり、一定の立法的・行政的な手当てがなされているが、いまだ十分な取組が行われていない分野もあり、人権救済制度においても積極的救済が必要である。その前提として、積極的救済の対象とすべき虐待の範囲を明確にする必要がある。
○その範囲は、上記の問題状況や児童虐待防止法上の定義等に照らすと、加害者・

被害者間に法律上又は事実上の力の優劣を伴う関係がある中で起きる虐待、すなわち、家庭、施設、職場その他の場所で、女性、子ども、高齢者、障害者等の相対的に弱い立場にある者に対して行われる身体的虐待、性的虐待、心理的虐待、ネグレクト（保護義務者の場合）を含むものとすべきである。学校における体罰、学校や職場等におけるいじめも、これに含まれる場合がある。

〈2〉 虐待に関しては、差別と同様に、調停、仲裁、勧告・公表、訴訟援助の手法を整備するとともに、人権救済機関は、関係機関等との連携協力により、早期発見や被害者の保護・支援に努めるべきである。

○虐待は潜在化しやすく、その間に深刻化する傾向があることから、人権救済機関は、訪問相談の実施や民生委員等の各種民間ボランティアとの連携等により、早期発見に努めるべきである。また、障害者や高齢者に関しては、周囲とのコミュニケーションに関する困難性から、虐待被害の発見が遅れることがあるため、これらの人々とのコミュニケーションを確保する工夫も必要である。

なお、自己の意思を表示できない乳幼児などが、その保護者等から虐待を受けているときは、被害者からの救済の申立ては全く期待できないことから、早期発見がより重要である。乳幼児虐待の根本的解決については、政府において別途考慮されるべき課題であると考えるが、人権救済機関としては、具体的な虐待の事案を把握したときは、関係諸機関と適切な連携を図りつつ、主体的に適切な対応を図る必要がある。

○虐待については、被害者に対する事後的なカウンセリングが重要であるほか、加害者へのカウンセリングにより再発防止を図る必要がある場合も少なくないが、カウンセリングには心理学等の専門的知識を要することなどに照らすと、人権救済機関は、公私の関係機関・団体における取組を踏まえつつ、これらと連携協力していく必要がある。また、被害者の生活支援の面でも、公私の関係機関・団体と連携協力すべきである。

〈3〉 家族や訪問販売業者等による高齢者、障害者の財産権侵害についても、その密室性や被害者のコミュニケーション障害、被害認識の欠如等から問題が潜在化しやすいなど、虐待と共通の問題がある。人権救済機関としては、虐待の早期発見のための取組の中で、これらの問題についても注意を払い、あっせん、指導等の任意の手法により被害の拡大を防止し、被害者の保護を図ると同時に、適宜告発等により刑事手続を促すなど必要な措置を講ずべきである。

3 公権力による人権侵害

公権力による人権侵害のうち、前記差別、虐待に該当するものについて、調停、仲裁、勧告・公表、訴訟援助の手法により、積極的救済を図るべきである。

(1) 人権侵害の現状と救済の実情

〈1〉 先に指摘したとおり、公権力による人権侵害には、まず、差別、虐待の問題として、各種の国営・公営の事業等における差別的取扱いや虐待等、私人間におけるものと基本的に同様の態様の問題に加え、捜査手続や拘禁・収容施設内における暴行その他の虐待等、固有の問題がある。このほか、公権力による人権侵害としては、違法な各種行政処分による人権侵害や、いわゆる冤罪や国等がかかわる公害や薬害等の問題に至るまで様々な問題がある。

〈2〉 行政処分に対しては一般的な行政不服審査や個別の不服申立ての手続が整備されている。また、捜査手続や拘禁・収容施設内での虐待等については、付審判請求を含む刑事訴訟手続のほか、内部的監査・監察や苦情処理のシステムが設けられている。

(2) 必要な救済措置等

公権力による人権侵害の問題が、歴史的にも、また、現在においても極めて重要であることは言うまでもない。

まず、一般に被害者が自らの人権を自ら守ることが困難な状況にある差別や虐待については、私人間における差別や虐待にもまして救済を図る必要があり、規約人権委員会の最終見解においても特にこのような人権侵害に関して独立した救済機関の設置が勧告されていることなどから、公権力による差別、虐待については、他の手続との関係にも留意しつつ、調停、仲裁、勧告・公表、訴訟援助の手法により、積極的救済を図るべきである。

次に、公権力によるその他の人権侵害につ

いては、各種行政処分に対しては一般又は個別の不服申立制度が整備されており、また、人権救済機関が冤罪や公害・薬害等の問題にまで幅広く対応することは、関係諸制度との適正な役割分担の観点からも、救済機関の果たすべき役割の観点からも適当でない。そこで、そのすべてを一律に積極的救済の対象とするのでなく、人権擁護上看過し得ないものについて、個別に事案に応じた救済を図っていくという方法をとるべきである（第3、2(2)〈4〉参照）。

4 メディアによる人権侵害

(1) マスメディアによる人権侵害

マスメディアによる人権侵害に関しては、まずメディア側の自主規制による対応が図られるべきであり、その充実・強化を要望する。犯罪被害者等に対する報道によるプライバシー侵害等については、調停、仲裁、勧告・公表、訴訟援助の手法により、積極的救済を図るべきである。

ア 人権侵害の現状と救済の実情

〈1〉 報道によるプライバシー侵害、名誉毀損、過剰な取材による私生活の平穏の侵害等の問題がある。

特に、犯罪被害者やその家族のプライバシーを侵害する報道や行き過ぎた取材活動は、二次被害とまで言われる深刻な被害をもたらしている。被疑者・被告人の家族についても同様の問題があるほか、少年被疑者の実名報道等の問題もある。これらの人々は、その置かれた状況から、自ら被害を訴えることが困難であり、また裁判に訴えようとしても訴訟提起・追行に伴う負担が重く、泣き寝入りせざるを得ない場合も少なくない。

〈2〉 新聞、雑誌等の活字メディアについては、各社の自主規制にゆだねられており、一部の新聞においては、苦情処理のための第三者機関設置の取組もみられる。放送については、法律上の訂正放送制度に加え、放送局が共通の自主的苦情処理機関として設置した「放送と人権等権利に関する委員会機構（BRO）」による取組がある。

イ 必要な救済措置等

(ア) 自主規制

活字メディアについては第三者性や透明性の確保を含む自主規制の強化・徹底を、放送についてはBROの更なる充実を要望する。

〈1〉 マスメディアは、民主主義社会の基盤をなし、憲法上手厚い保障を受ける表現の自由、報道の自由を享受しており、さらに、その影響力も大きいことから、その活動に対して重い責任を有している。マスメディアが、これまで様々な人権侵害の問題に光を当てることにより、人権擁護に貢献してきたのも、その一環である。

以上のようなマスメディアの地位に照らせば、マスメディアによる人権侵害の問題については、まずマスメディア自身が報道や取材の過程において人権侵害を未然に防ぐ取組を強化するとともに、実効的な苦情処理体制を整備するなどの自主的な対応が図られるべきである。

〈2〉 新聞、雑誌等の活字メディアにおいては、一部新聞による第三者を活用した苦情処理制度の新設等の取組も含め、一定の努力がなされているが、なお十分な信頼を得るためには、苦情処理の過程に第三者を活用する取組を更に進めるとともに、結果の公表も含めて苦情処理制度全般の透明度を高める取組が期待される。第三者性を高める観点からは、外国における各社共通の第三者機関の設置による取組が評価されているところであり、我が国においてもこのような制度の導入が検討されるべきである。

〈3〉 放送に関するBROについては、審査基準の明確化や取材活動への対応を含め、その活動が一層充実・強化されることが期待される。

(イ) 人権救済機関による救済

犯罪被害者とその家族、被疑者・被告人の家族、少年の被疑者・被告人等に対する報道によるプライバシー侵害や過剰な取材等については、これらの人々が自らの人権を自ら守っていくことが困難な状況にあることに照らし、自主規制の取組にも配意しつつ、調停、仲裁、勧告・公表、訴訟援助の手法により、積極的救済を図るべきである。

〈1〉 マスメディアにおける自主規制の現状等に照らすと、マスメディアによる人権侵害の問題をすべてその自主規制にゆだねることは相当でないが、他方で、マスメディアによる人権侵害を広く積極的救済の対象とすることは、表現の自由、報道の自由の

保障等の観点から相当でなく、特に救済の必要性の高い上記の分野に限って積極的救済を図るべきである。
〈2〉 誤った犯人報道を含め、誤報による名誉毀損の被害も深刻であるが、行政に属する人権救済機関が報道内容の真偽や取材内容等についての調査を行うことは、表現の自由、報道の自由との関係で相当でなく、また、実効的な調査も期待できないことから、これらの人権侵害は、原則として人権救済機関による積極的救済にはなじまないものと考える。
(2) その他のメディアによる人権侵害
インターネットは、個人が不特定多数の人に向けて大量の情報を発信することを可能とし、これを悪用した差別表現の流布や少年被疑者等のプライバシー侵害の問題が顕在化している。これらについては、まず一般の差別表現等としての救済の在り方を検討すべきであるが、インターネットに固有のものとして、プロバイダーの責任や通信の秘密で守られた発信者情報の開示等の問題があることから、これらの点を含むインターネットに関する法整備の状況も踏まえながら、人権救済機関として有効な救済活動を行い得る対策を講ずべきである。

(注8) 性的指向
異性愛、同性愛、両性愛の別を指すsexual orientationの訳語。このほか、同じく性的少数者に位置付けられる性同一性障害、インターセックス（先天的に身体上の性別が不明瞭であること）を理由とする差別的取扱い等についても、同様に積極的救済を図るべきである。
(注9) ストーカー規制法
ストーカー行為等の規制等に関する法律（平成12年5月成立、同年11月施行）
(注10) 配偶者暴力防止法
配偶者からの暴力の防止及び被害者の保護に関する法律（平成13年4月成立、同年10月（一部平成14年4月）施行予定）
(注11) 児童虐待防止法
児童虐待の防止等に関する法律（平成12年5月成立、同年11月施行）

第5 救済手法の整備

第4において各人権課題との関係でみたとおり、人権救済制度における救済手法を大幅に拡充することが必要であり、簡易な救済のための相談やあっせん、指導等に加え、積極的救済のための調停、仲裁、勧告・公表、訴訟援助等の手法の整備を図る必要がある。

1 簡易な救済の手法
(1) 相談
〈1〉 あらゆる人権侵害に対応できる総合的な相談窓口を整備する必要がある。相談窓口は、被害者が気軽に相談できる身近なものでなければならない。この観点からは、特に、都道府県や市町村の行う各種相談事業との有機的な連携が重要である。
〈2〉 相談は、適切な助言等を通じて、人権侵害の発生や拡大を防止し、当事者による紛争解決を促すなどそれ自体が有効な救済手法であるから、担当する職員等には各種人権問題とその解決手法に関する専門的知識が必要であり、職員等の質的向上が重要である。一方、相談の振り分け機能との関係においては、他の救済にかかわる制度や細分化された行政窓口等の中から、事案に応じた適切な部署に紹介・取次ぎを行う必要があり、これをたらい回しに終わらせないためにも、関係機関との連携協力体制の構築が必要である。
(2) あっせん、指導等
あっせん、指導その他の強制的要素を伴わない専ら任意的な手法による救済は、従来から法務省の人権擁護機関が行ってきたところである。実効性に限界があることは否めないものの、粘り強く加害者を啓発して自主的に是正措置等を講ずることを促すその手法は、再発防止等の観点から人権救済にふさわしいものであると同時に、事案に即した柔軟な解決を可能にするものであり、これに従事する職員の専門性を涵養するなどして、引き続き、この手法による対応を充実していく必要がある。

2 積極的救済の手法
(1) 調停
調停者が必要に応じて事実関係を調査した上で、当事者間の合意による紛争解決を促す調停は、裁判手続に比べ、簡易・迅速で、具体的事案に即した柔軟な救済を可能とする手法であり、諸外国の人権救済機関も含め、内外で最も活用されている代表的な裁判外紛争処理の手法である。人権救済においても、こ

の手法を大いに活用すべきであり、専門性等を有する人権擁護委員の参加を含め、調停手続やこれを担う体制の整備を図るべきである。
(2) 仲裁
　仲裁人が、仲裁判断に従うとの当事者双方の合意を前提として、必要な調査を行い、確定判決と同一の強い効力を持つ仲裁判断を示す仲裁は、解決の柔軟性を維持しつつ、より簡易・迅速に事案の最終的な解決を図る裁判外紛争処理の手法である。従来、我が国では、一定の分野を除き、必ずしも十分に利用されてこなかったが、その有用性にかんがみ、人権救済においては、事案に応じて柔軟に活用すべきである。
(3) 勧告・公表
　人権侵害の加害者に対し、人権侵害の事実を指摘して任意に救済措置を講ずるよう促す勧告は、それ自体に勧告内容の遵守を強制する効力はないが、人権救済機関の権威を背景とした相応の指導力を期待することができるとともに、その不遵守に対する公表は、一般に対する啓発効果のほかに、相手方にとっては事実上間接強制の効果を持ち得る。法務省の人権擁護機関においては、従来から任意調査に基づいて人権侵害の事実を確認した重大事案に関して勧告を行ってきたが、要件・手続等を整備した上、勧告・公表の手法を有効に活用すべきである。
(4) 訴訟援助
　〈1〉　勧告・公表までの手法によっても被害者救済が図れない場合の対応として、被害者が自らの請求権に基づき訴訟提起できる場合には、被害者が司法的救済を得られるよう人権救済機関がこれを援助していくことが相当である。
　○諸外国の人権救済にかかわる機関の中には、審判手続を経て、拘束力のある裁定を行うものも一部にあるが、被害者自らが訴訟提起できる場合には、むしろ訴訟の利用を図ることが直截かつ合理的である。
　○他方、諸外国の人権救済にかかわる機関の中には、被害者に代わって自ら訴訟を提起することにより救済の実現を図るものもあるが、被害者自らが訴訟提起できる場合の人権救済機関による訴訟提起の必要性については疑問があるほか、法制面での問題もあり、むしろ被害者の訴訟を援助していくことが相当と考える。
　〈2〉　訴訟援助の具体的手法としては、法律扶助制度の活用に加え、事案解明のために、人権救済機関が調査の過程で収集した資料を被害者が自らの訴訟に活用できるよう、資料提供の制度を整備すべきである。また、訴訟の複雑困難性等に照らし、救済の確実な実現を図る観点からその必要性が認められる場合には、人権救済機関が被害者の提起した訴訟において被害者を救済するために訴訟活動に関与することを可能とする制度を導入すべきであり、相手方に対する手続保障にも留意しつつ、訴訟参加等、そのための手法を検討する必要がある。
(5) 特定の事案に関する強制的手法
　差別的取扱いを内容とする営業方針の公表等不特定又は多数の者に対して差別的取扱いが行われる明らかなおそれを生じさせる行為（第4、1(2)ア(イ)〈2〉）や、部落地名総鑑の頒布等差別を助長・誘発するおそれの高い一定の表現行為（同イ〈2〉）が行われた場合については、差別的取扱い等を受けるおそれのある個人が訴訟によりその排除を求めることが、法律上又は事実上著しく困難であり、又は問題の実質的解決にならないため、訴訟援助の手法が有効に機能しない。そこで、人権救済機関自らが裁判所にその排除を求めるなどして、人権侵害の防止を図っていく仕組みの導入が必要であり、表現の自由の保障に配慮しつつ、我が国の法制上これを可能とする具体的手法を検討すべきである。

3　人権問題についての自由な意見交換のできる環境づくり

　人権侵害の当事者同士による話合いは、任意的な解決を担保するための条件を備える限りにおいて、柔軟で有効な紛争解決の手法である。人権救済機関によるあっせんや調停の手続も、中立公正の立場からこれを促進するものであり、人権救済機関以外の者が話合いの仲立ちをする場合にも、中立性が堅持され、適正な判断基準が維持される必要がある。
　差別行為を行ったとされる者に対する集団による行き過ぎた追及行為の弊害がこれまで指摘され、人権教育・啓発に関する先の答申においても言及したところである。任意性が

保障されない追及行為は相当でなく、当事者間の任意の話合いで解決をみないときは、人権救済機関による救済手続を利用することが期待される。人権問題の真の解決を図るためには、人権問題に関して自由な意見交換を行うことができる環境づくりが重要である（人権教育・啓発の在り方に関する先の答申第2、2)。

第6　調査手続・権限の整備

〈1〉　法務省の人権擁護機関による現行の人権侵犯事件の調査処理制度においては、専ら任意調査により事実関係の解明が図られているが、関係者等から協力が得られない場合は調査に支障を来し、事実関係の解明が困難になる。積極的救済を図るべき人権侵害については、救済手法を実効性あるものとするだけでなく、その前提となる事実関係の解明を的確に行えるようにすべきであり、実効的な調査権限を整備する必要がある。もっとも、人権救済制度の性格上、裁判所の令状を要するような直接的な強制を含む強い調査権限まで認めるべきでないと考える。

〈2〉　調査権限の内容や実効性担保の程度については、他の裁判外紛争処理制度（ADR）における調査権限の整備状況等も踏まえながら、例えば、過料又は罰金で担保された質問調査権、文書提出命令権、立入調査権など、救済の対象や救済手法の内容との対応関係において真に必要な調査権限の整備を図るべきである。また、人権救済機関の調査に対する公的機関の協力義務を確保する必要がある。

〈3〉　調査の範囲、対象は、相手方の人権への配慮からも過度に広範であってはならない。行き過ぎた調査により、相手方の内心の問題やプライバシー等に必要以上に踏み込むことにならないよう、十分留意する必要がある。

〈4〉　マスメディアによる一定の人権侵害に対しては、積極的救済を図るべきである（第4、4(1)イ(イ)）が、その場合においても、表現の自由、報道の自由の重要性に配慮し、また、マスメディアがその有する責任にかんがみ、自主規制の取組を進展させることを期待して、任意的な調査によって対処すべきものと考える。その際、人権救済機関としては、調査への協力を真摯に求め、調査過程の公表等を通じて、事実関係の解明や被害者の救済を図るべきである。

第7　人権救済機関の組織体制の整備

1　人権救済機関の独立性等

積極的救済を含む救済を行う人権救済機関は、政府からの独立性が不可欠であり、そのような独立性を有する委員会組織とする必要がある（以下、このような人権救済機関を仮に「人権委員会」と呼ぶ。）。

〈1〉　人権救済機関は、差別、虐待に係る私人間の様々な紛争に関し、調査権限を行使するなどして人権侵害の有無を認定した上、勧告・公表や訴訟援助を含む手法により被害者救済を図ることや、公権力による同種の人権侵害について同様の積極的救済を図ることに加え、マスメディアによる一定の人権侵害（第4、4(1)イ(イ)）についても積極的救済の対象とすることなどに照らすと、これまでの内部部局型の組織の充実・強化による対応には限界があり、政府から独立性を有し、中立公正さが制度的に担保された組織とする必要がある。

また、広範な人権侵害について様々な判断を求められることなどに照らすと、合議制の機関が相当であり、上記の点も併せると、人権救済機関は、独立性のある委員会組織とすべきである。

〈2〉　委員会の業務を十分に支え得る事務局を整備する必要がある。後記（第7、6）のとおり、人権委員会は、人権救済とともに、人権啓発をも所掌すべきであることから、その設置に向けては、現在これらを主要な所掌事務としている法務省人権擁護局の改組も視野に入れて、体制の整備を図るべきである。

2　人権委員会の全国的な組織体制の在り方

人権委員会については、全国各地で生起する人権侵害事案に対して実効的な救済を可能とする組織体制を構築する必要があり、そのためには、法務局・地方法務局の人権擁護部門を改組することなどにより、人権侵害事案の調査や調停、仲裁等に当たる委員会事務局の地方における組織体制の整備を図る必要がある。

〈1〉 意思決定機関としての委員会は、事務局の行う調査に基づいて勧告・公表や一定の訴訟援助等についての決定を行うものとし、委員会を支える事務局は、相談業務のほか、事案の処理に関して委員会を補佐するため、申立事案の調査を行い、その結果を委員会に報告し、また必要に応じて、調停、仲裁を行うなどの役割を担うものとすべきである。なお、事案によっては、委員会又はその構成員が自ら調査等を行うことも視野に入れた仕組みとする必要がある。

〈2〉 上記の事務分担の下で、日々各地で生起する人権侵害事案に適切に対処するためには、法務局・地方法務局の人権擁護部門を改組することにより、委員会事務局の地方における組織を充実・整備するとともに、専門性を有する職員や人権擁護委員の確保により、その体制整備を図る必要がある。また、調停や仲裁の手続に関しては、各地において、法律専門家、学識経験者、一般有識者等の参加を得て、利用者に信頼される体制の整備を図ることが肝要である。なお、事務局の地方組織と委員会の間の迅速な情報伝達を可能とする仕組みの導入も必要である。

3 人権擁護委員が人権救済に果たすべき役割

人権擁護委員は、今後も積極的に相談業務に関与するほか、当該市区町村や他の民間ボランティア、被害を受けやすい人々等との日常的な接触を通じて、人権侵害の早期発見に寄与するなどの役割を果たすとともに、さらに、その適性に応じて、あっせん、調停、仲裁にも積極的な参加を行うなど、積極的救済にも寄与すべきものとして位置付けるべきである。

〈1〉 全国の市区町村に配置された人権擁護委員は、最も身近な相談窓口であり、その専門性の涵養等を通じて相談の質的向上に努めるとともに、当該市区町村や民生委員等の民間ボランティア、さらには、被害を受けやすい人々等との日常的な接触を通じて、様々な人権侵害の早期発見に努め、人権救済においてアンテナ機能を担うことが期待される。

〈2〉 人権救済には、一定の専門的知識、経験、素養等が必要であるが、人権擁護委員にも、その適性に応じて、あっせん、調停、仲裁やその調査手続への積極的な参加を求め、調停等に関する体制の充実を図るべきである。

4 人権委員会の人的構成に関する留意点

人権委員会の委員の構成に当たっては、人権問題を扱うにふさわしい個人的資質を有する委員を確保すべきはもちろんのこと、その選任には、透明性が確保され、かつ、国民の多様な意見が反映される方法を採用すべきであり、また、実際の調査や審査事務を担当する事務局職員を質・量ともに充実する必要がある。人権救済に関与する人権擁護委員にも、専門性が必要である。

〈1〉 人権委員会の委員に関しては、中立公正で人権問題を扱うにふさわしい人格識見を備えた者を選任すべきは当然であるが、その選任については、透明性を確保するとともに、国会の同意を要件とするなど国民の多様な意見が反映される方法を採用し、委員の選任過程に関する政府の説明責任を尽くすべきである。また、ジェンダーバランスにも配慮する必要がある。

〈2〉 人権侵害事案の調査や調停、勧告等の事務に携わる事務局職員にも、法的な知識、素養や各種の人権問題に対する理解を含む専門性が求められる。人権救済制度が真に実効的なものとなるか否かは、救済措置や調査権限の整備等と並んで、このような専門性を有する職員を質的・量的にいかに確保するかにかかっていると言っても過言でなく、これを可能とするための人事システムや研修の整備に格別の配慮が必要である。

〈3〉 人権救済に関与する人権擁護委員にも、これにふさわしい専門性が求められる。人権擁護委員制度については、人権救済や人権啓発において人権擁護委員が果たすべき重要な役割に照らし、適任者確保の観点から、この答申後に、本審議会において引き続き検討を行うこととする。

5 救済にかかわる他の機関・団体との連携の在り方

人権救済は、もとより人権委員会の活動のみによって図られるものではなく、救済にかかわる各種機関・団体等が連携協力し、それぞれの能力・資源を最大限に活用することによって初めて実効的な救済が可能となるものであることから、人権委員会は、様々な分野において各種の救済にかかわる取組を実施し

ている国、地方公共団体、民間の関係機関・団体等との間で、緊密な連携協力関係を構築していく必要がある。
(1) 国
　　人権委員会は、それぞれの分野において被害者の救済にかかわっている国の機関との間で、適正な役割分担の下に連携協力関係を築いていく必要がある。
(2) 地方公共団体
　〈1〉 市町村や都道府県においては、各種の相談事業が展開されているが、身近な相談体制の整備の観点からも、人権委員会は、地方公共団体の相談窓口と連携協力し、救済すべき事案を適切に人権救済の手続に乗せていく必要がある。
　〈2〉 都道府県においては、児童相談所や婦人相談所による取組を始め、人権侵害の被害者の保護等にかかわる各種の施策が実施されているが、実効的な救済を図るためには、人権委員会は、特に被害者の保護の面を中心に、これら施策を実施する機関との間で連携協力関係を深めていく必要がある。また、虐待事案等における警察の役割は重要であり、警察とも連携協力していく必要がある。
　〈3〉 地方公共団体においては、そのほか、人権救済にかかわる様々な独自の取組もみられるところであり、人権委員会としては、それらの取組にも十分配慮しつつ、地方公共団体と連携協力していく必要がある。
(3) 民間
　　広く人権擁護の活動を行っている日本弁護士連合会、各弁護士会や、様々な分野で被害者の救済に取り組んでいる民間団体等との間においても、適正な連携協力関係を構築していく必要がある。

6　人権委員会が他に所掌すべき事務

　人権委員会は、人権救済とともに、人権啓発、政府への助言等の事務を所掌すべきであり、そのための組織体制も併せて整備する必要がある。

〈1〉 第1で述べたとおり、人権尊重の理念を普及高揚し、人権侵害の発生を未然に防止する一般的な人権啓発と、個別の人権侵害に関して被害者を救済する人権救済は、人権擁護行政における車の両輪であり、人権尊重社会の実現のためには、両者を総合的かつ有機的に進めていくことが肝要である。いわゆるパリ原則や国連人権センター作成のハンドブック（注3、注4参照）も、両者を国内人権機構の重要な任務と位置付けているところである。したがって、人権委員会は、人権啓発も併せて所掌すべきであるとともに、人権委員会の組織体制の整備に当たっては、先の答申で提言した人権啓発に関する施策の実施を含め、人権啓発の総合的かつ効果的な推進が可能となるよう特段の配慮が必要である。

〈2〉 人権委員会が救済や啓発に係る活動の過程で得た経験・成果を政府への助言を通じて政策に反映させていくことも有用であり、政府への助言は上記パリ原則等においても国内人権機構の重要な任務と位置付けられている。したがって、人権委員会は、この機能をも併せ持つべきであり、さらに、人権白書の作成と国会への提出、国連や諸外国の国内人権機構との協力等もその任務とすべきである。

〔出所〕法務省ホームページ　http://www.moj.go.jp/shingi1/shingi_010525_010525.html
（2012.6.12アクセス）

5 人権擁護法案

第 154 国会閣法第 56 号（第 157 回国会にて審査未了、廃案）

目　次

第一章　総則（第一条—第四条）
第二章　人権委員会（第五条—第二十条）
第三章　人権擁護委員（第二十一条—第三十六条）
第四章　人権救済手続
　第一節　総則（第三十七条・第三十八条）
　第二節　一般救済手続（第三十九条—第四十一条）
　第三節　特別救済手続
　　第一款　通則（第四十二条—第四十四条）
　　第二款　調停及び仲裁
　　　第一目　通則（第四十五条—第四十九条）
　　　第二目　調停（第五十条—第五十六条）
　　　第三目　仲裁（第五十七条—第五十九条）
　　第三款　勧告及びその公表（第六十条・第六十一条）
　　第四款　訴訟援助（第六十二条・第六十三条）
　　第五款　差別助長行為等の差止め等（第六十四条・第六十五条）
第五章　労働関係特別人権侵害及び船員労働関係特別人権侵害に関する特例
　第一節　総則（第六十六条—第六十八条）
　第二節　労働関係特別人権侵害に関する特例（第六十九条—第七十四条）
　第三節　船員労働関係特別人権侵害に関する特例（第七十五条—第八十条）
　第四節　適用除外（第八十一条）
第六章　補則（第八十二条—第八十六条）
第七章　罰則（第八十七条・第八十八条）
附則

第一章　総則

（目的）
第一条　この法律は、人権の侵害により発生し、又は発生するおそれのある被害の適正かつ迅速な救済又はその実効的な予防並びに人権尊重の理念を普及させ、及びそれに関する理解を深めるための啓発に関する措置を講ずることにより、人権の擁護に関する施策を総合的に推進し、もって、人権が尊重される社会の実現に寄与することを目的とする。

（定義）
第二条　この法律において「人権侵害」とは、不当な差別、虐待その他の人権を侵害する行為をいう。
2　この法律において「社会的身分」とは、出生により決定される社会的な地位をいう。
3　この法律において「障害」とは、長期にわたり日常生活又は社会生活が相当な制限を受ける程度の身体障害、知的障害又は精神障害をいう。
4　この法律において「疾病」とは、その発症により長期にわたり日常生活又は社会生活が相当な制限を受ける状態となる感染症その他の疾患をいう。
5　この法律において「人種等」とは、人種、民族、信条、性別、社会的身分、門地、障害、疾病又は性的指向をいう。

（人権侵害等の禁止）
第三条　何人も、他人に対し、次に掲げる行為その他の人権侵害をしてはならない。
　一　次に掲げる不当な差別的取扱い
　　イ　国又は地方公共団体の職員その他法令により公務に従事する者としての立場において人種等を理由としてする不当な差別的取扱い
　　ロ　業として対価を得て物品、不動産、権利又は役務を提供する者としての立場において人種等を理由としてする不当な差別的取扱い
　　ハ　事業主としての立場において労働者の採用又は労働条件その他労働関係に関する事項について人種等を理由としてする不当な差別的取扱い（雇用の分野における男女の均等な機会及び待遇の確保等に関する法律（昭和四十七年法律第百十三号）第八条第二項に規定する定めに基づく不当な差別的取扱い及び同条第三項に規定する理由に基づく解雇を含む。）
　二　次に掲げる不当な差別的言動等
　　イ　特定の者に対し、その者の有する人種等の属性を理由としてする侮辱、嫌がらせその他の不当な差別的言動
　　ロ　特定の者に対し、職務上の地位を利用

し、その者の意に反してする性的な言動
　三　特定の者に対して有する優越的な立場においてその者に対してする虐待
2　何人も、次に掲げる行為をしてはならない。
　一　人種等の共通の属性を有する不特定多数の者に対して当該属性を理由として前項第一号に規定する不当な差別的取扱いをすることを助長し、又は誘発する目的で、当該不特定多数の者が当該属性を有することを容易に識別することを可能とする情報を文書の頒布、掲示その他これらに類する方法で公然と摘示する行為
　二　人種等の共通の属性を有する不特定多数の者に対して当該属性を理由として前項第一号に規定する不当な差別的取扱いをする意思を広告、掲示その他これらに類する方法で公然と表示する行為

（国の責務）
第四条　国は、基本的人権の享有と法の下の平等を保障する日本国憲法の理念にのっとり、人権の擁護に関する施策を総合的に推進する責務を有する。

第二章　人権委員会

（設置）
第五条　国家行政組織法（昭和二十三年法律第百二十号）第三条第二項の規定に基づいて、第一条の目的を達成することを任務とする人権委員会を設置する。
2　人権委員会は、法務大臣の所轄に属する。

（所掌事務）
第六条　人権委員会は、前条第一項の任務を達成するため、次に掲げる事務をつかさどる。
　一　人権侵害による被害の救済及び予防に関すること。
　二　人権啓発及び民間における人権擁護運動の支援に関すること。
　三　人権擁護委員の委嘱、養成及び活動の充実に関すること。
　四　所掌事務に係る国際協力に関すること。
　五　前各号に掲げるもののほか、法律（法律に基づく命令を含む。）に基づき人権委員会に属させられた事務

（職権行使の独立性）
第七条　人権委員会の委員長及び委員は、独立してその職権を行う。

（組織）
第八条　人権委員会は、委員長及び委員四人をもって組織する。
2　委員のうち三人は、非常勤とする。
3　委員長は、人権委員会の会務を総理し、人権委員会を代表する。
4　委員長に事故があるときは、常勤の委員が、その職務を代理する。

（委員長及び委員の任命）
第九条　委員長及び委員は、人格が高潔で人権に関して高い識見を有する者であって、法律又は社会に関する学識経験のあるもののうちから、両議院の同意を得て、内閣総理大臣が任命する。
2　前項の任命に当たっては、委員長及び委員のうち、男女のいずれか一方の数が二名未満とならないよう努めるものとする。
3　委員長又は委員の任期が満了し、又は欠員を生じた場合において、国会の閉会又は衆議院の解散のため両議院の同意を得ることができないときは、内閣総理大臣は、第一項の規定にかかわらず、同項に定める資格を有する者のうちから、委員長又は委員を任命することができる。
4　前項の場合においては、任命後最初の国会において両議院の事後の承認を得なければならない。

（任期）
第十条　委員長及び委員の任期は、三年とする。ただし、補欠の委員長又は委員の任期は、前任者の残任期間とする。
2　委員長及び委員は、再任されることができる。
3　委員長又は委員の任期が満了したときは、当該委員長又は委員は、後任者が任命されるまで引き続きその職務を行うものとする。

（身分保障）
第十一条　委員長及び委員は、次の各号のいずれかに該当する場合を除いては、在任中、その意に反して罷免されることがない。
　一　禁錮以上の刑に処せられたとき。
　二　人権委員会により、心身の故障のため職務の執行ができないと認められたとき、又は職務上の義務違反その他委員長若しくは委員たるに適しない非行があると認められたとき。
　三　第九条第四項の場合において、両議院の事後の承認を得られなかったとき。

（罷免）
第十二条　内閣総理大臣は、委員長又は委員が

前条各号のいずれかに該当するときは、その委員長又は委員を罷免しなければならない。

(委員長及び委員の服務等)
第十三条　委員長及び委員は、職務上知ることができた秘密を漏らしてはならない。その職を退いた後も、同様とする。
2　委員長及び委員は、在任中、政党その他の政治的団体の役員となり、又は積極的に政治運動をしてはならない。
3　委員長及び常勤の委員は、在任中、営利事業を営み、その他金銭上の利益を目的とする業務を行い、又は内閣総理大臣の許可のある場合を除くほか、報酬を得て他の職務に従事してはならない。
4　委員長及び委員の給与は、別に法律で定める。

(会議)
第十四条　人権委員会の会議は、委員長が招集する。
2　人権委員会は、委員長及び二人以上の委員の出席がなければ、会議を開き、議決をすることができない。
3　人権委員会の議事は、出席者の過半数でこれを決し、可否同数のときは、委員長の決するところによる。
4　人権委員会が第十一条第二号の規定による認定をするには、前項の規定にかかわらず、本人を除く全員の一致がなければならない。
5　委員長に事故がある場合の第二項の規定の適用については、常勤の委員は、委員長とみなす。

(事務局)
第十五条　人権委員会の事務を処理させるため、人権委員会に事務局を置く。
2　事務局の職員のうちには、弁護士となる資格を有する者を加えなければならない。

(地方事務所等)
第十六条　人権委員会の事務局の地方機関として、所要の地に地方事務所を置く。
2　前項の地方事務所の名称、位置及び管轄区域は、政令で定める。
3　人権委員会は、政令で定めるところにより、第一項の地方事務所の事務を地方法務局長に委任することができる。

(公聴会)
第十七条　人権委員会は、その職務を行うため必要があると認めるときは、公聴会を開いて、広く一般の意見を聴くことができる。

(職務遂行の結果の公表)
第十八条　人権委員会は、この法律の適正な運用を図るため、適時に、その職務遂行の結果を一般に公表することができる。

(国会に対する報告等)
第十九条　人権委員会は、毎年、内閣総理大臣を経由して国会に対し、所掌事務の処理状況を報告するとともに、その概要を公表しなければならない。

(内閣総理大臣等又は国会に対する意見の提出)
第二十条　人権委員会は、内閣総理大臣若しくは関係行政機関の長に対し、又は内閣総理大臣を経由して国会に対し、この法律の目的を達成するために必要な事項に関し、意見を提出することができる。

第三章　人権擁護委員

(設置)
第二十一条　地域社会における人権擁護の推進を図るため、人権委員会に人権擁護委員を置く。
2　人権擁護委員は、社会奉仕の精神をもって地域社会における人権擁護活動に従事することにより、人権が尊重される社会の実現に貢献することをその職責とする。
3　人権委員会は、前項の人権擁護委員の職責にかんがみ、これを遂行するのにふさわしい人材の確保及び養成に努めるとともに、その活動の充実を図るために必要な措置を講ずるよう努めなければならない。

(委嘱)
第二十二条　人権擁護委員は、人権委員会が委嘱する。
2　前項の人権擁護委員の委嘱は、市町村長(特別区の区長を含む。以下同じ。)が推薦した者のうちから、当該市町村(特別区を含む。以下同じ。)を包括する都道府県の区域(北海道にあっては、第三十二条第二項ただし書の規定により人権委員会が定める区域とする。第五項及び次条において同じ。)内の弁護士会及び都道府県人権擁護委員連合会の意見を聴いて、行わなければならない。
3　市町村長は、人権委員会に対し、当該市町村の住民で、人格が高潔であって人権に関して高い識見を有する者及び弁護士その他人権の擁護を目的とし、又はこれを支持する団体の構成員のうちから、当該市町村の議会の

意見を聴いて、人権擁護委員の候補者を推薦しなければならない。
4　人権委員会は、市町村長が推薦した候補者が人権擁護委員として適当でないと認めるときは、当該市町村長に対し、相当の期間を定めて、更に他の候補者を推薦すべきことを求めることができる。
5　前項の場合において、市町村長が同項の期間内に他の候補者を推薦しないときは、人権委員会は、第二項の規定にかかわらず、第三項に規定する者のうちから、当該市町村を包括する都道府県の区域内の弁護士会及び都道府県人権擁護委員連合会の意見を聴いて、人権擁護委員を委嘱することができる。
6　人権委員会は、人権擁護委員を委嘱したときは、当該人権擁護委員の氏名及び職務をその関係住民に周知させるため、適当な措置を講ずるものとする。
7　市町村長は、人権委員会から求められたときは、前項の措置に協力しなければならない。

（委嘱の特例）
第二十三条　人権委員会は、前条第二項に規定する市町村長が推薦した者以外に特に人権擁護委員として適任と認める者があるときは、同項から同条第五項までの規定にかかわらず、その者の住所地の属する市町村の長並びに当該市町村を包括する都道府県の区域内の弁護士会及び都道府県人権擁護委員連合会の意見を聴いて、その者に人権擁護委員を委嘱することができる

（定数）
第二十四条　人権擁護委員の定数は、全国を通じて二万人を超えないものとする。
2　各市町村ごとの人権擁護委員の定数は、その地域の人口、経済、文化その他の事情を考慮して、人権委員会が定める。
3　都道府県人権擁護委員連合会は、前項の人権擁護委員の定数につき、人権委員会に意見を述べることができる。

（任期等）
第二十五条　人権擁護委員の任期は、三年とする。
2　人権擁護委員は、再任されることができる。
3　人権擁護委員の任期が満了したときは、当該人権擁護委員は、後任者が委嘱されるまで引き続きその職務を行うものとする。
4　人権擁護委員は、非常勤とする。

（費用）
第二十六条　人権擁護委員には、給与を支給しないものとする。
2　人権擁護委員は、政令で定めるところにより、予算の範囲内で、職務を行うために要する費用の弁償を受けることができる。

（職務執行区域）
第二十七条　人権擁護委員は、その者の委嘱の時における住所地の属する市町村の区域内において、職務を行うものとする。ただし、特に必要がある場合においては、その区域外においても、職務を行うことができる。

（職務）
第二十八条　人権擁護委員の職務は、次のとおりとする。
一　人権尊重の理念を普及させ、及びそれに関する理解を深めるための啓発活動を行うこと。
二　民間における人権擁護運動の推進に努めること。
三　人権に関する相談に応ずること。
四　人権侵害に関する情報を収集し、人権委員会に報告すること。
五　第三十九条及び第四十一条の定めるところにより、人権侵害に関する調査及び人権侵害による被害の救済又は予防を図るための活動を行うこと。
六　その他人権の擁護に努めること。

（服務）
第二十九条　人権擁護委員は、その職責を自覚し、常に人格識見の向上とその職務を行う上に必要な法律上の知識及び技術の修得に努め、積極的態度をもってその職務を遂行しなければならない。

（監督）
第三十条　人権擁護委員は、その職務に関して、人権委員会の指揮監督を受けるものとする。

（解嘱）
第三十一条　人権委員会は、人権擁護委員が次の各号のいずれかに該当するときは、関係都道府県人権擁護委員連合会の意見を聴いて、これを解嘱することができる。
一　心身の故障のため職務の執行ができないと認められるとき。
二　職務上の義務違反その他人権擁護委員たるに適しない非行があると認められるとき。

2　前項の規定による解嘱は、当該人権擁護委員に、解嘱の理由が説明され、かつ、弁明の機会が与えられた後でなければ行うことができない。

（協議会、連合会及び全国連合会）
第三十二条　人権擁護委員は、人権委員会が各都道府県の区域を数個に分けて定める区域ごとに、人権擁護委員協議会を組織する。
2　人権擁護委員協議会は、都道府県ごとに都道府県人権擁護委員連合会を組織する。ただし、北海道にあっては、人権委員会が定める区域ごとに組織するものとする。
3　全国の都道府県人権擁護委員連合会は、全国人権擁護委員連合会を組織する。

（協議会の任務等）
第三十三条　人権擁護委員協議会は、次に掲げる事務を行うことを任務とする。
一　人権擁護委員の職務に関する連絡及び調整
二　人権擁護委員の職務に関し必要な資料及び情報の収集
三　人権擁護委員の職務に関する研究及び意見の発表
四　市町村その他関係行政機関及び関係のある公私の団体との連携協力
五　その他人権擁護上必要な事項で人権委員会規則で定めるもの
2　人権擁護委員協議会は、定期的に、又は必要に応じて、その業績を当該都道府県人権擁護委員連合会に報告しなければならない。

（連合会の任務等）
第三十四条　都道府県人権擁護委員連合会は、次に掲げる事務を行うことを任務とする。
一　人権擁護委員協議会の任務に関する連絡及び調整
二　人権擁護委員の職務に関し必要な資料及び情報の収集
三　人権擁護委員の職務に関する研究及び意見の発表
四　都道府県その他関係行政機関及び関係のある公私の団体との連携協力
五　その他人権擁護上必要な事項で人権委員会規則で定めるもの
2　都道府県人権擁護委員連合会は、定期的に、又は必要に応じて、その業績を人権委員会に報告しなければならない。
3　都道府県人権擁護委員連合会は、人権擁護委員の活動の成果を踏まえた人権擁護に関する施策についての意見を人権委員会に申し出ることができる。

（全国連合会の任務等）
第三十五条　全国人権擁護委員連合会は、次に掲げる事務を行うことを任務とする。
一　都道府県人権擁護委員連合会の任務に関する連絡及び調整
二　人権擁護委員の職務に関し必要な資料及び情報の収集
三　人権擁護委員の職務に関する研究及び意見の発表
四　関係行政機関及び関係のある公私の団体との連携協力
五　その他人権擁護上必要な事項で人権委員会規則で定めるもの
2　全国人権擁護委員連合会は、定期的に、又は必要に応じて、その業績を人権委員会に報告しなければならない。
3　全国人権擁護委員連合会は、人権擁護委員の活動の成果を踏まえた人権擁護に関する施策についての意見を人権委員会に申し出ることができる。

（表彰）
第三十六条　人権委員会は、人権擁護委員、人権擁護委員協議会、都道府県人権擁護委員連合会又は全国人権擁護委員連合会が、職務上特別な功労があると認めるときは、これを表彰し、その業績を一般に周知させるよう努めるものとする。

第四章　人権救済手続

第一節　総則

（人権侵害に関する相談）
第三十七条　人権委員会は、人権侵害に関する各般の問題について、相談に応ずるものとする。
2　人権委員会は、委員又は事務局の職員に、前項の相談を行わせることができる。

（救済手続の開始）
第三十八条　何人も、人権侵害による被害を受け、又は受けるおそれがあるときは、人権委員会に対し、その旨を申し出て、当該人権侵害による被害の救済又は予防を図るため適当な措置を講ずべきことを求めることができる。
2　人権委員会は、前項の申出があったときは、当該申出に係る人権侵害事件について、この法律の定めるところにより、遅滞なく必要な

調査をし、適当な措置を講じなければならない。ただし、当該事件がその性質上これを行うのに適当でないと認めるとき、又は当該申出が行為の日(継続する行為にあっては、その終了した日)から一年を経過した事件に係るものであるときは、この限りでない。
3　人権委員会は、人権侵害による被害の救済又は予防を図るため必要があると認めるときは、職権で、この法律の定めるところにより、必要な調査をし、適当な措置を講ずることができる。

第二節　一般救済手続

(一般調査)
第三十九条　人権委員会は、人権侵害による被害の救済又は予防に関する職務を行うため必要があると認めるときは、必要な調査をすることができる。この場合においては、人権委員会は、関係行政機関に対し、資料又は情報の提供、意見の表明、説明その他必要な協力を求めることができる。
2　人権委員会は、委員、事務局の職員又は人権擁護委員に、前項の調査を行わせることができる。

(調査の嘱託)
第四十条　人権委員会は、人権侵害による被害の救済又は予防に関する職務を行うため必要があると認めるときは、国の他の行政機関、地方公共団体、学校その他の団体又は学識経験を有する者に対し、必要な調査を嘱託することができる。

(一般救済)
第四十一条　人権委員会は、人権侵害による被害の救済又は予防を図るため必要があると認めるときは、次に掲げる措置を講ずることができる。
一　人権侵害による被害を受け、又は受けるおそれのある者及びその関係者(第三号において「被害者等」という。)に対し、必要な助言、関係行政機関又は関係のある公私の団体の紹介、法律扶助に関するあっせんその他の援助をすること。
二　人権侵害を行い、若しくは行うおそれのある者又はこれを助長し、若しくは誘発する行為をする者及びその関係者(次号において「加害者等」という。)に対し、当該行為に関する説示、人権尊重の理念に関する啓発その他の指導をすること。

三　被害者等と加害者等との関係の調整をすること。
四　関係行政機関に対し、人権侵害の事実を通告すること。
五　犯罪に該当すると思料される人権侵害について告発をすること。
2　人権委員会は、委員、事務局の職員又は人権擁護委員に、前項第一号から第四号までに規定する措置を講じさせることができる。

第三節　特別救済手続

第一款　通則

(不当な差別、虐待等に対する救済措置)
第四十二条　人権委員会は、次に掲げる人権侵害については、前条第一項に規定する措置のほか、次款から第四款までの定めるところにより、必要な措置を講ずることができる。ただし、第一号中第三条第一項第一号ハに規定する不当な差別的取扱い及び第二号中労働者に対する職場における不当な差別的言動等については、第六十三条の規定による措置に限る。
一　第三条第一項第一号に規定する不当な差別的取扱い
二　次に掲げる不当な差別的言動等
　イ　第三条第一項第二号イに規定する不当な差別的言動であって、相手方を畏怖させ、困惑させ、又は著しく不快にさせるもの
　ロ　第三条第一項第二号ロに規定する性的な言動であって、相手方を畏怖させ、困惑させ、又は著しく不快にさせるもの
三　次に掲げる虐待
　イ　国又は地方公共団体の公権力の行使に当たる職員が、その職務を行うについてする次に掲げる虐待
　　(1)　人の身体に外傷が生じ、又は生ずるおそれのある暴行を加えること。
　　(2)　人にその意に反してわいせつな行為をすること又は人をしてその意に反してわいせつな行為をさせること。
　　(3)　人の生命又は身体を保護する責任を負う場合において、その保護を著しく怠り、その生命又は身体の安全を害すること。
　　(4)　人に著しい心理的外傷を与える言動をすること。
　ロ　社会福祉施設、医療施設その他これら

に類する施設を管理する者又はその職員その他の従業者が、その施設に入所し、又は入院している者に対してするイ(1)から(4)までに掲げる虐待
ハ　学校その他これに類する施設を管理する者又はその職員その他の従業者が、その学生、生徒、児童若しくは幼児又はその施設に通所し、若しくは入所している者に対してするイ(1)から(4)までに掲げる虐待
ニ　児童虐待の防止等に関する法律（平成十二年法律第八十二号）第二条に規定する児童虐待
ホ　配偶者（婚姻の届出をしていないが、事実上婚姻関係と同様の事情にある者を含む。次号において同じ。）の一方が、他方に対してするイ(1)から(4)までに掲げる虐待
ヘ　高齢者（六十五歳以上の者をいう。）若しくは障害を有する者（以下この号において「高齢者・障害者」という。）の同居者又は高齢者・障害者の扶養、介護その他の支援をすべき者が、当該高齢者・障害者に対してするイ(1)から(4)までに掲げる虐待
四　放送機関、新聞社、通信社その他の報道機関又は報道機関の報道若しくはその取材の業務に従事する者（次項において「報道機関等」という。）がする次に掲げる人権侵害
イ　特定の者を次に掲げる者であるとして報道するに当たり、その者の私生活に関する事実をみだりに報道し、その者の名誉又は生活の平穏を著しく害すること。
(1)　犯罪行為（刑罰法令に触れる行為をいう。以下この号において同じ。）により被害を受けた者
(2)　犯罪行為を行った少年
(3)　犯罪行為により被害を受けた者又は犯罪行為を行った者の配偶者、直系若しくは同居の親族又は兄弟姉妹
ロ　特定の者をイに掲げる者であるとして取材するに当たり、その者が取材を拒んでいるにもかかわらず、その者に対し、次のいずれかに該当する行為を継続的に又は反復して行い、その者の生活の平穏を著しく害すること。
(1)　つきまとい、待ち伏せし、進路に立ちふさがり、住居、勤務先、学校その他その通常所在する場所の付近において見張りをし、又はこれらの場所に押し掛けること。
(2)　電話をかけ、又はファクシミリ装置を用いて送信すること。
五　前各号に規定する人権侵害に準ずる人権侵害であって、その被害者の置かれている状況等にかんがみ、当該被害者が自らその排除又は被害の回復のための適切な措置を執ることが困難であると認められるもの
2　人権委員会は、前項第四号に規定する人権侵害について、調査を行い、又は同項に規定する措置を講ずるに当たっては、報道機関等の報道又は取材の自由その他の表現の自由の保障に十分に配慮するとともに、報道機関等による自主的な解決に向けた取組を尊重しなければならない。

（差別助長行為等に対する救済措置）
第四十三条　人権委員会は、次に掲げる行為については、第四十一条第一項に規定する措置のほか、第五款の定めるところにより、必要な措置を講ずることができる。
一　第三条第二項第一号に規定する行為であって、これを放置すれば当該不当な差別的取扱いをすることを助長し、又は誘発するおそれがあることが明らかであるもの
二　第三条第二項第二号に規定する行為であって、これを放置すれば当該不当な差別的取扱いをする意思を表示した者が当該不当な差別的取扱いをするおそれがあることが明らかであるもの

（特別調査）
第四十四条　人権委員会は、第四十二条第一項第一号から第三号までに規定する人権侵害（同項第一号中第三条第一項第一号ハに規定する不当な差別的取扱い及び第四十二条第一項第二号中労働者に対する職場における不当な差別的言動等を除く。）又は前条に規定する行為（以下この項において「当該人権侵害等」という。）に係る事件について必要な調査をするため、次に掲げる処分をすることができる。
一　事件の関係者に出頭を求め、質問すること。
二　当該人権侵害等に関係のある文書その他の物件の所持人に対し、その提出を求め、又は提出された文書その他の物件を留め置

くこと。
　三　当該人権侵害等が現に行われ、又は行われた疑いがあると認める場所に立ち入り、文書その他の物件を検査し、又は関係者に質問すること。
2　人権委員会は、委員又は事務局の職員に、前項の処分を行わせることができる。
3　前項の規定により立入検査をさせる場合において、当該委員又は職員に身分を示す証明書を携帯させ、関係者に提示させなければならない。
4　第一項の規定による処分の権限は、犯罪捜査のために認められたものと解してはならない。

　　　第二款　調停及び仲裁
　　　　第一目　通則
（調停及び仲裁）
第四十五条　人権委員会は、この款の定めるところにより、第四十二条第一項に規定する人権侵害（同項第一号中第三条第一項第一号ハに規定する不当な差別的取扱い及び第四十二条第一項第二号中労働者に対する職場における不当な差別的言動等を除く。以下「特別人権侵害」という。）に係る事件について、調停又は仲裁の申請を受理し、調停委員会又は仲裁委員会を設けて、これに調停又は仲裁を行わせるものとする。
（申請）
第四十六条　特別人権侵害による被害について、当事者の一方又は双方は、人権委員会に対し、調停又は仲裁の申請をすることができる。
2　当事者の一方からする仲裁の申請は、この法律の規定による仲裁に付する旨の合意に基づくものでなければならない。
（職権調停）
第四十七条　人権委員会は、相当と認めるときは、職権で、特別人権侵害に係る事件を調停に付することができる。
（人権調整委員）
第四十八条　人権委員会に、その行う調停及び仲裁に参与させるため、人権調整委員を置く。
2　人権調整委員は、人格が高潔であって、法律又は社会に関する学識経験のある者のうちから、人権委員会が任命する。
3　人権調整委員の任期は、三年とする。

4　人権調整委員は、再任されることができる。
5　人権調整委員は、非常勤とする。
6　前各項に規定するもののほか、人権調整委員の任命に関し必要な事項は、政令で定める。
第四十九条　人権委員会は、人権調整委員が次の各号のいずれかに該当するときは、これを解任することができる。
　一　心身の故障のため職務の執行ができないと認められるとき。
　二　職務上の義務違反その他人権調整委員たるに適しない非行があると認められるとき。
2　前項の規定による解任は、当該人権調整委員に、解任の理由が説明され、かつ、弁明の機会が与えられた後でなければ行うことができない。
　　　　第二目　調停
（調停委員会）
第五十条　調停委員会は、人権委員会の委員長若しくは委員又は人権調整委員のうちから、事件ごとに、人権委員会の委員長が指名する三人の調停委員をもって組織する。
2　調停委員のうち少なくとも一人は、弁護士となる資格を有する者でなければならない。
（意見聴取）
第五十一条　調停委員会は、調停のため必要があると認めるときは、当事者の出頭を求め、その意見を聴くことができる。
（調停案の受諾の勧告）
第五十二条　調停委員会は、相当と認めるときは、一切の事情を考慮して調停案を作成し、当事者に対し、三十日以上の期間を定めて、その受諾を勧告することができる。
2　前項の調停案は、調停委員の過半数の意見で作成しなければならない。
3　第一項の規定による勧告がされた場合において、当事者が調停委員会に対し指定された期間内に受諾しない旨の申出をしなかったときは、当該当事者間に調停案と同一の内容の合意が成立したものとみなす。
（調停をしない場合）
第五十三条　調停委員会は、申請に係る事件がその性質上調停をするのに適当でないと認めるとき、又は当事者が不当な目的でみだりに調停の申請をしたと認めるときは、調停をしないものとすることができる。
（調停の打切り）

第五十四条　調停委員会は、調停に係る事件について調停による解決の見込みがないと認めるときは、調停を打ち切ることができる。
2　第五十二条第一項の規定による勧告がされた場合において、指定された期間内に当事者から受諾しない旨の申出があったときは、当該当事者間の調停は、打ち切られたものとみなす。

（時効の中断）
第五十五条　前条第一項の規定により調停が打ち切られ、又は同条第二項の規定により調停が打ち切られたものとみなされた場合において、当該調停の当事者がその旨の通知を受けた日から三十日以内に調停の目的となった請求について訴えを提起したときは、時効の中断に関しては、調停の申請の時又は職権で事件が調停に付された時に、訴えの提起があったものとみなす。

（調停手続の非公開）
第五十六条　調停委員会の行う調停の手続は、公開しない。

　　　　第三目　仲裁
（仲裁委員会）
第五十七条　仲裁委員会は、人権委員会の委員長若しくは委員又は人権調整委員のうちから、当事者が合意によって選定した者につき、事件ごとに、人権委員会の委員長が指名する三人の仲裁委員をもって組織する。ただし、当事者の合意による選定がされなかったときは、人権委員会の委員長若しくは委員又は人権調整委員のうちから、事件ごとに、人権委員会の委員長が指名する三人の仲裁委員をもって組織する。
2　仲裁委員のうち少なくとも一人は、弁護士となる資格を有する者でなければならない。

（公示催告手続及ビ仲裁手続ニ関スル法律の準用）
第五十八条　仲裁委員会の行う仲裁については、この法律に特別の定めがある場合を除き、仲裁委員を仲裁人とみなして、公示催告手続及ビ仲裁手続ニ関スル法律（明治二十三年法律第二十九号）第八編（仲裁手続）の規定を準用する。

（準用規定）
第五十九条　第五十六条の規定は、仲裁委員会の行う仲裁について準用する。

　　　第三款　勧告及びその公表
（勧告）
第六十条　人権委員会は、特別人権侵害が現に行われ、又は行われたと認める場合において、当該特別人権侵害による被害の救済又は予防を図るため必要があると認めるときは、当該行為をした者に対し、理由を付して、当該行為をやめるべきこと又は当該行為若しくはこれと同様の行為を将来行わないことその他被害の救済又は予防に必要な措置を執るべきことを勧告することができる。
2　人権委員会は、前項の規定による勧告をしようとするときは、あらかじめ、当該勧告の対象となる者の意見を聴かなければならない。
3　人権委員会は、第一項の規定による勧告をしたときは、速やかにその旨を当該勧告に係る特別人権侵害の被害者に通知しなければならない。

（勧告の公表）
第六十一条　人権委員会は、前条第一項の規定による勧告をした場合において、当該勧告を受けた者がこれに従わないときは、その旨及び当該勧告の内容を公表することができる。
2　人権委員会は、前項の規定による公表をしようとするときは、あらかじめ、当該勧告に係る特別人権侵害の被害者及び当該公表の対象となる者の意見を聴かなければならない。

　　　第四款　訴訟援助
（資料の閲覧及び謄抄本の交付）
第六十二条　人権委員会は、第六十条第一項の規定による勧告をした場合において、当該勧告に係る特別人権侵害の被害者若しくはその法定代理人又はこれらの者から委託を受けた弁護士から、人権委員会が保有する当該特別人権侵害に関する資料の閲覧又は謄本若しくは抄本の交付の申出があるときは、当該被害者の権利の行使のため必要であると認める場合その他正当な理由がある場合であって、関係者の権利利益その他の事情を考慮して相当と認めるときは、申出をした者にその閲覧をさせ、又はその謄本若しくは抄本を交付することができる。
2　人権委員会は、前項の規定により資料の閲覧をさせ、又はその謄本若しくは抄本の交付をした場合において、当該被害者が当事者となっている当該特別人権侵害に関する請求に係る訴訟の相手方若しくはその法定代理人又はこれらの者から委託を受けた弁護士から、当該資料の閲覧又は謄本若しくは抄本の交付

の申出があるときは、申出をした者にその閲覧をさせ、又はその謄本若しくは抄本を交付しなければならない。
3 前二項の規定により資料を閲覧し又はその謄本若しくは抄本の交付を受けた者は、閲覧又は謄本若しくは抄本の交付により知り得た事項を用いるに当たり、不当に関係者の名誉又は生活の平穏を害することのないよう注意しなければならない。
4 第一項又は第二項の規定により謄本又は抄本の交付を求めようとする者は、実費の範囲内において政令で定める額の手数料を納めなければならない。
5 人権委員会は、経済的困難その他特別の理由があると認めるときは、政令で定めるところにより、前項の手数料を減額し、又は免除することができる。

(人権委員会の訴訟参加)
第六十三条 人権委員会は、第六十条第一項(第七十二条第一項又は第七十八条第一項において準用する場合を含む。)の規定による勧告がされた場合において、当該勧告に係る人権侵害の内容、性質その他の事情にかんがみ必要があると認めるときは、当該人権侵害に関する請求に係る訴訟に参加することができる。
2 前項の規定による参加の申出については、民事訴訟に関する法令の規定中補助参加の申出に関する規定を準用する。
3 人権委員会が第一項の規定による参加の申出をした場合において、当事者が当該訴訟における請求が当該勧告に係る人権侵害に関するものでない旨の異議を述べたときは、裁判所は、参加の許否について、決定で、裁判をする。この場合においては、人権委員会は、当該訴訟における請求が当該勧告に係る人権侵害に関するものであることを疎明しなければならない。
4 前項の異議及び裁判については、民事訴訟法(平成八年法律第百九号)第四十四条第二項及び第三項の規定を準用する。
5 第一項の規定により訴訟に参加した人権委員会については、民事訴訟法第四十五条第一項及び第二項の規定(同条第一項の規定中上訴の提起及び再審の訴えの提起に関する部分を除く。)を準用する。
6 民事訴訟法第六十一条から第六十五条までの規定は、第三項の異議によって生じた訴訟費用の人権委員会とその異議を述べた当事者との間における負担の関係及び第一項の規定による参加によって生じた訴訟費用の人権委員会と相手方との間における負担の関係について準用する。
7 人権委員会が参加人である訴訟における確定した訴訟費用の裁判は、国に対し、又は国のために、効力を有する。

第五款 差別助長行為等の差止め等
(差別助長行為等の停止の勧告等)
第六十四条 人権委員会は、第四十三条に規定する行為が現に行われ、又は行われたと認めるときは、当該行為をした者に対し、理由を付して、当該行為をやめるべきこと又は当該行為若しくはこれと同様の行為を将来行わないことを勧告することができる。
2 前項の勧告については、第六十条第二項及び第六十一条の規定を準用する。

(差別助長行為等の差止請求訴訟)
第六十五条 人権委員会は、第四十三条に規定する行為をした者に対し、前条第一項の規定による勧告をしたにもかかわらず、その者がこれに従わない場合において、当該不当な差別的取扱いを防止するため必要があると認めるときは、その者に対し、当該行為をやめるべきこと又は当該行為若しくはこれと同様の行為を将来行わないことを請求する訴訟を提起することができる。
2 前項の訴訟については、第六十三条第七項の規定を準用する。

第五章 労働関係特別人権侵害及び船員労働関係特別人権侵害に関する特例
第一節 総則
(労働関係特別人権侵害に対する救済措置)
第六十六条 厚生労働大臣は、次に掲げる人権侵害(以下「労働関係特別人権侵害」という。)については、次節の定めるところにより、必要な措置を講ずることができる。
一 事業主が、労働者(船員職業安定法(昭和二十三年法律第百三十号)第六条第一項に規定する船員(次条第一項において「船員」という。)を除く。次号において同じ。)の採用又は労働条件その他労働関係に関する事項について人種等を理由としてする不当な差別的取扱い(雇用の分野における男女の均等な機会及び待遇の確保等に関する法律第八条第二項に規定する定めに基づく

不当な差別的取扱い及び同条第三項に規定する理由に基づく解雇を含む。)
二　労働者に対し、その職場において、第四十二条第一項第二号に規定する不当な差別的言動等をすること。
2　労働関係特別人権侵害に関する紛争については、次に掲げる法律の規定は、適用しない。
一　雇用の分野における男女の均等な機会及び待遇の確保等に関する法律第十二条から第十九条までの規定
二　個別労働関係紛争の解決の促進に関する法律(平成十三年法律第百十二号)第四条、第五条及び第十二条から第十九条までの規定

(船員労働関係特別人権侵害に対する救済措置)
第六十七条　国土交通大臣は、次に掲げる人権侵害(以下「船員労働関係特別人権侵害」という。)については、第三節の定めるところにより、必要な措置を講ずることができる。
一　事業主が、船員の採用又は労働条件その他労働関係に関する事項について人種等を理由としてする不当な差別的取扱い(雇用の分野における男女の均等な機会及び待遇の確保等に関する法律第八条第二項に規定する定めに基づく不当な差別的取扱い及び同条第三項に規定する理由に基づく解雇を含む。)
二　船員に対し、その職場において、第四十二条第一項第二号に規定する不当な差別的言動等をすること。
2　船員労働関係特別人権侵害に関する紛争については、次に掲げる法律の規定は、適用しない。
一　雇用の分野における男女の均等な機会及び待遇の確保等に関する法律第十三条第二項、第十四条第二項及び第二十七条第三項、同条第一項の規定により読み替えて適用される同法第十二条、第十三条第一項及び第十四条第一項並びに同法第二十七条第四項の規定により読み替えて準用される同法第十七条から第十九条までの規定
二　個別労働関係紛争の解決の促進に関する法律第四条第三項、第五条第二項並びに第二十一条第三項及び第五項(同項中同条第一項の規定により読み替えられた同法第三条の権限の委任に関する部分を除く。)、同法第二十一条第一項の規定により読み替えて適用される同法第四条第一項及び第二項並びに第五条第一項、同法第二十一条第四項の規定により準用される同法第十二条第二項、第十三条、第十五条及び第十六条並びに同法第二十一条第四項の規定により読み替えて準用される同法第十七条から第十九条までの規定

(人権委員会に対する報告)
第六十八条　厚生労働大臣及び国土交通大臣は、毎年、それぞれ労働関係特別人権侵害及び船員労働関係特別人権侵害に関する事務の処理状況についての報告書を作成し、人権委員会に送付しなければならない。

第二節　労働関係特別人権侵害に関する特例

(救済手続の総則規定及び一般救済手続)
第六十九条　第三十七条第一項、第三十八条、第三十九条第一項、第四十条及び第四十一条第一項の規定は、厚生労働大臣が行う労働関係特別人権侵害に関する相談、救済手続の開始及び一般救済手続について準用する。この場合において、これらの規定中「人権委員会」とあるのは、「厚生労働大臣」と読み替えるものとする。
2　前項において読み替えて準用する第三十七条第一項、第三十八条第二項及び第三項、第三十九条第一項並びに第四十一条第一項に規定する厚生労働大臣の権限は、厚生労働省令で定めるところにより、都道府県労働局長に委任することができる。

(特別調査)
第七十条　第四十四条の規定は、労働関係特別人権侵害について準用する。この場合において、同条第一項中「人権委員会」とあるのは「厚生労働大臣」と、「第四十二条第一項第一号から第三号までに規定する人権侵害(同項第一号中第三条第一項第一号ハに規定する不当な差別的取扱い及び第四十二条第一項第二号中労働者に対する職場における不当な差別的言動等を除く。)又は前条に規定する行為(以下この項において「当該人権侵害等」という。)」とあるのは「労働関係特別人権侵害」と、同項第二号及び第三号中「当該人権侵害等」とあるのは「当該労働関係特別人権侵害」と、同条第二項中「人権委員会」とあるのは「厚生労働大臣」と、「委員又は事務局の職員」とあるのは「その職員」と、同条

第三項中「人権委員会の委員又は事務局の職員」とあり、及び「当該委員又は職員」とあるのは「当該職員」と読み替えるものとする。

（調停及び仲裁）
第七十一条　厚生労働大臣は、この条の定めるところにより、労働関係特別人権侵害に係る事件について、調停又は仲裁の申請を受理し、個別労働関係紛争の解決の促進に関する法律第六条第一項に規定する紛争調整委員会（以下この条において「紛争調整委員会」という。）に調停又は仲裁を行わせるものとする。この場合において、紛争調整委員会による調停又は仲裁は、調停委員会又は仲裁委員会を設けて行う。
2　第四十六条、第四十七条及び第五十条から第五十九条までの規定は、労働関係特別人権侵害について準用する。この場合において、第四十六条第一項及び第四十七条中「特別人権侵害」とあるのは「労働関係特別人権侵害」と、「人権委員会」とあるのは「厚生労働大臣」と、第五十条第一項及び第五十七条第一項中「人権委員会の委員長若しくは委員又は人権調整委員」とあるのは「紛争調整委員会の委員」と、「人権委員会の委員長が指名する」とあるのは「当該紛争調整委員会の会長が指名する」と読み替えるものとする。
3　第一項に規定する厚生労働大臣の権限及び前項において読み替えて準用する第四十七条に規定する厚生労働大臣の権限は、厚生労働省令で定めるところにより、都道府県労働局長に委任することができる。
4　第一項の調停委員会は、当事者からの申立てに基づき必要があると認めるときは、当該事件の調停を行う紛争調整委員会が置かれる都道府県労働局の管轄区域内の主要な労働者団体又は事業主団体が指名する関係労働者を代表する者又は関係事業主を代表する者から当該事件につき意見を聴くものとする。
5　紛争調整委員会は、厚生労働大臣に対し、厚生労働省令で定めるところにより、第一項の調停及び仲裁の状況について報告しなければならない。

（勧告及びその公表）
第七十二条　第六十条及び第六十一条の規定は、労働関係特別人権侵害について準用する。この場合において、第六十条第一項中「人権委員会」とあるのは「厚生労働大臣」と、「特別人権侵害」とあるのは「労働関係特別人権侵害」と、同条第二項中「人権委員会」とあるのは「厚生労働大臣」と、同条第三項中「人権委員会」とあるのは「厚生労働大臣」と、「特別人権侵害」とあるのは「労働関係特別人権侵害」と、第六十一条第一項中「人権委員会」とあるのは「厚生労働大臣」と、同条第二項中「人権委員会」とあるのは「厚生労働大臣」と、「特別人権侵害」とあるのは「労働関係特別人権侵害」と読み替えるものとする。
2　厚生労働大臣は、前項において読み替えて準用する第六十条第一項の規定による勧告をしたときは、人権委員会に対し、速やかにその旨を通知するとともに、厚生労働大臣が保有する当該勧告に係る労働関係特別人権侵害に関する資料の写しを送付するものとする。

（資料の閲覧及び謄抄本の交付等）
第七十三条　第六十二条の規定は、労働関係特別人権侵害について準用する。この場合において、同条第一項及び第二項中「人権委員会」とあるのは「厚生労働大臣」と、「特別人権侵害」とあるのは「労働関係特別人権侵害」と、同条第五項中「人権委員会」とあるのは「厚生労働大臣」と読み替えるものとする。
2　厚生労働大臣は、前項において読み替えて準用する第六十二条第一項又は第二項の規定により資料の閲覧をさせ、又はその謄本若しくは抄本の交付をしたときは、人権委員会に対し、速やかにその旨を通知するものとする。
3　人権委員会は、第六十三条第一項の規定により労働関係特別人権侵害に関する請求に係る訴訟に参加しようとするときは、あらかじめ、厚生労働大臣の意見を聴くものとする。

（厚生労働省令への委任）
第七十四条　この節に規定するもののほか、厚生労働大臣による労働関係特別人権侵害に係る人権救済手続に関し必要な事項は、厚生労働省令で定める。

第三節　船員労働関係特別人権侵害に関する特例

（救済手続の総則規定及び一般救済手続）
第七十五条　第三十七条第一項、第三十八条、第三十九条第一項、第四十条及び第四十一条第一項の規定は、国土交通大臣が行う船員労働関係特別人権侵害に関する相談、救済手続の開始及び一般救済手続について準用する。

この場合において、これらの規定中「人権委員会」とあるのは、「国土交通大臣」と読み替えるものとする。
2　前項において読み替えて準用する第三十七条第一項、第三十八条第二項及び第三項、第三十九条第一項並びに第四十一条第一項に規定する国土交通大臣の権限は、国土交通省令で定めるところにより、地方運輸局長（運輸監理部長を含む。次項並びに第七十七条第四項及び第五項において同じ。）に委任することができる。
3　前項の規定により地方運輸局長に委任された権限は、国土交通省令で定めるところにより、運輸支局長又は地方運輸局、運輸監理部若しくは運輸支局の事務所の長に委任することができる。

（特別調査）
第七十六条　第四十四条の規定は、船員労働関係特別人権侵害について準用する。この場合において、同条第一項中「人権委員会」とあるのは「国土交通大臣」と、「第四十二条第一項第一号から第三号までに規定する人権侵害（同項第一号中第三条第一項第一号ハに規定する不当な差別的取扱い及び第四十二条第一項第二号中労働者に対する職場における不当な差別的言動等を除く。）又は前条に規定する行為（以下この項において「当該人権侵害等」という。）」とあるのは「船員労働関係特別人権侵害」と、同項第二号及び第三号中「当該人権侵害等」とあるのは「当該船員労働関係特別人権侵害」と、同条第二項中「人権委員会」とあるのは「国土交通大臣」と、「委員又は事務局の職員」とあるのは「その職員」と、同条第三項中「人権委員会の委員又は事務局の職員」とあり、及び「当該委員又は職員」とあるのは「当該職員」と読み替えるものとする。

（調停及び仲裁）
第七十七条　国土交通大臣は、この条の定めるところにより、船員労働関係特別人権侵害に係る事件について、調停又は仲裁の申請を受理し、船員地方労働委員会に調停又は仲裁を行わせるものとする。この場合において、船員地方労働委員会による調停又は仲裁は、調停委員会又は仲裁委員会を設けて行う。
2　第四十六条、第四十七条及び第五十条から第五十九条までの規定は、船員労働関係特別人権侵害について準用する。この場合において、第四十六条第一項及び第四十七条中「特別人権侵害」とあるのは「船員労働関係特別人権侵害」と、「人権委員会」とあるのは「国土交通大臣」と、第五十条第一項及び第五十七条第一項中「人権委員会の委員長若しくは委員又は人権調整委員」とあるのは「船員地方労働委員会の公益委員」と、「人権委員会の委員長が指名する」とあるのは「当該船員地方労働委員会の会長が指名する」と読み替えるものとする。
3　船員地方労働委員会の会長は、前項において読み替えて準用する第五十条第一項に規定する調停委員又は前項において読み替えて準用する第五十七条第一項に規定する仲裁委員として弁護士となる資格を有する者を指名するに当たり、必要があると認めるときは、これらの規定にかかわらず、当該船員地方労働委員会の公益委員以外の者のうちからもこれを指名することができる。
4　第一項に規定する国土交通大臣の権限及び第二項において読み替えて準用する第四十七条に規定する国土交通大臣の権限は、国土交通省令で定めるところにより、地方運輸局長に委任することができる。
5　前項の規定により地方運輸局長に委任された権限は、国土交通省令で定めるところにより、運輸支局長又は地方運輸局、運輸監理部若しくは運輸支局の事務所の長に委任することができる。
6　第一項の調停委員会は、当事者からの申立てに基づき必要があると認めるときは、使用者委員及び労働者委員のうちから当該事件の調停を行う船員地方労働委員会の会長が指名する委員から当該事件につき意見を聴くものとする。
7　船員地方労働委員会は、国土交通大臣に対し、国土交通省令で定めるところにより、第一項の調停及び仲裁の状況について報告しなければならない。
8　この条に規定するもののほか、船員労働関係特別人権侵害に係る事件に関する調停及び仲裁の手続に関し必要な事項は、船員中央労働委員会規則で定める。

（勧告及びその公表）
第七十八条　第六十条及び第六十一条の規定は、船員労働関係特別人権侵害について準用する。この場合において、第六十条第一項中「人権委員会」とあるのは「国土交通大臣」

と、「特別人権侵害」とあるのは「船員労働関係特別人権侵害」と、同条第二項中「人権委員会」とあるのは「国土交通大臣」と、同条第三項中「人権委員会」とあるのは「国土交通大臣」と、「特別人権侵害」とあるのは「船員労働関係特別人権侵害」と、第六十一条第一項中「人権委員会」とあるのは「国土交通大臣」と、同条第二項中「人権委員会」とあるのは「国土交通大臣」と、「特別人権侵害」とあるのは「船員労働関係特別人権侵害」と読み替えるものとする。
2　国土交通大臣は、前項において読み替えて準用する第六十条第一項の規定による勧告をしたときは、人権委員会に対し、速やかにその旨を通知するとともに、国土交通大臣が保有する当該勧告に係る船員労働関係特別人権侵害に関する資料の写しを送付するものとする。

（資料の閲覧及び謄抄本の交付等）
第七十九条　第六十二条の規定は、船員労働関係特別人権侵害について準用する。この場合において、同条第一項及び第二項中「人権委員会」とあるのは「国土交通大臣」と、「特別人権侵害」とあるのは「船員労働関係特別人権侵害」と、同条第五項中「人権委員会」とあるのは「国土交通大臣」と読み替えるものとする。
2　国土交通大臣は、前項において読み替えて準用する第六十二条第一項又は第二項の規定により資料の閲覧をさせ、又はその謄本若しくは抄本の交付をしたときは、人権委員会に対し、速やかにその旨を通知するものとする。
3　人権委員会は、第六十三条第一項の規定により船員労働関係特別人権侵害に関する請求に係る訴訟に参加しようとするときは、あらかじめ、国土交通大臣の意見を聴くものとする。

（国土交通省令への委任）
第八十条　この節に規定するもののほか、国土交通大臣による船員労働関係特別人権侵害に係る人権救済手続に関し必要な事項は、国土交通省令で定める。

　　　　第四節　適用除外
（公務員に関する適用除外）
第八十一条　この章の規定は、国家公務員及び地方公務員については、適用しない。ただし、国営企業及び特定独立行政法人の労働関係に関する法律（昭和二十三年法律第二百五十七号）第二条第四号の職員、地方公営企業法（昭和二十七年法律第二百九十二号）第十五条第一項の企業職員及び地方公務員法（昭和二十五年法律第二百六十一号）第五十七条に規定する単純な労務に雇用される一般職に属する地方公務員であって地方公営企業労働関係法（昭和二十七年法律第二百八十九号）第三条第二項の職員以外のものの勤務条件に関する事項についての人権侵害については、この限りでない。

　　第六章　補則
（人権相互の関係に対する配慮）
第八十二条　この法律の適用に当たっては、救済の対象となる者の人権と他の者の人権との関係に十分に配慮しなければならない。
（関係行政機関等との連携）
第八十三条　人権委員会、厚生労働大臣及び国土交通大臣は、この法律の運用に当たっては、関係行政機関及び関係のある公私の団体と緊密な連携を図るよう努めなければならない。
（不利益取扱いの禁止）
第八十四条　何人も、この法律の規定による措置を求める申出又は申請をしたことを理由として、不利益な取扱いを受けない。
（規則制定権）
第八十五条　人権委員会は、その内部規律、人権救済手続その他所掌事務に関し必要な事項について人権委員会規則を定めることができる。
（法務大臣の指揮等の例外）
第八十六条　人権委員会がこの法律に規定する権限の行使に関して当事者又は参加人となる訴訟については、国の利害に関係のある訴訟についての法務大臣の権限等に関する法律（昭和二十二年法律第百九十四号）第六条の規定は、適用しない。

　　第七章　罰則
第八十七条　第十三条第一項の規定に違反して秘密を漏らした者は、一年以下の懲役又は五十万円以下の罰金に処する。
第八十八条　次の各号のいずれかに該当する者は、三十万円以下の過料に処する。
　一　正当な理由なく、第四十四条第一項第一

号（第七十条又は第七十六条において準用する場合を含む。）の規定による処分に違反して出頭せず、又は陳述をしなかった者
二　正当な理由なく、第四十四条第一項第二号（第七十条又は第七十六条において準用する場合を含む。）の規定による処分に違反して文書その他の物件を提出しなかった者
三　正当な理由なく、第四十四条第一項第三号（第七十条又は第七十六条において準用する場合を含む。）の規定による処分に違反して立入検査を拒み、妨げ、又は忌避した者
四　正当な理由なく、第五十一条（第七十一条第二項又は第七十七条第二項において準用する場合を含む。）の規定による出頭の求めに応じなかった者

　　　附　則
（施行期日）
第一条　この法律は、平成十五年四月一日から同年七月三十一日までの範囲内において政令で定める日から施行する。ただし、附則第三条第一項の規定は、公布の日から施行する。
（人権擁護委員法の廃止等）
第二条　人権擁護委員法（昭和二十四年法律第百三十九号）は、廃止する。
2　この法律の施行の際に前項の規定による廃止前の人権擁護委員法（以下この項及び次項において「旧人権擁護委員法」という。）に基づく人権擁護委員である者は、この法律の施行の日に、第二十二条第一項の規定により、この法律に基づく人権擁護委員として委嘱されたものとみなす。この場合において、その委嘱されたものとみなされる者の任期は、第二十五条第一項の規定にかかわらず、同日における旧人権擁護委員法に基づく人権擁護委員としての任期の残任期間と同一の期間とする。
3　この法律の施行前に旧人権擁護委員法の規定により法務大臣がした行為又はこの法律の施行の際現に旧人権擁護委員法の規定により法務大臣に対してされている行為は、前項に定めるものを除き、この法律の施行の日以後におけるこの法律の適用については、この法律の相当規定により人権委員会がした行為又は人権委員会に対してされた行為とみなす。
（経過措置）
第三条　第九条第一項の規定による人権委員会の委員長及び委員の任命のために必要な行為は、この法律の施行前においても行うことができる。
2　この法律の施行の日以後最初に任命される人権委員会の委員長及び委員の任命について、国会の閉会又は衆議院の解散のため両議院の同意を得ることができないときは、第九条第三項及び第四項並びに第十一条第三号の規定を準用する。
3　この法律の施行の日以後最初に任命される人権委員会の委員の任期は、第十条第一項本文の規定にかかわらず、内閣総理大臣の指定するところにより、一人は一年、二人は二年、一人は三年とする。

理　由
　我が国における人権侵害の現状その他人権の擁護に関する内外の情勢にかんがみ、人権侵害により発生し、又は発生するおそれのある被害の適正かつ迅速な救済又はその実効的な予防及び人権尊重の理念に関する理解を深めるための啓発に関する施策を推進するため、新たに独立の行政委員会としての人権委員会を設置し、その組織、権限等について定めるとともに、これを主たる実施機関とする人権救済制度を創設し、その救済手続その他必要な事項を定める必要がある。これが、この法律案を提出する理由である。

6 新たな人権救済機関の設置について（中間報告）

平成 22 年 6 月
法務省政務三役

1　法案の名称
　法案の名称については、人権侵害による被害に対する救済・予防等のために人権救済機関を設置すること、その救済手続等を定めることなど、法案の内容を端的に示す名称とするものとする。

2　人権救済機関（人権委員会）の設置
　人権救済機関については、政府からの独立性を有し、パリ原則に適合するものとして、人権委員会を設置する。人権委員会は、内閣府に設置することを念頭に置き、その組織・救済措置における権限の在り方等は、なお検討するものとする。

3　人権委員会
　人権委員会については、我が国における人権侵害に対する救済・予防、人権啓発のほか、国民の人権擁護に関する施策を総合的に推進し、政府に対して国内の人権状況に関する意見を提出すること等をその任務とするものとする。

4　地方組織
　実効的な調査・救済活動のため、地方組織体制を構築する必要があるが、地方組織については、既存の組織の活用・充実を図るなど、新制度が速やかにスタートできるよう検討するものとする。

5　人権擁護委員
　人権擁護委員については、既存の委員及びその組織体を活用し、その活性化・充実を図ることを検討するものとする。

6　報道関係条項
　報道機関等による人権侵害については、特段の規定を設けないこととし、報道機関等による自主的取組の状況を踏まえつつ、今後の検討課題とするものとする。

7　特別調査
　事実の調査については、その調査拒否に対する制裁的な規定は置かないことを含め、なお検討するものとする。

8　救済措置
　救済措置については、人権擁護推進審議会答申後の法整備の状況等を踏まえ、なお検討するものとする。

〔出所〕法務省ホームページ　http://www.moj.go.jp/content/000049281.pdf　（2011 年 12 月 18 日アクセス）

7 新たな人権救済機関の設置について（基本方針）

平成23年8月
法務省政務三役

1 法案の名称
・法案の名称については、人権擁護に関する施策を総合的に推進するとともに、人権侵害による被害に対する救済・予防等のために人権救済機関を設置すること、その救済手続等を定めることなど、法案の内容を端的に示す名称とするものとする。

2 人権救済機関（人権委員会）の設置
・人権救済機関については、政府からの独立性を有し、パリ原則に適合する組織とするため、国家行政組織法第3条第2項の規定に基づき、人権委員会を設置する。新制度の速やかな発足及び現行制度からの円滑な移行を図るため、人権委員会は、法務省に設置するものとし、その組織・救済措置における権限の在り方等は、更に検討するものとする。

3 人権委員会
・人権委員会については、我が国における人権侵害に対する救済・予防、人権啓発のほか、国民の人権擁護に関する施策を総合的に推進し、政府に対して国内の人権状況に関する意見を提出すること等をその任務とするものとする。
・人権委員会の委員長及び委員については、中立公正で人権問題を扱うにふさわしい人格識見を備えた者を選任するとともに、これに当たっては、国民の多様な意見が反映されるよう、両議院の同意を得て行うもの（いわゆる国会同意人事）とする。

4 地方組織
・地方における活動は、利用者の便宜、実効的な調査・救済活動及び全国同一レベルでの救済活動の実現のため、現在、人権擁護事務を担っている全国の法務局・地方法務局及びその支局を国民のアクセスポイントとし、同組織の活用・充実を図り、新制度への円滑な移行が可能となるように検討するものとする。
・人権委員会は、全国所要の地に事務局職員を配置し、同委員会の任務を実現するための諸活動を行わせるとともに、法務局・地方法務局における事務の遂行を指導監督させる等の方策を検討するものとする（具体的な人権委員会と地方組織との関係等については、なお検討する。）。

5 人権擁護委員
・人権擁護委員については、既存の委員及びその組織体を活用し、活動の一層の活性化を図るものとする。
・人権擁護委員の候補者の資格に関する規定（人権擁護委員法第6条第3項参照）及び人権擁護委員の給与に関する規定（同法第8条第1項参照）は、現行のまま、新制度に移行する。

6 報道関係条項
・報道機関等による人権侵害については、報道機関等による自主的取組に期待し、特段の規定を設けないこととする。

7 特別調査
・人権侵害の調査は、任意の調査に一本化し、調査拒否に対する過料等の制裁に関する規定は置かないこととする。調査活動のより一層の実効性確保については、新制度導入後の運用状況を踏まえ、改めて検討するものとする。

8 救済措置
・救済措置については、調停・仲裁を広く利用可能なものとして、より実効的な救済の実現を図ることとし、訴訟参加及び差止請求訴訟の提起については、当面、その導入をしないこととする。
・その他の救済措置については、人権擁護推進審議会答申後の法整備の状況等をも踏まえ、更に検討することとする。

9 その他
・速やかで円滑な新制度の導入を図るとともに、制度発足後5年の実績を踏まえて、必要な見直しをすることとする。

〔出所〕法務省ホームページ　http://www.moj.go.jp/content/000077694.pdf　（2011年12月18日アクセス）

❽人権委員会の設置等に関する検討中の法案の概要

平成 23 年 12 月
法務省政務三役

新たな人権救済機関として、政府からの独立性を有する人権委員会を設置し、当該委員会の組織・権限及び調査手続その他必要な事項を定める。

1 法案の名称
人権擁護に関する施策を総合的に推進するため人権委員会を設置すること等、法案の内容を端的に示す法案の名称を引き続き検討中

2 総則関係
○目的
　人権委員会の設置等により、人権擁護施策を総合的に推進し、人権尊重社会の実現に寄与することを目的とする。
○人権侵害等の禁止（調査手続の対象）
　不当な差別、虐待その他の人権侵害及び差別助長行為をしてはならない旨を規定

（参考）
※人権侵害とは、
①特定の者に対して、
②その有する人権を侵害する行為であり、
③司法手続においても違法と評価される行為をいう。
すなわち、
・憲法の人権規定に抵触する公権力等による侵害行為　のほか、
・私人間においては、民法、刑法その他の人権に関わる法令の規定に照らして違法とされる侵害行為が人権侵害となる。
※差別助長行為とは、
①人種等の共通の属性を有する不特定多数の者に対する不当な差別的取扱いを助長・誘発することを目的として、
②当該不特定多数の者が当該属性を有することを容易に識別することを可能とする情報を、
③文書の頒布・掲示等の方法により公然と摘示することをいう。

○国の責務
　人権の擁護に関する施策を総合的に推進することが国の責務であることを明記

3 人権委員会の組織
○設置　法務省の外局として設置（国家行政組織法3条2項）
○所掌事務　人権救済、人権啓発、政府への意見提出、国会への報告等
○構成　委員長並びに常勤及び非常勤の委員により構成
○任命　中立公正で人権問題を扱うにふさわしい人格識見を備えた者を、両議院の同意を得て、内閣総理大臣が任命（国会同意人事）
○独立性　委員長・委員の職権行使における独立性を保障
○事務局　事務局を設置
　事務局に弁護士資格を有する職員を配置
○地方組織　事務局の事務を法務局長・地方法務局長に委任
　全国所要の地に、事務局職員（現地担当官）を配置し、公務員による人権侵害事案の調査及び法務局・地方法務局の指導監督等の事務を行わせる。

4 調査・措置の手続
○対象　人権侵害及び差別助長行為
○調査　任意調査（旧法案では、調査拒否に対する過料の制裁を伴う特別調査と制裁を伴わない一般調査が設けられていたが、任意の調査に一本化し、特別調査に関連する規定は設けない。）
○措置
①調査開始後いつでも行うことができる措置
　援助、調整
②人権侵害が認められた場合に行うことができる措置
　説示、勧告、通告、告発、要請
③公務員による人権侵害が認められた場合に行うことができる措置
　勧告（公務員及びその所属する機関に対して行う。）

公表（勧告を受けた機関が勧告に従わなかった場合にその旨を公表する（広報としての公表とは別）。）
資料提供（勧告を行った場合に被害者の権利行使のために行う。）
④当事者の意向を踏まえた解決のための措置
調停、仲裁

5 　人権擁護委員
○人権擁護委員については、既存の委員及びその組織体を活用
○人権擁護委員法の一部改正
・委嘱権者・指揮監督権者を法務大臣から人権委員会に改める。
・人権擁護委員の行う職務の公務性を踏まえ、非常勤の国家公務員と位置づけ（国家公務員法適用排除規定を削除）
・専門的な知識経験を有する者等、適任者のより一層の確保を図るため、市町村長の推薦による委嘱とは別の、補充的な委嘱制度（特例委嘱制度）を創設
・人権擁護委員の組織体に関する規定の整備（いわゆるブロック連合会に関する規定の新設等）

〔出所〕法務省ホームページ　http://www.moj.go.jp/content/000082631.pdf　（2011年12月18日アクセス）

❾ 日弁連の提案する国内人権機関の制度要綱

2008年11月18日
日本弁護士連合会

はじめに

　世界人権宣言はいう。「人類社会のすべての構成員の固有の尊厳と平等で譲ることのできない権利を承認することは、世界における自由、正義及び平和の基礎である」。国際連合憲章や国際人権規約をはじめとする人権諸条約は人権の実現と保障を加盟国の責務とし、加盟国の活動ならびに各種国際人権機関の活動を通じて世界のすべての人類が平和の中に人権を護られることを目標としている。国際連合は、その約60年にわたる経験を通じ、目標達成のためには政府や裁判所、立法だけではなく、人権保障を任務とした、政府から独立した組織の活動が必要であると認識するようになった。各国内における人権保障のための組織が実効的に機能するための原則として、国連は、1993年に「国家機関（国内人権機関）の地位に関する原則（パリ原則）」（総会決議48/134）を採択している。国連はさらに、それぞれの国が国内人権機関の設置を促進することを要請している（1997年12月国連総会決議52/128）。国連人権理事会は、日本についてのUPR審査の結果、2008年6月30日付け決議により、国内人権機関の設置について世界各国からの意見に基づいて、日本が早急に人権機関を設立することを勧告している。

　日本弁護士連合会は1949年の設立以来、弁護士の社会的使命である基本的人権擁護の活動を全国各地の弁護士会とともに行ってきた。公権力による深刻な人権侵害を初めとする多様な分野にわたる種々の人権侵害救済の申立てを受け、調査をおこない、人権侵害を行うものに対して、警告、勧告、改善の要請などの実績を積み重ね、幅広い市民のみならず、国連など国際人権にかかわる組織からも評価を受けている。
　その活動の経験と教訓を踏まえて、日弁連は、パリ原則に則った国内人権機関の設置を求めて、「政府報告書に対する国際人権規約委員会の最終見解にあたっての会長声明」（98年11月10日）、「国際人権（自由権）規約委員会の最終見解の実現に関する総会決議」（99年5月21日）、「日弁連・人権のための行動宣言」（99年12月）、「政府から独立した調査権限のある人権機関の設置を求める宣言」（2000年10月6日）、「人権委員会の独立性を確保するための最低条件」（03年2月21日）などを発表してきた。この度これらの宣言決議を実現するものとして、以下の制度要綱案のような「政府から独立した国内人権機関」の設立を求めるものである。

　一方政府は、人権擁護施策推進審議会の答申を受け、「人権擁護法案」を作成して2002年3月、国会に提出したが、「人権委員会」は法務省の所轄とされるなど、その内容がパリ原則に適合するものでなく、報道の自由、市民の知る権利を侵害する恐れが指摘されるとともに、公権力による人権侵害の多くが救済の対象とはされないなど、種々の問題点をもつものであった。そのため、同法案は廃案となり、今日に至っているが、現在なお政府は報道規制につき一部手直しをしただけで、再度これを提出すると報じられている。

　最近においてもしばしば報じられる、捜査機関による人権侵害、刑事拘禁施設における人権侵害、入国管理手続と収容・送還における人権侵害、学校教育や職場における人権侵害、外国人などに対する差別、医療・福祉機関における人権侵害など、調査権限をもって有効な調査と人権の促進と侵害の中止を求める政府から独立した機関を求める声は日増しに高まっている。
　このような声に応え、国内人権機関の実現を促進するため、早急に実現されるべき国内人権機関の組織と活動の原則を、日弁連要綱案の形で示し、市民各界、各層に提案するものである。

国内人権機関の基本設計

あるべき国内人権機関の概要について、日弁連は次のように考えている。

(独立性)
1　政府からの独立性をもち、人権の尊重、保護、促進を図る活動を行なう国内人権機関を設置すること。
(権限)
2　国内法における人権に限定せず、広く国際人権法により認められた人権を取り扱う組織であること。
(公権力による人権侵害)
3　公権力による人権侵害について、調査・勧告権限をもつ組織であること。
(私人による人権侵害)
4　私人間や行政との間で生起する人権侵害事例については、調停あっせんによる解決を図る機能をもつこと。
(人権教育)
5　広く人権教育を企画し、実施する活動をする組織であること。
(政策提言)
6　政策提言能力をもち、立法、行政に対し、人権の観点からあるべき方向を示すことができる組織であること。
(人権諸条約の実施の促進)
7　国際人権条約の批准促進と国内で発効している人権諸条約の実施の促進
(構成・組織)
8　委員会は構成の多様性をもち、活動においては市民、NGOと交流し、その意見を取り込む組織であること。
9　人権の専門家を擁し、問題の調査、研究、解決ができる組織であること。
10　人権擁護に情熱をもつ職員を多数擁する事務局体制を確立すること。
11　これらの活動を行うに必要十分な人員と予算が確保されること。
(市民アクセス)
12　案件の渋滞を起こさない事件の合理的な仕分けと迅速な手続を採用すること。
13　市民が気軽に駆け込める、利用しやすい組織であること。

制度の要綱

前　文

日本国憲法は、その基本理念として基本的人権の保障を宣言し、国際人権規約は、国際連合憲章及び世界人権宣言を受けて、「人類社会のすべての構成員の固有の尊厳及び平等のかつ奪い得ない権利を認めることが世界における自由・正義及び平和の基礎をなすものであることを考慮し」ている。そこで、これらの趣旨を具体化し、我が国において基本的人権の享有を平等に保障するために、政府から独立した国内人権機関を設置し、もって人権の伸長と保障を実効あらしめることが必要である。そのことが、国際社会において差別のない平和社会建設の基礎となるものであることを確信し、我が国が、基本的人権の伸長と保護をさらに発展させるための名誉ある国際的責務を達成するために、本法を制定する。

第1　目的及び任務
1−1　(法の目的条項)

> 日本国憲法、国際人権規約をはじめとする国際人権諸条約などで保障された基本的人権が、すべての人に平等に享受されることを実現するために、人権委員会を設置すること。

1－2（人権委員会の任務）

> ①人権救済
> ・憲法、国際人権規約をはじめとする国際人権条約等によって保障された人権が侵害された旨の申立てがなされたときは、これを受理して相談、調査、調停、勧告その他必要な措置を行うこと
> ②人権状況等の調査
> 　人権状況などの調査として次のことを行うこと
> 　・国内の人権状況の調査
> 　・国内法の遵守状況
> 　・国際人権法の国内実施状況
> ③立法、行政への提言、援助
> 　立法、行政政策の立案と施行などに際し、人権の保護、尊重、促進の観点から検討し、国、地方自治体、その関係機関などに対して必要な助言、政策提言、意見書の提出を行うこと
> ④人権教育
> 　人権教育として次のことを行うこと
> 　・人権教育の研究、教育プログラムの作成、人権教育の実施
> 　・各官庁、公共団体などが行う人権教育への情報提供、助言、協力
> 　・裁判官、検察官、弁護士、警察官、刑事拘禁施設職員などに対する人権教育の実施ならびに協力
> ⑤非政府組織との協力
> 　・人権分野で活動するNGO組織と協力し、活動に反映させること
> ⑥国際人権条約の推進
> 　国際人権条約の適用を推進するため、次のことを行うこと
> 　・国際人権条約の批准促進と国内で発効している人権諸条約の実施の促進・人権諸条約に基づき、国が国際条約諸機関に提出すべき報告書の作成にあたり、意見を述べ、助言し、援助を行うこと
> ⑦国際諸機関との連携と協調
> 　国際連合その他の国際機関、地域機構及び他国の人権機関との協力及び情報の交換をすること
> ⑧国会への報告
> 　人権状況、活動状況につき、定期的に国会に報告すること

第2　組　織

2－1（人権委員会）

> ①人権委員会は、中央委員会と地方委員会をもって構成すること
> ②中央委員会は首都に設置し、地方委員会は各都道府県庁所在地に設置すること
> ③中央委員会と地方委員会の職務分掌については、規則によって定めること
> ④人権委員会は、組織運営のために、中央委員会委員及び地方委員会委員長により構成される全体協議会を設置すること
> ⑤全体協議会に関する事項は、この法律に定めるものを除く外、規則をもって定めること

中央委員会と地方委員会は上下関係には立たないものとする。特定の分野について専門の部局を設けることもできるようにすべきである。

2－2（設置・所轄）

> ①内閣府設置法49条3項に基づいて第1の目的を達成することを任務とする人権委員会を置くこと

> ②人権委員会は、独立性の強い行政委員会であり、内閣総理大臣の所轄に属すること

「所轄」とは、内閣総理大臣及び各省大臣がそれぞれ行政事務を分担管理することについて、その管轄下にあるが独立性が強い行政機関との間の関係を表す語であり、「設置」とは、機関を法律上の存在として設けるという語である。公正取引委員会の場合は「内閣総理大臣の所轄に属する」と規定されており（独占禁止法27条2項）、食品安全委員会の場合は、内閣府に設置されていると規定され（食品安全基本法22条）所轄についての規定はない。

2－3（委員の数）

> 中央委員会は委員長を含む15名の委員をもってこれを組織し、地方委員会は各都道府県の規模に応じて規則で定めること

2－4（委員及び委員長の選任）

> ①中央委員会の委員は、国会に設置された推薦委員会の推薦に基づき、両議院の同意を得て、内閣総理大臣がこれを任命すること
> ②地方委員会の委員は、各都道府県議会に設置された推薦委員会の推薦に基づき、都道府県議会の同意を得て、内閣総理大臣がこれを任命すること
> ③委員長の選任は、委員の互選によること
> ④推薦委員会は、人権委員会委員選任の適切性、透明性を確保することを目的とすること、推薦委員会委員は衆参両議院（地方委員会については都道府議会）、裁判所、内閣府（地方委員会については都道府県庁）、メディア、日本弁護士連合会（地方委員会については各都道府県に対応する弁護士会）、日本学術会議（地方委員会については学識経験者）等から選任すること、人権委員会委員を推薦するに当たっては候補者について公開の聴聞会を開催すること

2－5（委員の構成）

> 人権委員会は、次に掲げる要件を満たす委員から構成されなければならないものとすること
> 　(1)　人権に関して高い識見を有し、人権擁護に必要な知識と経験を有する者でなければならないこと
> 　(2)　男性または女性の一方が3分の2を超えてはならないこと
> 　(3)　人種、民族、信条、社会的身分、国籍、門地、障がい、疾病または性的指向により資格が排除されてはならないこと
> 　(4)　委員長、委員及び委員会の職員は、在任中、左の各号の一に該当する行為をすることができないこと
> 　　一　国会または地方公共団体の議会の議員となること
> 　　二　中央委員会の許可のある場合を除く外、他の業務に従事すること

2－6（委員の身分保障）

> ①委員は定期に相当額の報酬を受けるものとし、在任中減額されないものとすること
> ②委員の任期は5年とし、1回に限り再任されることができること
> 　委員は、年齢が75歳に達したときは、その地位を退くこととすること
> ③委員は、人権委員会により心身の故障のために職務を執ることができないと決定された場合を除き、公の弾劾によらなければ罷免されないものとすること
> ④弾劾により委員を罷免するのは、次の場合とすること
> 　(1)　職務上の義務に著しく違反し、又は職務を甚だしく怠ったとき
> 　(2)　その他職務の内外を問わず、委員としての威信を著しく失うべき非行があったとき
> ⑤罷免手続きにおいては、中央委員会の委員については両議院の同意権、地方委員会の委員については都道府県議会の同意権、および推薦委員会の意見表明権を規定するものとする

こと
⑥罷免権者は内閣総理大臣とすること

2−7（職権行使の独立性）

①人権委員会の委員長および委員は、独立してその権限を行使するものとすること
②内閣総理大臣は、人権委員会の職務に関し、調査中止を含む指揮監督権を有しないものとすること
③内閣総理大臣は、人権委員会の職務に関し、報告を求める権利を有しないものとすること
④設置法が定める場合を除き、人権委員会の調査、決定、勧告、報告などが政府の他の部局による審査の対象とされないものとすること

2−8（事務局）

①人権委員会に事務局を置くものとすること（中央委員会には事務総局を、地方委員会には事務局を、置く）
②事務局長および事務職員には、人権擁護に必要な知識と経験を有する者をあてるものとすること

2−9（職員人事）

①職員は、委員と同様に適格性を有するものから任命し、国家公務員法2条の特別職とすること
②職員の任免は、人権委員会が独自に行うものとすること
③職員につき、他の省庁との人事交流は原則として行わないようにすること

2−10（調査官及び調停官）

①調査官及び調停官の任免は、全体協議会の意見を聞いて、中央委員会の議決に基づき、委員長が職員の中からこれを行うこと
②調査官及び調停官は、国家公務員法第2条の特別職とすること
③調査官及び調停官は、在任中、左の各号の一に該当する行為をすることができないこと
　一　国会または地方公共団体の議会の議員となること
　二　中央委員会の許可のある場合を除く外、他の業務に従事すること

2−11（人権委員会が関係する争訟）

人権委員会は、自らが関係する争訟につき、処理する権限を有するものとすること

2−12（規則制定権）

人権委員会は、職務に関する事項について、規則を定める権限を有すること

2−13（予算）

人権委員会の経費は、独立して、国の予算に計上しなければならないものとすること

第3　救済の対象となる人権の範囲と人権基準

3−1（救済の対象となる人権）

憲法、国際人権諸条約及び法令で規定されたすべての人権の侵害を救済の対象とすること。但し差別については、人種、民族、国籍、信条、性別、門地、社会的身分、障がい、疾病又は性的指向による合理的理由がない分け隔ては、差別として救済の対象とすること。障がいによる差別は、合理的配慮を欠く処遇を含むものとする。

差別事由は限定列挙とする。新たな差別事由とする判断権限は、司法機関ではない国内人権機関に与える必要はない。
3－2　侵害主体による区分
3－2－1（公権力による侵害）

> 公権力または公権力に準ずるものによる場合は、3－1のすべての人権の侵害について救済の対象とすること

法案のように差別・虐待に限定する理由はない。例えば警察・拘置所による面会・外部通信の妨害なども特別救済の対象にすべきである。「公権力に準ずるもの」としては独立行政法人や、刑務所の業務の一部が民営化された場合などを想定している。

3－2－2（私人による侵害）

> 私人による人権侵害は、社会的影響力のある組織、集団または個人によりなされるものを救済の対象とすること
> 但し、私人による差別については、雇用、教育、公共的施設の利用、業として対価を得て行う物品、不動産、権利または役務の提供における、合理的理由がない人種等による差別を救済の対象とすること

私人による人権侵害も社会生活の中で相当なウェイトを占めている。弁護士会による救済事例の中でも私立の医療機関による人権侵害の事例などがある。
私人間の差別も含まれる。私人による差別については、他の人権侵害と異なり、主体による限定ではなく、公的場面などの限定がなされる必要がある。

3－2－3（報道機関等による侵害）

> ①人権委員会は、放送、新聞及び雑誌などの報道機関等による過剰取材及び名誉プライバシー侵害の申立てについては、取材活動及び報道内容の外形から判断できる場合にのみ救済の対象とするものとし、誤報など取材内容の信用性の評価が問題となる場合は、救済の対象から除外すること。
> ②前項前段に該当する場合であっても、政治家、高級官僚及びその関係者に対する過剰取材あるいは名誉・プライバシー侵害については救済の対象としない。
> ③報道機関等につき過剰取材及び名誉・プライバシー侵害について自主的第三者機関が設置され、実効的に運営されている場合は当該機関が優先的管轄権を有するものとし、被害者がその決定に不服である場合に限り人権委員会に救済申立ができること。

メディアの取材や報道による人権侵害も重大となっている。報道機関等は、3－2－2の「社会的影響力のある組織、集団または個人」に含まれる。3－2－3は、3－2－2の特則であり、さらに以下の限定をした。まず、誤報など取材内容の信用性の評価が問題となる場合については、救済の対象から除外し、裁判所による裁判にゆだねるものとした。また、政治家高級官僚などに対する過剰取材あるいは名誉・プライバシー侵害については、公益性を考慮し救済の対象から除外した。報道の自由の重要性、国内人権機関の独立性が確保されるか、などの点から、その救済のための自主的第三者機関の設立を求め、その判断が尊重されるべきである。

3－3（不特定多数の者の属性に関する情報の公然摘示）

> 3－1記載の人種等の属性を有する不特定多数の者に対する差別的取扱いの助長又は誘発の目的で、当該属性を有することを容易に識別しうる情報を文書の頒布、掲示その他これらに類する方法で公然と摘示する行為で、当該不当な差別的取扱いの助長または誘発のおそれが明らかである場合は、当該行為をやめるべきことなどの警告あるいは勧告を行なうことができること

公権力及び私人によるもののいずれも対象とする。私人による場合でも社会的影響力の有無を問わない。

いわゆる地名総鑑の頒布などを念頭においたものである。掲示は、インターネットでの表示も含むものとする。差別そのものではないが、差別に直結する行為ということで救済の対象とした。

不特定多数のものに対する不当な差別的取扱いをする意思を広告、掲示など公然と表示する行為は、まさに対象を明確に限定できないため対象としないこととする。

第4 人権救済手続
4－1（個別調査の開始）

①被害者及びその親族等は、本法が救済の対象とする人権が侵害されたと思料するときは、人権委員会に対しその事実を申し立て、適当な措置をとるべきことを求めることができること。但し、当該人権侵害を受けたと思料される個人、団体の明確な意思の表示に反して申し立てることはできない。

②国、地方自治体および民間の設置する施設に収容されている者が前項の申立てをしようとするとき、同施設の職員は、その申立ての内容を検閲してはならないこと。同施設の職員は、人権委員会宛の申立書を受け取ったときは、速やかに、人権委員会に提出しなければならないこと

③人権委員会は、次の各号に掲げる申立て及び規則の定める申立てについては、調査手続を開始しないこと
　一　申立ての内容が明らかに人権侵害に該当しないとき
　二　人権侵害の事実がその終了時から申立時までに既に3年を経過している申立てで、申立てが遅れたことに相当な理由がないとき

④前項の調査不開始に対して、申立人は、調査不開始の通知を受けた日から1週間の不変期間内に、人権委員会に異議を申し立てることができる。人権委員会の決定を経て委員長は、異議の申立てを受けた日から30日以内に、調査不開始を取り消して調査手続を開始するか、異議の申立てを却下しなければならないこと

⑤人権委員会は、第3項の調査不開始の事由がないときは、調査手続を開始しなければならないこと

⑥人権委員会は、第1項に該当する人権侵害の事実があると思料するときは、職権をもって調査手続を開始することができる。但し、当該人権侵害を受けたと思料される個人、団体の明確な意思の表示に反して調査手続を開始、続行することはできないこと

⑦人権委員会は、この章で規定する人権救済手続を行うにあたり、表現の自由、思想及び良心の自由、信教の自由、学問の自由など憲法や国際人権法で保障された基本的人権の重要性を認識し、これらを最大限尊重すること

4－2（調査の権限）

①人権委員会は、規則を以って定めるところにより、次の各号に揚げる調査をすることができること
　一　相手方、関係人、又は参考人に出頭を命じて質問し、又は、これらの者から意見若しくは報告を徴すること
　二　鑑定人に出頭を命じて鑑定をさせること
　三　申立てにかかる事件に関連する書類その他の物件の所持者に対し、当該物件の提出を命じ、提出物件を留めて置くこと
　四　事件の関係場所に立ち入り、関係者に質問し、関係場所および資料を調査すること

②公務所は、人権委員会の調査に積極的に協力しなければならない。

③人権委員会は、規則を以って定めるところにより、調査官に第1項の権限を行使させることができる。

④第1項の規定による調査の権限は、犯罪捜査のために認められたものと解釈してはならない。

4－3（調査拒否）

> 人権委員会の調査に対しては、次の各号に定めた場合を除き拒否できない。
> ①刑事訴訟法146条ないし149条に定める証言拒絶事由があるとき
> ②公衆に報道する目的で取材することを業とする者が業務上第三者から取得した資料又は情報の取得源を対象とするとき

　調査を拒否できる場合は、明記するべきである。そこで、刑事訴訟法で証言拒絶をすることが認められた場合に拒否できることとした。ただし、公務員が公務上の秘密を理由として証人資格を否定される旨の規定については、採用すると公権力による人権侵害を調査できなくなるため、除外した。なお、報道機関については、取材源の秘匿の重要性、近時の最高裁判例などを考慮し、刑事訴訟法には規定がないが、限定的に調査拒否できるものとした。

4－4（調査拒否への対処）

> 人権委員会の調査を拒否した場合、人権委員会は拒否した事実を公表し、また公務員についてはその懲戒を求めることができること

　調査についての間接的な強制力としては、刑事罰（懲役、罰金、科料など）、民事罰（過料、過怠金など）、事実認定上の不利益判断、公表による不利益などがある。ここでは公表による不利益の限度にとどめた。また公務員について、人権委員会の調査に協力すべき義務があると考えてよく、その違反については懲戒を求めることができることとした。

4－5　調停・仲裁

4－5－1（調停・仲裁による終了）

> ①人権委員会は、人権侵害による被害回復のために、調停（職権付調停を含む）又は当事者の同意を得て仲裁に付することができること
> ②人権委員会は、調停で当事者間に合意が成立した場合、合意を証する文書を作成すること
> ③人権委員会は調停の履行確保のため必要な措置をとることができる。合意文書の履行が完了した時点で人権侵害救済申立事件が終了したものとすること

　簡易・迅速な人権救済のために人権委員会に調停と仲裁の権限・機能をもたせることが必要不可欠である。調停による合意には、自由かつ柔軟な解決をめざすということで債務名義としての効力を与えない。そのため、履行されたことが確認された段階で人権侵害救済申立事件が終了したという扱いが必要である。

4－5－2（調停・仲裁の担当者）

> ①調停委員会は、人権委員会の委員長若しくは委員又は調停官のうちから、事件ごとに、人権委員会の指名する3人の調停委員をもって構成すること。調停委員のうち少なくとも1人は、弁護士でなければならないこと。仲裁委員会も同様とすること。但し、当事者の合意による選定がなされたときは、その選定に従うこと
> ②調停又は仲裁の手続に参与した者は、当該事案について調停又は仲裁以外の人権救済手続に関与することができないこと

　調停・仲裁の担当者は事件毎に3名で委員会を構成させる。予断排除と当事者から見た公平らしさ確保の観点から調停又は仲裁の手続に参与した者は、人権侵害救済事件の調査に関与できないものとした。性差別が問題になる事案では調停委員の少なくとも1名は女性とすべきであろう。

4－5－3（措置）

> ①人権委員会は、調査を経て人権侵害と認める場合は、警告、勧告、要望などの措置をとり、人権侵害の事実が認められない場合は不措置とすること
> ②人権委員会は、第1項の措置の決定と同時に、国又は地方自治体、その他関係機関又は関係者に、措置内容を示す書面を送付することができること

③人権委員会は、第1項の措置をとった場合、相手方に対して当該措置の実施状況の報告を求め、必要のあるときは措置の事実を公表することができること

4－5－4（異議の申立て）

4－5－3①の警告、勧告又は要望の措置に対して、申立人及び相手方は、決定の通知を受けた日から2週間の不変期間内に、人権委員会に理由を付した書面をもって異議を申し立てることができること。人権委員会は、異議の申立てを受けた日から90日以内に、措置の取消、変更をするか、異議の申立てを却下しなければならないこと

4－5－5（懲戒請求、告発、提訴）

①人権委員会は、調査の結果、国又は地方自治体の公務員が故意又は重大な過失により人権侵害を行ったと認めるときは、その公務員の懲戒の処分を求めることができること
②人権委員会は、調査の結果、刑罰法令に違反する犯罪があり、そのまま放置することができないと思料するときは、検察官に告発しなければならないこと。この告発にかかる事件について公訴を提起しない処分をしたときは、検察官は遅滞なく、法務大臣を経由して、その旨及びその理由を文書をもって人権委員会に報告しなければならないこと。3－3の当該行為をやめるべきことなどの警告あるいは勧告に相手方が従わない場合は、人権委員会は自ら当該行為の差止訴訟を提起することができること

第5　人権状況等の調査

5－1（人権状況調査）

人権委員会は、随時次の各号について必要な調査を行わなければならないこと
　一　国内の人権状況
　二　国内法の遵守状況
　三　国際人権諸条約の国内における履行状況
　四　国の機関と国連その他の国際機関、地域機構および他国の国内機構との協力状況
　五　国および地方自治体の機関ならびにその他の関係機関と人権分野で活動する市民団体との協力状況

5－2（調査方法）

①前条の人権状況調査については、4－2（調査の権限）の規定を準用すること
②人権委員会は、前条の人権状況調査を行うために、いつでも、国および地方自治体が設置する拘禁施設を視察することができること
③人権委員会は、前条の人権状況調査を行うために、公聴会を開き、必要があるときは、国、地方自治体及びその関係機関の公聴会への出席を要請することができること

5－3（勧告、提言等）

①人権委員会は、人権状況調査の結果、改善すべきことが明らかになった場合は、国及び地方自治体、その関係機関、団体等に対し、人権状況改善のための勧告、提言及び意見表明をすることができること
②人権委員会は、人権状況調査の結果を公表することができること
③前項の公表に当たっては、個人のプライバシーを不当に侵害することがないよう配慮しなければならないこと

第6　人権教育等
6－1（人権教育）

①人権委員会は、人権尊重の意識を高め、人権という普遍的文化を普及発展させるため、次の各号に掲げる業務を実施し、人権教育の任務を行うこと
　一　人権教育の研究、人権教育の基本プログラムの作成、人権教育研修の実施
　二　国及び地方自治体の各機関、各種団体が実施する人権教育活動への情報提供、助言、協力及び援助
　三　人権侵害防止のためのガイドライン・行動計画の策定
　四　その他人権教育に必要と考えられる事業

②次の各号に掲げる特定の職業に従事する者（以下、特定職業従事者という。）は、その職務の遂行にあたって、特に人権尊重への配慮が求められることから、人権委員会は、特定職業従事者に対する人権教育に努めなければならないこと
　一　裁判官、書記官等の裁判所職員
　二　検察官及び検察事務官等の検察職員
　三　弁護士
　四　司法修習生
　五　矯正施設・更生保護関係職員等
　六　入国審査官、入国警備官等の入国管理関係職員
　七　海上保安官
　八　労働基準監督署及び公共職業安定署職員等の労働行政関係職員
　九　警察職員
　十　自衛官
　十一　教員・社会教育関係職員
　十二　その他、規則で定める者

6－2（提言、援助等）

①人権委員会は、いつでも、国及び地方自治体、その関係機関、団体等に対し、人権状況改善のための助言、立法・政策提言、意見書の提出を行うことができること
②人権委員会は、国及び地方自治体に対し、人権状況改善のために必要とされる援助を求めることができること

6－3（政府報告書の作成支援）

①人権委員会は、国際人権諸条約に基づき、政府が国連またはその他の国際機関に提出すべき報告書等の作成に助言、援助を行うこと
②政府は、前項の報告書等の作成にあたり、人権委員会の意見を求めなければならないこと

第7　非政府組織（NGOなど）との協力

人権委員会は、第1　1－1に掲げる目的を達成するため、人権に関わる各種非政府組織の意見を広く聴取し、人権に関わる基本的施策の策定、人権教育の実施、人権侵害事案の救済等において、これらの意見を反映させるよう努めるものとすること

第8　国際人権条約の推進など

①国際人権条約の推進
　人権委員会は、国際人権条約の批准促進をはかるものとすること。また既に国内で発効している国際人権諸条約については、その国内の実施状況を調査し、促進すること

②国際諸機関との連携と協調
　人権委員会は、国際連合その他の国際機関、地域機構及び他国の人権機関との協力、情報の交換を行うこと

第9　国会への報告

人権委員会は、国内の人権状況、人権委員会の活動状況について年に1度国会に報告をすること

〔出所〕　日本弁護士連合会ホームページ　http://www.nichibenren.or.jp/library/ja/opinion/report/data/081118_4.pdf　（2011年12月18日アクセス）

10 これからの日本の人権保障システムの整備をめざして
―人権政策提言 ver.2.1 ―

2002年1月2日　人権フォーラム21

〈もくじ〉

1 【人権政策の基本理念】
　1-1 〔人権政策三原則〕
　1-2 〔市民の主体性〕
　1-3 〔地域、市民、企業・団体の責務〕
2 【新たな人権法体系の整備】
　2-1 〔実質的意味の人権〕
　2-2 〔差別禁止法の制定〕
　2-3 〔差別禁止事由・差別禁止分野の明記〕
　2-4 〔差別禁止法の段階的整備〕
　2-5 〔地域性の原則にもとづく条例の整備〕
3 【人権委員会の組織体制】
　3-1 〔人権委員会の設置の趣旨・目的〕
　3-2 〔人権委員会の活動〕
　3-3 〔人権委員会法の制定〕
　3-4 〔人権委員会法上の「人権」定義〕
　3-5 〔地方及び国における人権委員会の設置〕
　3-6 〔地方人権委員会における人権相談窓口の設置〕
　3-7 〔国際機構、他国の国内人権機関及びNPO/NGOとの協力〕
　3-8 〔委員及び委員数等〕
　3-9 〔地方人権委員会委員の任免と議会の同意〕
　3-10 〔中央人権委員会委員の任免と国会の同意〕
　3-11 〔委員の独立性・多元性の確保〕
　3-12 〔地方人権委員会事務局とその職員の専門性・多元性の確保〕
　3-13 〔中央人権委員会事務局とその職員の専門性・多元性の確保〕
　3-14 〔専門職員の養成〕
　3-15 〔人権委員会の予算〕
　3-16 〔年次報告書の作成・提出〕
4 【人権委員会の救済機能】
　4-1 〔調査・救済に際しての基本原則〕
　4-2 〔申立人の範囲〕
　4-3 〔表現の自由に関わる人権侵害・差別事案にかかる申立の取扱い〕
　4-4 〔マスメディアに関わる人権侵害・差別事案に係る申立の取扱い〕
　4-5 〔国、自治体又は民間団体による人権侵害・差別救済制度との関係〕
　4-6 〔国、自治体又は民間団体による人権侵害・差別救済制度との協力〕
　4-7 〔地方人権委員会への相談〕
　4-8 〔地方人権委員会の所掌〕
　4-9 〔中央人権委員会の所掌〕
　4-10 〔地方人権委員会への申立〕
　4-11 〔他の機関等への付託・捜査機関への告発〕
　4-12 〔人権委員会によるあっせん、調停、仲裁〕
　4-13 〔人権委員会の調査権〕
　4-14 〔人権委員会の強制調査権〕
　4-15 〔人権委員会の勧告権〕
　4-16 〔地方人権委員会の意見表明権〕
　4-17 〔人権委員会による訴訟援助参加〕
　4-18 〔人権委員会の申立人への回答義務〕
5 【人権委員会の政策提言機能】
　5-1 〔中央人権委員会の政策提言機能〕
　5-2 〔地方人権委員会の政策提言機能〕
　5-3 〔中央人権委員会による注意喚起〕
　5-4 〔地方人権委員会による注意喚起〕
6 【人権委員会の人権教育・啓発機能】
　6-1 〔人権委員会の人権教育・啓発活動の方法〕
　6-2 〔人権委員会の人権教育・啓発活動〕
　6-3 〔地方人権委員会が特に担うべき人権教育・啓発活動の分野〕
　6-4 〔中央人権委員会が特に担うべき人権教育・啓発活動の分野〕
7 【人権を所掌する行政機関の新設を】
　7-1 〔内閣府人権庁の設置〕
　7-2 〔法務省による人権擁護行政の原則的終了〕
　7-3 〔法務省法務局人権擁護部及び地方法務局人権擁護課等の廃止〕
　7-4 〔自治体による人権行政の推進と人権部局の整備・新設〕
8 【人権擁護委員制度の改編を】
　8-1 〔委員数の削減と人権ソーシャルワーカーへの移行〕

8-2〔人権ソーシャルワーカーの職務と待遇〕
　　8-3〔人権ソーシャルワーカーの配置〕
　　8-4〔人権ソーシャルワーカー研修所〕
　　8-5〔人権促進市民ボランティア制度の新設〕
　　8-6〔人権促進市民ボランティアの配置〕
　　8-7〔人権ソーシャルワーカーの選任方法〕
　　8-8〔人権促進市民ボランティアの選任方法〕
　　8-9〔地方人権委員会への事案付託〕
9　【議会の人権問題審議機能の強化を】
　　9-1〔国会の人権問題審議機能の強化〕
　　9-2〔地方議会の人権問題審議機能の強化〕
10　【人権保障のための実効的な司法制度改革を】
　　10-1〔人権法研修〕
　　10-2〔事案処理の専門化〕
　　10-3〔「法科大学院」における人権法教育〕
11　【国際人権法の国内的実施の強化を】
　　11-1〔個人通報制度の受諾および留保等の撤回〕
　　11-2〔人権委員会による国際人権法の積極的な活用〕
　　11-3〔地域的人権保障システムの確立〕
12　【市民社会との協働と「人権文化」の定着を】
　　12-1〔市民社会との協働〕
　　12-2〔「人権文化」の確立〕

1　人権政策の基本理念について

　これまでの日本の人権政策は、国が裁量によって、上から下に施す処分であり措置である。そのため、人権侵害・差別を受けた当事者は、地域、草の根の生活現場で苦悩や抗議の声を挙げてきたにもかかわらず、国は中央集権的かつ省庁割拠的な対応に終始し、当事者の声を聞いて総合的な解決を図るための効果的な方策を実行していない。こうした現実を直視すれば、今後の人権問題においては、市民主体性、すわなち、人権政策を日本社会に生活するすべての市民が主体的に形成していくことが大前提になる。

1-1〔人権政策三原則〕

　日本の人権政策の基本理念を実現するにあたっては、(1)当事者性、すなわち「当事者の視点に立った施策の推進と当事者自らによる事案解決に対する適切な支援」、(2)地域性、すなわち「地域において人権侵害・差別事案を自ら解決する取り組みの支援」、(3)総合性、すなわち「人権侵害の被害者に多面的・多角的な救済を提供する総合的取り組み」の三原則を柱にした積極的な取り組みが必要である。

1-2〔市民の主体性〕

　日本国憲法前文が宣言するように、民主主義は「人類普遍の原理」であり、人権のみならず、すべての政策の担い手が市民であることは言うまでもない。実際、人権侵害や差別事象の多くは地域社会で生起するため、地域に根ざした様々な人権運動が、第二次大戦以後活発に展開され、日本社会における人権規範の定着と実質化を促してきた。こうした実績をふまえ、ひとりひとりの市民が、地域レベル、国レベル、企業・団体レベルにおいて意思決定に主体的に参加し、人権が尊重される共生社会を実現していかなければならない。

1-3〔地域、市民、企業・団体の責務〕

　実際の人権侵害や差別事象の多くは、地域社会で生起する。そのため、地域に根ざした様々な人権運動がこれまで活発に展開され、日本社会における人権規範の定着と実質化を促してきた。こうした実績を踏まえ、市民、地域社会、NGO、企業その他の団体は、今後も引き続き、国や自治体等と協働し、人権が尊重される社会を実現していかなければならない。

2　新たな人権法体系の整備を

　人権が尊重される社会を構築するための基本は、人権に関する教育及び啓発を充実化させることにある。そのための根拠法として、2000年12月に「人権教育及び人権啓発の推進に関する法律（人権教育・啓発推進法）」（平成12年法律第147号）が制定されたが、その実効性を確保するためにも、上記三原則をふまえた見直しを早期に実施する必要がある。さらに、実効的に人権が尊重され、確保される社会を実現するためには、これまでの行財政的措置のみでは不十分であり、新たな人権法体系の整備が不可欠である。

2-1〔実質的意味の人権〕

　人権法体系の整備にあたっては、法律上の狭義の「人権」、すなわち国家によって「人権」と認められた権利だけではなく、人権侵害を受けた当事者に対して実効性ある救済をなしうる普遍的価値概念としての「人権」を広く扱うこととし、人間の尊厳が真に尊重さ

れ、個人の人格と自律的な生存が保障される日本社会をめざさなければならない。

2-2〔差別禁止法の制定〕

日本国憲法第14条第1項が定める平等原則を具体化するため、社会的差別禁止法又は人種差別禁止法（部落差別・アイヌ民族差別・外国人差別の禁止など）、性差別禁止法、障害者差別禁止法等の事由別差別禁止法、及び雇用差別禁止法（ILO111号条約の批准及び国内法の整備）等の分野別差別禁止法を順次制定する。これら諸法の整備は緊急の課題であり、また国際社会に対する責務でもある。

2-3〔差別禁止事由・差別禁止分野の明記〕

上記差別禁止諸法の整備にあたっては、諸外国の取り組み及び「国連・反人種差別モデル国内法」を参照し、差別禁止事由と差別禁止分野を明示し、差別行為の予防ならびに規制、及び差別を受けた者の救済を図るものとする。主な差別禁止事由及び差別禁止分野には以下のものが含まれる。

【差別禁止事由】人種、皮膚の色、性別、性的指向・性的自己認識、婚姻上の地位、家族構成、言語、宗教、政治的意見、門地、社会的出身、民族的又は国民的出身、年齢、身体的・知的障害、精的疾患、病原体の存在、等。

【差別禁止分野】雇用・職場、教育、居住、医療、物品及びサービス提供、施設利用、等。

2-4〔差別禁止法の段階的整備〕

当初は事由別及び分野別の差別禁止法を順次制定し、後日包括的な差別禁止法の制定を検討する。

2-5〔地域性の原則にもとづく条例の整備〕

地域において人権侵害・差別事案を自ら解決するという地域性の原則にもとづき、地域社会における人権の尊重と確保を実現するため、自治体は積極的に条例制定に取り組む。その一環として、自治体は引き続き人権のまちづくり条例や差別禁止条例の制定を積極的に進めるべきである。

3　人権委員会の組織体制について

現行の法務省による人権擁護行政及び人権擁護委員制度は十全に機能していない。また、裁判所による司法的救済も時間と費用がかかり、かつ手続も煩雑である。加えて、これまでの裁判所は、人権侵害を受けた者の実効的な救済に役立ってきたとは言い難い。そこで、人権侵害・差別を受けた者に対する救済施策の実施主体として、政府から独立した国内人権機関を創設し、当事者の経済的な負担が軽く、手続が簡易で、かつ早期の実効的救済が期待できる体制を整備する。国内人権機関は、(1)当事者性、(2)地域性、及び(3)総合性の重視という人権政策三原則（上記1-1参照）を活動指針とする。

3-1〔人権委員会の設置の趣旨・目的〕

人権委員会は、個別の人権侵害事案を総合的に解決することを通じて基本的人権を保障し、あわせて事案処理の経験から得た知見を基に、人権に関する法制度や人権状況一般の改善に努め、社会正義と平等の実現を図ることを目的とする。

3-2〔人権委員会の活動〕

人権委員会は、(1)人権侵害・差別を受けた者の救済、(2)人権に関する政策提言、ならびに(3)人権教育・啓発推進にかかる連絡調整の活動を行う。これらの活動にあたっては、年次報告書の公表等により公開性と透明性を確保し、説明責任を果たさなければならない。

3-3〔人権委員会法の制定〕

人権委員会の根拠法として人権委員会法を制定し、(1)当事者性、地域性、総合性を原則として、人権侵害・差別事案の解決にあたること、(2)事案の処理を通じて明らかになる社会構造上の問題に関して意見を表明し、人権状況の改善を図ること等の人権委員会の責務を明らかにするとともに、(3)人権委員会の組織及び権限を定める。

3-4〔人権委員会法上の「人権」定義〕

人権委員会法上の「人権」とは、日本国憲法第3章に規定された人権及び日本が締約国となっている人権諸条約が規定する人権をいう。

3-5〔地方及び国における人権委員会の設置〕

政府から独立した国内人権機関として、各都道府県及び政令市ならびに国に人権委員会を設置する（以下、前者を「地方人権委員会」、後者を「中央人権委員会」という。）。中央人権委員会は国家行政組織法第3条にもとづく独立行政委員会とし、これを内閣府に置くものとする。

3-6〔地方人権委員会における人権相談窓口の設置〕

地方人権委員会は、地域住民が容易に利用できる体制を整えるため、各市区町村に少なくとも1箇所人権相談窓口を設置する。人口規模の大きい自治体にあっては、人口30万人に1箇所を目途に人権相談窓口を追加設置する。広大な面積を抱える地域については、人口規模にかかわらず適宜人権相談窓口を追加設置する。

3-7〔国際機構、他国の国内人権機関及びNPO/NGOとの協力〕

　中央人権委員会は上記の活動を実施するにあたり、国際連合等の国際機構、他国の国内人権機関及び人権の促進と保護にあたっている国際・国内NPO/NGOとの連携協力をはかる。地方及び中央人権委員会は、市民社会との協働を確保するため、国内NPO/NGOとの恒常的な協議の場を設けるものとする。

3-8〔委員及び委員数等〕

　地方及び中央人権委員会には、人権問題に関する経験と高い識見を有した常勤の委員5～7名を置く。人権委員会の委員には、一定数の法曹有資格者を加えなければならないものとする。委員の任期は6年とし、3年ごとに半数を選び直す。再任は1期のみ認めるものとする。

3-9〔地方人権委員会委員の任免と議会の同意〕

　地方人権委員会の委員は、その委員会が置かれる都道府県又は政令市の議会の同意を得た上で、都道府県知事又は政令市の市長が任命する。地方人権委員会の委員を罷免するには、その委員会が置かれている都道府県又は政令市の議会の罷免要求決議を経なければならない。

3-10〔中央人権委員会委員の任免と国会の同意〕

　中央人権委員会の委員は、国会の両議院の同意を得た上で、内閣総理大臣が任命する。中央人権委員会の委員を罷免するには、両議院の罷免要求決議を経なければならない。

3-11〔委員の独立性・多元性の確保〕

　地方及び中央人権委員会委員の選定については、「国内人権機関の地位に関する原則」(パリ原則)を強く念頭に置き、ジェンダー・バランスやマイノリティ出身者の確保等に留意するとともに、NPO/NGO、労働組合、弁護士、ジャーナリストなど市民社会の多元的な代表を加えることによって、委員の独立性と委員構成の多元性を実現しなければならない。また、委員の平均年齢は、55歳を超えないものとする。

3-12〔地方人権委員会事務局とその職員の専門性・多元性の確保〕

　地方人権委員会には、その事務を処理するために事務局を置く。事務局職員は、職務の遂行に必要な専門的識見又は経験を有する弁護士、自治体の職員、NPO/NGO職員等から採用する。また、職員のジェンダー・バランスを確保し、多様なマイノリティ出身者からひろく職員を採用するなど、社会の多元性を反映した職員構成となるよう配慮する。加えて、国の行政機関等から地方人権委員会事務局に移行ないし出向する職員は、常に定数の半数以下にとどめ、その他は自治体の職員、弁護士、NPO/NGO等の人権活動経験者等から採用しなければならない。

3-13〔中央人権委員会事務局とその職員の専門性・多元性の確保〕

　中央人権委員会には、その事務を処理するために事務局を置く。事務局職員は、職務の遂行に必要な専門的識見又は経験を有する弁護士、国及び自治体の職員、NPO/NGO職員等から採用する。また、職員のジェンダー・バランスを確保し、多様なマイノリティ出身者からひろく職員を採用するなど、社会の多元性を反映した職員構成となるよう配慮する。加えて、委員会設置時に法務省等の国の行政官庁から中央人権委員会事務局に移行する職員は、原則として元の所属省庁に戻ってはならない。さらに、国の行政官庁等から委員会に移行ないし出向する職員は、常に定数の半数以下にとどめ、その他は自治体の職員、弁護士、NPO/NGO等の人権活動経験者等から採用するものとする。

3-14〔専門職員の養成〕

　地方及び中央人権委員会の事務局職員の中に、調査を担当する調査官、調停・仲裁を担当する調停官、訴訟援助を担当するリーガル・アドバイザーなどの専門職員を置く。人権委員会はこれら専門職員を養成するための研修プログラムを整備し、そのプログラムを修了したもの者の中から専門職員を選任する。

3-15〔人権委員会の予算〕

　地方及び中央人権委員会の予算は独立してこれを計上し、かつ予算の編成にあたっては、人権委員会の自主性・独立性を尊重しな

ければならない。

3-16〔年次報告書の作成・提出〕

地方及び中央人権委員会は年次報告書を作成し、地方人権委員会は委員会が置かれている都道府県又は政令市の議会に、中央人権委員会は国会に提出しなければならない。年次報告書には、過去1年間の委員会の活動内容、委員会および委員会事務局の構成、申立の処理状況、予算及び決算、代表的なあるいは特記すべき事案の具体例等を盛り込むものとする。

年次報告書は、報道発表、冊子、インターネットなどを通じて、広く一般にも公開されなければならない。

4　人権委員会に求められる救済機能について

人権委員会は人権侵害・差別事案に関する申立を受理し、あっせん、調停、仲裁等を通じて人権侵害の救済を図る。また、正確な事実関係の把握を期するために、必要に応じて当該事案に関する調査を行う。

4-1〔調査・救済に際しての基本原則〕

人権委員会による人権侵害・差別事案の調査・救済に際しては、非権力的・任意的な手法をもってこれを行うことを旨として、説得と理解によって事案の解決を図ることを基本原則とする。

ただし、公務員又は行政機関による公権力の行使に伴う人権侵害・差別事案、ならびに法律上明確に禁止された人権侵害・差別事案の調査・救済に関し、人権委員会は一定の強制権限を持つものとする。

4-2〔申立人の範囲〕

人権委員会に対する申立は、人権侵害・差別を受けた当事者（代用監獄・拘置所・刑務所・入管施設等に収容されている被拘禁者を含む）はもちろんのこと、その支援者及びNPO/NGO等の第三者でも行えるものとする。ただし、第三者による申立は、可能な限り当事者本人の同意を得ることを原則とする。

当事者が何らかの理由で判断能力や意思表示能力に欠ける場合には、人権委員会は当事者の意思表示を可能にするための適切なサポートを講じなければならない。

4-3〔表現の自由に関わる人権侵害・差別事案にかかる申立の取扱い〕

人権委員会は、表現行為による人権侵害・差別事案に関する申立を受けた場合には、表現の自由を制限することがないよう最大限の配慮をしつつ申立人の実効的な救済の確保に努める。

4-4〔マスメディアに関わる人権侵害・差別事案にかかる申立の取扱い〕

人権委員会は、報道・放送・出版などマスメディアの報道・表現活動に起因する人権侵害・差別事案に関する申立を受けた場合には、マスメディアの表現の自由・報道の自由・取材の自由を制限することがないよう最大限の配慮をしつつ、申立人の実効的な救済の確保に努める。そのため、「放送と人権等権利に関する委員会（BRC）」のような独自の救済システムが機能している分野にかかる申立については、原則としてこれを受理せず、申立人に当該救済システムを利用するよう促すものとする。また独自の救済システムが機能していない分野にかかる申立についても、人権委員会は新聞倫理綱領（2000年6月21日制定）のような業界団体の倫理綱領等を尊重し、当該団体と協議し、申立人の実効的な救済と言論・報道の自由との両立に努める。関連する業界団体ならびに倫理綱領や行動綱領等の自主的なルールが存在しない場合においても、人権委員会は申立人の実効的な救済と表現の自由との両立に最大限努める。

4-5〔国、自治体又は民間団体による人権侵害・差別救済制度との関係〕

国、自治体又は民間団体がすでに救済制度を運用している特定人権分野に関連する申立があった場合には、人権委員会は当該制度の運用主体と十分に協議し、申立人の実効的な救済の確保に努める。ただし、人権委員会は他の救済制度が存在していることを理由として、申立の受理を拒んではならない。

4-6〔国、自治体又は民間団体による人権侵害・差別救済制度との協力〕

人権委員会は、人権侵害・差別にかかる救済制度を運用している国、自治体又は民間団体と恒常的かつ密接に協力し、人権侵害・差別にかかる申立人の実効的な救済の確保に努める。

4-7〔地方人権委員会への相談〕

地方人権委員会は、有給の専門職である人権ソーシャルワーカー及び人権促進市民ボランティア（後記8参照）と協力して、人権

侵害や差別に関する相談を受け付ける。地方人権委員会は、必要に応じて、相談者がケースワーカーや心理カウンセラーなどによるケアーを無料で受けられるよう配慮する。

4-8〔地方人権委員会の所掌〕
　地方人権委員会は、(1)中央人権委員会の所掌する事案以外のすべての人権侵害・差別事案、(2)当該都道府県又は政令市住民のかかわる事案、及び(3)当該地方で生じた事案を扱う。

4-9〔中央人権委員会の所掌〕
　中央人権委員会は、(1)複数の都道府県・政令市にまたがる人権侵害・差別事案、(2)国家公務員又は国の行政機関による公権力の行使に伴う人権侵害・差別事案、(3)深刻で重大な人権侵害・差別事案等を扱う。

4-10〔地方人権委員会への申立〕
　人権侵害・差別に関する申立は、原則として地方人権委員会が受理し、これを処理する。地方人権委員会が受理した申立が、中央人権委員会が処理すべき事案であった場合には、地方人権委員会は中央人権委員会にその処理を委ねる。
　人権委員会が自ら人権侵害・差別事案を探知した場合は、人権侵害・差別を受けた者に申立を促すことができるものとする。

4-11〔他の機関等への付託・捜査機関への告発〕
　相談又は申立を受けた人権侵害・差別事案の内容が、他の機関又は団体等による救済に適しており、かつ当該機関又は団体等に事案の処理を委ねた方が、相談者又は申立人の利益に適うと判断される場合には、人権委員会は当該事案の処理を他の機関又は団体等に付託することができる。
　相談又は申立を受けた人権侵害・差別事案の内容が、刑事事件を構成すると判断される場合には、人権委員会は当該事案を捜査機関に通報又は告発する。ただし、捜査機関に対する通報又は告発が、相談者又は申立人の不利益になる場合には、原則としてこれを行ってはならない。

4-12〔人権委員会によるあっせん、調停、仲裁〕
　地方及び中央人権委員会は、申立を受けた人権侵害事案の内容にしたがって、その解決のために必要なあっせん、調停又は仲裁を行う。あっせん、調停、仲裁に際して地方及び中央人権委員会は、必要な資料・情報を収集して正確な事実関係の把握に努めるとともに、当事者に十分な弁明の機会を与えなければならない。
　地方人権委員会は、あっせん、調停によって事案の解決が図れなかった場合には、当該事案を中央人権委員会に付託することができる。

4-13〔人権委員会の調査権〕
　地方又は中央人権委員会によるあっせん、調停等によっても解決が見られなかった事案については、地方又は中央人権委員会がこれを調査する。そのために、地方及び中央人権委員会には適切な調査権限を付与し、当事者又は関係者に対する出頭要求、釈明要求又は資料提出要求等を通じて、的確な事実認定が行えるようにする。

4-14〔人権委員会の強制調査権〕
　地方及び中央人権委員会は、公務員又は行政機関による公権力の行使に伴う人権侵害・差別事案の調査にあたって、当事者たる公務員、関係者、又は関係行政機関の協力が得られず、かつ当該事案の解決にとって必要であると認められる場合には、当事者又は関係者に対する出頭命令、質問、関係場所への立入、資料提出命令などの強制調査を行えるものとする。
　調査の対象となった個人又は行政機関は、正当な理由なく調査を拒否できず、調査の拒否、虚偽の報告・陳述、調査の妨害等に対しては、罰金を科すことができるものとする。ただし、調査の対象が私人である場合には、事前に告知と聴聞の手続を踏まなければならない。

4-15〔人権委員会の勧告権〕
　調査の結果、人権侵害行為が認められた場合には、地方又は中央人権委員会は当該行為の停止、侵害された権利の回復・補償、損害賠償、人権侵害を受けた者に対する謝罪、反差別プログラムの策定・実施等を勧告することができる。
　勧告の相手方が勧告を応諾しない場合には、地方又は中央人権委員会は勧告を受けた者の氏名及び勧告の内容を公表することができる。

4-16〔地方人権委員会の意見表明権〕
　地方人権委員会は、自らが中央人権委員会に付託した事案、所掌地域内で発生した事案又は所掌地域内の住民が関与した事案を中央人権委員会が処理するに際して、随時意見を

述べることができる。地方人権委員会から意見が表明された場合には、中央人権委員会は地方人権委員会と協議し、その意見を十分に尊重しなければならない。

4-17〔人権委員会による訴訟援助参加〕
申立のあった事案が訴訟になった場合には、地方及び中央人権委員会は人権侵害・差別を受けた者に対して、訴訟費用の扶助、弁護士（代理人）のあっせん、法律上の助言、資料提供等、適切な援助を行い、また必要に応じて当該訴訟に参加することができるものとする。

4-18〔人権委員会の申立人への回答義務〕
地方及び中央人権委員会は、申立人の求めに応じて、申立処理の経過及び結果について回答する義務を負う。

5 人権委員会に求められる政策提言機能について

人権委員会は、人権に関する市民の要請に応えるため、さらに、人権侵害・差別に関する救済事案の解決に関し蓄積された経験を生かすため、国会、内閣、ならびに都道府県又は政令市の議会及び首長に対して、人権政策に関する提言を行う。

5-1〔中央人権委員会の政策提言機能〕
中央人権委員会は、国会および内閣に対し、(1)国の人権政策および施策全般、(2)人権問題にかかる法令の制定又は改廃、(3)人権施策の実施にかかる行政慣行の変更、(4)人権諸条約の批准又はこれへの加入、(5)国際連合の人権保障機関や他国の国内人権機関との協力、(6)日本が締約国となっている人権諸条約上提出が義務づけられている政府報告書の作成等、について提言を行うことができる。その際、日本が締約国となっている人権諸条約機関の最終所見を考慮する。

国会又は内閣は、中央人権委員会から受けた提言の内容及び提言に対する対応について、市民に説明しなければならない。

5-2〔地方人権委員会の政策提言機能〕
地方人権委員会は、都道府県または政令市の首長ならびに議会に対し、(1)当該地方自治体の人権政策および施策全般、(2)人権問題にかかる条例の制定又は改廃、(3)人権施策の実施にかかる行政慣行の変更等、について提言を行うことができる。

首長又は議会は、地方人権委員会から受けた提言の内容及び提言に対する対応について、市民に説明しなければならない。

5-3〔中央人権委員会による注意喚起〕
中央人権委員会は、日本における人権状況一般ならびに特定分野の人権問題について、国会及び内閣に対し注意を喚起し、対策を講ずるよう促すことができる。

5-4〔地方人権委員会による注意喚起〕
地方人権委員会は、当該地方における人権状況一般ならびに特定分野の人権問題について、当該地方の議会及び首長に対し注意を喚起し、対策を講ずるよう促すことができる。

6 人権委員会に求められる人権教育・啓発機能について

人権委員会は、人権侵害・差別に関する救済事案の解決に関し、蓄積された経験を生かし、人権侵害や差別を行なった者を説得し、人権侵害・差別を受けた者を支援するなどの人権教育・啓発活動を行う。

6-1〔人権委員会の人権教育・啓発活動〕
地方及び中央人権委員会は、『人権教育のための国連10年』に関する国内行動計画」（1997年7月4日）及び人権推進法にもとづき策定される基本計画を踏まえ、人権尊重の意識を高め、人権という普遍的文化を普及発展させるため、特定職業従事者を対象とする人権教育・啓発活動を積極的に推進する。

6-2〔地方人権委員会が特に担うべき人権教育・啓発活動の分野〕
地方人権委員会は、特定職業従事者を対象とする人権教育・啓発活動の中でも、立法関係者（議会議員を含む）や法執行機関職員（矯正施設・更生保護官、消防職員、警察官など）の人権教育・啓発・研修を充実強化するため、情報提供ならびに助言、協力及び援助を積極的に行う。

6-3〔中央人権委員会が特に担うべき人権教育・啓発活動の分野〕
中央人権委員会は、特定職業従事者を対象とする人権教育・啓発活動の中でも、立法関係者（国会議員を含む）、司法関係者ならびに医療関係者（医師、歯科医師、薬剤師、看護師等）の人権教育・啓発・研修を充実強化するため、情報提供や助言、協力および援助を積極的に行う。また、司法研修所の講義内容に「人権法」及び「国際人権法」が含まれ

るよう特に配慮する。さらに、法執行機関職員（検察事務官、矯正施設・更生保護官、入国管理関係職員、海上保安官、消防職員、警察官など）や自衛官への人権教育・啓発・研修を充実強化するため、情報提供ならびに助言、協力及び援助を積極的に行う。

6-4〔人権委員会の存在と役割の広報〕

地方及び中央人権委員会は、人権委員会の存在と役割を積極的に広報し、広く市民が人権委員会を活用できるよう努めなければならない。

7 人権を所掌する行政機関の新設を

上記「人権政策三原則」の「総合性の原則」をふまえ、人権政策の立案及び実施にあたる総合調整機能をもつ行政機関を内閣府及び各自治体に新設する。

7-1〔内閣府人権庁の設置〕

国の人権施策の実施主体として早急に内閣府に人権庁を設置し、人権政策・施策にかかる総合調整機能をこれにもたせる。人権庁設置までの移行的措置として、内閣府に「人権政策省庁間連絡会議」を設置する。

7-2〔法務省による人権擁護行政の原則的終了〕

法務省人権擁護局の人権擁護行政は、原則として終了し、これを中央人権委員会に移行させる。

7-3〔法務省法務局人権擁護部及び地方法務局人権擁護課等の廃止〕

法務省の法務局人権擁護部及び地方法務局人権擁護課等を直ちに廃止し、その所掌事務を地方人権委員会事務局に移管する。

7-4〔自治体による人権行政の推進と人権部局の整備・新設〕

都道府県及び市区町村における人権施策の実施機能を強化するため、人権問題に関する政策立案機能及び総合調整機能を有する人権問題担当部局を整備又は新設する。

8 人権擁護委員制度の抜本的改編を

現行の人権擁護委員制度を抜本的に改編し、人権問題に関する有給の専門職である人権ソーシャルワーカーを新設する。

8-1〔委員数の削減と人権ソーシャルワーカーへの移行〕

現行の人権擁護委員約14,000名を6,000名に縮小する。その上で、各年度2,000名ずつに3か月間の人権研修を実施し、人権研修を受けた人権擁護委員を「人権ソーシャルワーカー」とする。

8-2〔人権ソーシャルワーカーの職務と待遇〕

人権ソーシャルワーカーは、地域における様々な人権侵害・差別に関する相談を受け、必要な援助を行う。また、人権ソーシャルワーカーは、地方又は中央人権委員会の指揮監督の下、人権侵害・差別事案に関するあっせん、調停、仲裁、調査を行う。人権ソーシャルワーカーは有給とし、少なくとも週に数日は職務に専念させ、専門職化する。

8-3〔人権ソーシャルワーカーの配置〕

人権ソーシャルワーカーは、各地方人権委員会に所属し、その地方人権委員会が置かれている都道府県又は政令市で発生した事案を取り扱う。人権ソーシャルワーカーは、都道府県又は政令市の人口2万人に対し1人置くものとする。人権ソーシャルワーカーに関する事務は、地方人権委員会事務局が担当する。

8-4〔人権ソーシャルワーカー研修所〕

人権ソーシャルワーカーを対象に、国家公務員初任者研修に準じて、3か月間の研修を実施する。このため人権ソーシャルワーカー研修所を設ける。人権ソーシャルワーカー研修所の事務は、中央人権委員会事務局が担当する。

8-5〔人権促進市民ボランティア制度の新設〕

人権ソーシャルワーカーに協力し、地域における人権問題を発掘するボランティアとして、新たに「人権促進市民ボランティア」制度を創設する。人権促進市民ボランティアは、地域における様々な人権侵害・差別に関する相談を受け、必要な援助を行う。人権促進市民ボランティアの活動にかかる事務は、地方人権委員会が担当する。

8-6〔人権促進市民ボランティアの配置〕

人権促進市民ボランティアは、各小学校区又は中学校区に最低1人置く。人権促進市民ボランティアの氏名・住所・電話番号等は、市区報等を通じて広く公開し、人権侵害や差別を受けた者が、気兼ねなく相談に訪れることができるようにする。

8-7〔人権ソーシャルワーカーの選任方法〕

人権ソーシャルワーカーは、3か月間の人権研修を受けた旧人権擁護委員、又は人権問題に関する識見・活動実績・意欲を有する者の中から地方人権委員会が選任する。人権

ソーシャルワーカーの選任にあたっては、選考基準を明確にし、かつ選考過程の透明化を図るとともに、外国人を含め人権侵害・差別を受けやすい当事者を積極的に選任する。人権ソーシャルワーカーの平均年齢は50歳未満とし、一方の性が6割を越えないものとする。

8-8〔人権促進市民ボランティアの選任方法〕

人権促進市民ボランティアは、地域において人権相談活動、人権問題関連のケースワーカー、シェルター活動、人権救済活動等の活動実績がある者の中から地方人権委員会が選任する。人権促進市民ボランティアは原則として公募とし、選考に当たっては選考基準を明確にし、かつ選考過程の透明化を図らなければならない。選任に際しては、年齢構成、ジェンダー・バランスに留意するとともに、外国人を含め人権侵害・差別を受けやすい当事者を積極的に選任する。

8-9〔地方人権委員会への事案付託〕

人権ソーシャルワーカー及び人権促進市民ボランティアは、自らが受けた相談の内容が、人権委員会が処理すべき人権侵害・差別を構成すると思料される場合には、地方人権委員会に事案を委ねる。

9 議会の人権問題審議機能の強化を

人権問題に関する国会及び地方議会の審議機能を強化し、人権問題を広範かつ総合的に審議する慣行を確立する。

9-1〔国会の人権問題審議機能の強化〕

人権問題に関する国会の審議機能を強化し、国政調査権を有効に機能させるため、衆議院及び参議院の予算委員会又は行政監視委員会において、人権問題を広範かつ総合的に審議する慣行を確立する。そのために、通常国会において人権問題を集中審議する期間（「人権国会」）を設けることを検討すべきである。あわせて、人権問題にかかる立法能力・国政調査能力を高めるために、両院の事務局ならびに国立国会図書館調査及び立法考査局に人権問題調査室を新設する。

9-2〔地方議会の人権問題審議機能の強化〕

人権問題に関する地方議会の審議機能を強化するため、各会期において議会内で人権問題を集中審議する期間を設ける。

10 人権保障のための実効的な司法制度改革を

現在進められている司法制度改革においては、本来、その根本的な目的の一つとして位置づけられるべき実効的な人権保障の確保に関する議論が皆無に等しい。何のための司法制度改革であるのかという基本的な制度改革の立脚点を再確認する必要がある。こうした点については、2001年11月に制定された「司法制度改革推進法」の実施においても、十分考慮する必要がある。

10-1〔人権法研修〕

法曹に対する人権法教育を充実・徹底させるため、国際人権法を含む人権法を司法修習プログラムに採り入れる。現職裁判官、書記官および家庭裁判所調査官等に対しても、同様の人権法研修を実施する。

10-2〔事案処理の専門化〕

高等裁判所及び地方裁判所に人権侵害・差別事件を審理するための専門部を新設することを含め、人権侵害・差別事案の専門的審理のあり方を検討する。

10-3〔「法科大学院」における人権法教育〕

司法制度改革の中心的なテーマの一つである「法科大学院」制度の検討にあたっては、上記の趣旨からも、同制度において国際人権法を含む人権法教育を充実させるためのカリキュラムの整備等を積極的に推進する。

11 国際人権法の国内的実施の強化を

日本におけるより良い人権保障制度の実現において、国際人権法の国内的実施の強化は不可避の課題である。特に各人権条約上の個人通報制度については、日本社会が、その受諾の「検討」ではなく「実行」の段階を迎えていることを誠実に認識すべきである。

11-1〔個人通報制度の受諾および留保等の撤回〕

自由権規約第一選択議定書及び女性差別撤廃条約選択議定書を早期に批准し、同時に人種差別撤廃条約第14条及び拷問等禁止条約第22条にもとづく宣言をすることにより、各人権条約の実施機関に日本における人権侵害・差別事案にかかる苦情を個人通報できる体制を整備する。あわせて、人種差別撤廃条約第4条を含む各人権条約に対する留保等を撤回する。こうした措置により国際人権法の

国内的な実施体制を強化する。

11-2〔人権委員会による国際人権法の積極的な活用〕

「3-4 人権委員会法上の『人権』定義」においても述べたように、新たに設置する地方および中央人権委員会の諸活動においては、より実効的な救済、政策提言等の実施のために国際人権法を積極的に活用する。その際には、諸外国の取り組みおよび各人権条約機関による一般的意見、最終所見等を参考とする。

11-3〔地域的人権保障システムの確立〕

アジア・太平洋地域における地域的人権保障システムの確立へ向け、各国ならびに関連する国際機構・NGOとの連携協力を促進する。また、人権委員会の新設後は、「アジア・太平洋国内人権機関フォーラム」へ積極的に参加する。

12 市民社会との協働と「人権文化」の定着を

人権政策のさまざまなプロセスへの地域住民やNGOなどの市民社会の主体的な参加や関与を通じた、いわゆる「協働」の実現は、合意されたルールにより運営され、開かれた社会づくりが必要とされる今日において、日本社会の不可欠の課題である。また、日本社会の根底に真の「人権文化」が確立した時にこそ、より実効的な人権保障が可能となる。

12-1〔市民社会との協働〕

人権政策の立案及び実施にあたっては、市民社会との積極的かつ恒常的な協働によりこれを推進する。また、そのための具体的な協働のあり方を早期に検討する。

12-2〔「人権文化」の確立〕

以上の人権政策及び施策の立案及び実施によって、日本国内に「人権文化」を定着させ、同時にアジア・太平洋地域及び世界に向けて「人権文化」を発信し、21世紀を人権の世紀とする国際的な取り組みに積極的に貢献する。

〔出所〕人権フォーラム21ホームページ
http://www.jca.apc.org/jhrf21/Campaign/20020104.html（2011年12月18日アクセス）

11 日本における人権の法制度に関する提言[1]

2006年12月　人権市民会議

1　日本の人権状況をめぐる現状認識

1-1　日本社会には、公権力によるものや市民の間で生じる人権侵害や差別が、いまでも多く存在する。それにもかかわらず、日本社会では、人権侵害や差別が人間の尊厳をそこなう重大な問題と認識されていない状況が続いている。

1-2　これまで、日本社会では、人権侵害や差別を受けている当事者を中心とする運動によって、一定の社会問題については、それが人権問題であるという認識が進んだ。そうした運動と認識に押されて、政府や自治体により、様々な人権課題に関する行政施策や法制度がある程度整備されてきた。また、当事者による運動が、裁判所に影響を与え、人権救済のための判決に結実した例も少なくない。

1-3　いくつかの重大な人権侵害や差別に関しては、それらが人権問題であるという社会的認知が得られ、当事者を中心として、それらの人権侵害や差別を禁止するための法制度を求める運動が展開されてきた。しかし、人権問題であると十分に認識されておらず、人権課題としての対処もなされていない人権侵害や差別も少なくない。また、差別が正当化あるいは容認され、当事者の告発そのものが否定されることすらある。こうした背景から、人権侵害や差別を受けた人びとの中には、それに対する抗議の声を上げることもできず、個人的に苦悩し、耐えることを強いられている人びとも多い。

1-4　さらに、近年においては、自助努力・自己責任を過度に重視する新自由主義、「国」があっての「民」という国家至上主義、多民族・多文化の共存を否定する排外主義、あるいは自由な市民生活を抑圧しかねない反テロ活動を名目とした法制度の成立などを背景として、これまでに獲得された権利や自由に対してさえ、不当な攻撃が加えられている。

1-5　その結果、すでに人権侵害や差別であると社会的に認識されている問題についてさえ、それが人権問題であるという認識や理解そのものが、冷静な議論を欠いたまま非難・攻撃されており、それらの人権侵害や差別の当事者であるマイノリティ[2]は周縁化され[3]、その他の人びとと分断されている。

1-6　同時に、人権侵害や差別を受けているマイノリティ同士の間も分断され、互いに連帯できない状況が続いている。しかし、それぞれのマイノリティが受ける人権侵害や差別のありようはさまざまだとしても、それらを生み出している社会的・構造的背景には共通性・近似性があり、互いに共同・連帯できる余地は大きい。

1-7　また、日本と同様に、東アジアの諸地域においても、人権侵害や差別を受けた人びとは周縁化され、孤立させられている。人権侵害や差別を受けている日本のマイノリティと東アジアのマイノリティの置かれている状況は似ているにもかかわらず、両者の共同と連帯はほとんど進展していない。

2　提言にあたっての基本的視点

2-1　人権は、考えが異なる者どうしでも、互いが持つ権利を認め、尊重し、人間の尊厳を確保するためのものであり、他者との共生を可能にする社会の基本的ルールである。マイノリティと他の人びとが互いの存在と尊厳を認めつつ連帯し、ともに地域で生きることができる社会の実現をめざすため、「人権」という価値を基本的視点に据えなければならない。

2-2　日本社会には「見えなくされてきたマイノリティ」、「存在をきちんと知らされてこなかったマイノリティ」が現実に存在している。これらのマイノリティが周縁化されてきた歴史と背景をふまえ、これらのマイノリティに対する人権救済や差別の撤廃を実現しなければならない。

2-3　具体的な人権侵害や差別の実態にもとづき、自らが直面する具体的問題の解決を求めるマイノリティ当事者の視点を大切にしなければならない。このためには、マイノリティ当事者のあらゆる分野、とりわけ、公的政策

の決定過程への効果的参画を重視することが不可欠である。また、マイノリティ当事者が、自ら人権裁判を提起し、問題解決のリーダーシップを発揮できるような環境を整えなければならない。
2-4 人権侵害や差別を受けている当事者の状況が十分に認識されるようにし、周縁化を解消しなければならない。そのため、人権侵害や差別を受けている当事者間の協働と連帯が不可欠であるという視点を重視する必要がある。
2-5 国連や東アジアの各国、地域における人権救済システム構築の発展に学び、これと連携する方向で「人権の法制度」を構想しなければならない。
2-6 「人権の法制度」の構想を、21世紀の人権文化を創造する作業につなげなくてはならない。

3 提言の基本的枠組み

3-1 人権侵害や差別の具体的解決に取り組んでいる運動の現場から、個々の事例の社会的な背景や、救済を困難にしている行政及び司法上の制度的な不備について学び、現代社会における構造的課題を分析し、具体的に提言する。
3-2 さまざまな人権侵害や差別を生み出している共通の歴史的背景や社会構造、およびそれらを基盤とする法体系の問題点を明確にした上で、各人権分野に共通する課題を確認し、提言する。
3-3 人権侵害や差別を禁止し、マイノリティ当事者が効果的に参画する人権相談や救済を行うための法整備を提言する。
3-4 具体的な人権問題に関し、人権侵害被害者の原状回復と補償、自立の支援、人権侵害の再発予防、個々の事案に関する調査・調整、ならびに人権侵害予防手段としての教育・カウンセリング等を総合的に行う、実効性ある人権救済制度の確立を行うよう提言する。
3-5 人権侵害や差別を予防するため、実効的な人権教育・啓発を進めるよう提言する。

4 わたしたちの提言

4-1 人権救済制度に関する当面の課題
4-1-1 国内人権機関の創設に関する提言
　公権力による人権侵害や差別、ならびに市民間における人権侵害や差別に対して、簡易かつ迅速で、実効的な救済を行うために、政府から独立した国内人権機関（たとえば、人権委員会）を早急に設置すべきである。国内人権機関は、法律にもとづき、国の機関として設置すると同時に、各都道府県にも設置すべきである。なお、各都道府県は、法律にもとづく国内人権機関の有無にかかわらず、条例によって自治体独自の人権救済機関を設置することも検討すべきである。

4-1-2 国内人権機関の機能に関する提言
　国内人権機関には、次のような機能と役割を持たせるべきである。
(1) 人権侵害や差別を受けた人びととの立場にたった人権相談
(2) 人権侵害や差別を受けた人びとが納得のいくような解決をもたらす人権救済
(3) 人権相談や人権救済の経験と蓄積を生かした人権教育・啓発
(4) 人権状況の全般的改善に向けた政策提言

4-1-3 自治体の人権救済制度に関する提言
　地域の人権問題を地域の実情と特性に合わせて解決していくために、各都道府県及び各市区町村は、人権問題に関する総合相談窓口を設けるべきである。この相談窓口は、国内人権機関や自治体独自の人権救済機関、及び自治体の各部局と緊密な連携を図り、人権侵害や差別の実効的な救済に役立つものとすべきである。

4-1-4 国際人権法上の個人通報制度に関する提言
　人権救済の手段として、人権侵害や差別を受けた人びとが、国際人権諸条約に基づく個人通報制度を利用できるよう、関係条約の早期批准等を行うべきである。

4-2 人権の法制度に関する基本的課題
4-2-1 人権を侵害する法や制度の改廃に関する提言
　婚外子の相続分を差別している民法、あるいは外国人差別の一因となっている出入国管理及び難民認定法や外国人登録法など、それ自体が人権を侵害し、または差別を引き起こしている法律について精査し、必要な改廃措置を講じるべきである。また、女性差別・部落差別・婚外子差別などを助長している戸籍制度について、抜本的な見直しを行うべきである。加えて、人権

救済を困難にしている行政及び司法上の法制度や慣行を洗い出し、適切な修正・変更を加えるべきである。

4-2-2 人権基本法の制定に関する提言

人権基本法を制定して、(1)人権があらゆる場面で尊重されるべき規範であることを確認し、(2)「人権」、「人権侵害」や「差別」の定義を明確にし、あわせて(3)人権保障に向けた政府および自治体の責務を明らかにすべきである。同法は、先住民族であるアイヌ民族、沖縄コミュニティの人びと、外国人、民族的少数者等の言語、文化および伝統を尊重し、多民族・多文化共生社会の構築を目指すものとすべきである。

4-2-3 当事者別差別禁止法の制定に関する提言

女性、子ども、障害者、部落出身者、外国人等に対する人権侵害や差別については、それぞれの当事者の特性に配慮し、各当事者別に差別禁止法を制定すべきである。その際、差別禁止規定は、一般的・抽象的な文言にとどまらず、差別禁止事由と差別行為を明記するとともに、意図的ではない差別、伝統的な文化や慣習に基づく差別、及びパターナリズムに根ざす差別の禁止も盛り込むべきである。

4-2-4 国や自治体の総合的な人権行政推進体制の確立に関する提言

人権があらゆる場面で尊重される社会を創るため、国はすべての省庁における人権関連施策の総合調整を図るとともに、人権施策に関する企画立案機能を持った内閣府人権庁を設置すべきである。同様に、各自治体においても、人権施策に関する総合調整機能を持った行政部局を設けるべきである。国および自治体は、人権施策の実施にあたって、縦割り行政の弊害を排し、総合的・計画的な施策実施を推進するために、人権施策推進指針等を策定すべきである。

4-2-5 人権教育・啓発の推進に関する提言

国や自治体は、あらゆる領域で人権教育・啓発が計画的に推進されるよう、積極的に条件整備をすべきである。その際、人権教育・啓発推進法および人権教育のための世界プログラム等を活用すべきである。人権教育・啓発の実施にあたっては、人権侵害や差別を受けている人びとをエンパワーメントするとともに、人権侵害や差別を傍観する者をなくすよう配慮すべきである。とりわけ、公権力を行使する人びと、法を執行する人びと、及び人権との関わりの深い職業に従事している人びとに対しては、それらの人びとが人権侵害や差別を行うことのないよう、重点的な人権教育・啓発を実施すべきである。

4-2-6 国際人権システムの活用に関する提言

個別の人権侵害事案を解決し、また再発を防止するために、国際人権機関が日本政府や自治体等に対して行った勧告を適切に受け入れるべきである。また、国連人権理事会の理事国として、日本は世界の人権状況の改善のため、積極的な役割を果たすべきである。同時に、グローバルな視点から日本の人権状況を見直す姿勢を絶えず堅持すべきである。

4-2-7 東アジアにおける地域人権システムに関する提言

東アジア地域の政治的・経済的な相互依存関係の深化、ならびに文化的土壌の近似性を考えれば、日本国内で人権の法制度を整備・充実させることは、近隣の東アジア諸国の人びととの人権状況の改善にとって積極的な意味を持つ。したがって、日本国内の人権法制度の構築に際しては、東アジアの人びととの人権状況にも思いをはせ、将来的には東アジア地域における人権システムの構築を目指すべきである。そのための第一歩として、速やかに国内人権機関を設置するとともに、アジア・太平洋国内人権機関フォーラムに加盟し、東アジアにおける地域人権システム構想に向けた国際的努力に積極的に参画すべきである。

〔注〕

[1] この提言は、人権市民会議の前身団体である「人権の法制度を提言する市民会議」が2006年12月にまとめたものである

[2] マイノリティ（minority）とは、直接的には「少数者」を意味する言葉であるが、ここでいう「マイノリティ」は、単に数の多寡ではなく、社会的・政治的・経済的な場面において、不当な取り扱いを受けたり、その存在を軽視されたりしている人びとを指す。

[3] 周縁化とは、社会を円にたとえ、権力のある

者や社会的多数者が円＝社会の中心を占め、社会的少数者などを「異端」として円＝社会の外周へと排除すること、あるいは排除されている状態を意味する概念である。人権侵害や差別を受けやすい人びとは、社会の中心から排除されている場合が多く、まさに周縁化されている人びとであるといえる。

〔出所〕　人権市民会議ホームページ　http://www.geocities.jp/mkaw8/hrcc/events/hrlp06.html　(2011年12月18日アクセス)

12 望ましい国内人権機関 『人権委員会設置法』法案要綱・解説

2011年12月 国内人権機関設置検討会 編

目 次

はしがき
『人権委員会設置法』法案要綱の特徴
国内人権機関はなぜ必要か？
望ましい国内人権機関―『人権委員会設置法』法案要綱・解説
1 法律の名称
2 法律の目的
3 人権委員会の組織体制
4 人権救済専門員制度の創設
5 人権、人権侵害、差別等の定義
6 人権委員会の政策提言機能
7 人権委員会の救済機能
8 人権委員会の情報収集・発信機能
9 人権委員会の人権教育・広報機能
10 人権委員会の国際協力機能
11 人権委員会のその他の機能

はしがき

　私たち国内人権機関設置検討会がここに示した「望ましい国内人権機関―『人権委員会設置法』法案要綱・解説」は、日本の人権環境をいっそう充実させるため、国内人権機関―国際標準の人権機関―の組織や機能について、提言するものである。こうした機関は、現在では世界の大半の国々で設置されており、差別などの人権侵害に苦しむ人びとの救済や、政府に対する人権政策の提言などを行うことによって、人権状況の改善に大きな役割を果たしている。日本においても、様々な人権問題が日常的に生起しているという現状を考えれば、人権政策の提言、人権侵害に関する相談や救済、人権に関わる教育・広報などに責任を持つ国内人権機関の設置は、もはや一刻の猶予もならない喫緊の課題である。

　かつて日本においても、国内人権機関の設置が模索されたことはあった。2001年に人権擁護推進審議会が出した人権救済答申を受けて、2002年に当時の小泉内閣が国会に提出した人権擁護法案がそれである。この法案は、国内人権機関として、法務省の下に人権委員会を設置するというものであったが、人権委員会の独立性に疑問が呈され、またマスメディアの報道の自由を侵害するおそれがあるといった批判を受けたため、ほとんど審議されないままに、2003年10月の衆議院解散に伴って廃案となった。その後、野党時代の民主党が同種の法案を提出したことはあったが、結局、成立には至らず、日本には国際標準に合致した国内人権機関は存在しないまま今日に至っている。

　しかし、国内人権機関の設立を求める声は、この間にも絶えることはなかった。2004年には、国内人権機関の設置を求める市民や研究者らから成る部落解放・人権政策確立要求中央実行委員会によって、「人権侵害救済法法案要綱試案」が提示され、また2008年には日本弁護士連合会が、「日弁連の提案する国内人権機関の制度要綱」を発表している。こうした中、歴代の民主党政権は、国内人権機関の設置を政策課題の一つに掲げ、2011年8月には、法務省政務三役が「新たな人権救済機関の設置について（基本方針）」を公表し、国内人権機関の設置に関する方向性を示した。

　私たちは、この期を捉え、市民の視点から国内人権機関のあるべき姿を提言すべく、2009年11月から2011年10月にかけて度々会合し、国連・パリ原則に準拠した、市民にとって望ましい国

内人権機関のあり方を検討した。以下に掲げた「望ましい国内人権機関―『人権委員会設置法』法案要綱・解説」は、その成果の骨子と簡単な解説を示したものである。今後の討議の資料としてご活用頂ければ幸である。

　　国内人権機関設置検討会：日本における国内人権機関の設置を目指す法律家、研究者、人権団体関係者からなる。パリ原則にのっとり日本の実情を踏まえた国内人権機関を提案するため人権団体や法律家と協議しつつ「望ましい国内人権機関―『人権委員会設置法』法案要綱・解説」をとりまとめた。代表：山崎公士（神奈川大学教員）、世話人：川村暁雄（関西学院大学教員）、寺中誠（東京経済大学教員）、中村義幸（明治大学教員）、山田健太（専修大学教員）。
　　なお、齋藤明子、武村二三夫、谷元昭信、友永健三、藤原精吾（50音順）各氏にご協力頂きました。記して感謝いたします。

『人権委員会設置法』法案要綱の特徴

1　パリ原則にのっとり、日本の実情を踏まえた、望ましい国内人権機関として、人権委員会を設置することとした。
2　目的・機能：人権委員会には、人権に関わる政策提言、相談・救済、情報収集、教育・広報、国際協力など、パリ原則を踏まえ、他国の国内人権機関と同様の機能を持たせることとした。
3　組織：特定の省庁ではなく、内閣の所轄の下に中央人権委員会と地域人権委員会（全国に9ヵ所）を設置し、機関の独立性を担保するとともに、地域性を確保した。
4　地域での活動：地域人権委員会の指揮下で人権救済にあたる人権救済専門員を市町村に置き、人権救済の実効性を担保した。
5　救済対象となる人権の範囲：憲法と日本が締約した人権条約に定められた人権を広く救済の対象とするが、どのような行為が人権侵害や差別となるかについては、明確な定義を行い、権限の逸脱・濫用が生じないよう留意した。
6　救済措置：被害者に対する援助、加害者に対する指導、当事者間の関係調整や調停・仲裁などに加え、悪質な事案については、加害者に対する勧告・公表を行うことができることとした。また、法制度に起因する人権侵害については、内閣などに対し法制度是正意見表明を行うことによって、構造的な人権問題の解決に取り組めることとした。
7　調査権限：できる限り任意的な調査にとどめ、強制性を持たせる場合でも、間接的な強制力を与えるにとどめた。ただし、公権力による人権侵害については、その影響の広汎性を考慮し、人権委員会の調査や救済措置に一定の強制力を認めることとした。

国内人権機関はなぜ必要か？

◆人権保障の枠組み
　国には個人や集団の人権を阻害せず、個人や集団を人権侵害から保護し、個人や集団による人権の享受を促進するため積極的に行動する義務がある。このため国は憲法を制定し、国内法を整備し、行政・司法機関にこれらの義務を課してきた。
　しかし、特に人権侵害に対する救済・予防に関し、既存の行政・司法機関は人権の保護義務を十分に果たしていないことが従来から問題視されてきた。

◆行政救済の不備
　日本では国や自治体、あるいは人権NGOなどの民間団体が多元的・重層的に人権相談・救済活動を展開してきた。国の機関では、法務省の人権擁護局（人権擁護行政[1]）、厚生労働省の地方労働局雇用均等室（雇用均等行政）、内閣府の男女共同参画局（男女共同参画行政）など、都道府県の機関では、労政事務所、児童相談所、福祉事務所、青少年相談センターなどがこうした活動の主体である。しかし、法務省には刑務所・拘置所等を所管する矯正局や東日本入国管理センター等を所管する入国管理局がある。こうした拘禁施設内で起きる公権力による人権侵害について、法務省の

人権擁護行政が適切に扱うことは期待できない。また、国による人権行政は縦割り状況にあり、人権侵害事案について各省庁が連携をとって十分な行政救済を提供できる体制は整っていない。

◆救済権限のない民間団体による人権救済

多種多様な民間団体も同様の活動を展開している。人権救済の申立を受け、独自に調査し、関係者に警告・要望を行う日本弁護士連合会や各単位弁護士会の人権擁護委員会、放送メディアによる人権侵害の苦情を受け、審理し、当事者に対し勧告・見解を提示・公表している「放送と人権等権利に関する委員会（放送人権委員会）」はその代表例である。しかし、これら民間団体による人権救済は、人権侵害した当事者に勧告や見解を提示できるだけで、その当事者がこれらの勧告等に従わない場合、それ以上の行動をとれない。

◆司法救済の限界

人権侵害や差別の被害を受けた者は、損害賠償などを裁判によって求めることができる。しかし、これは事後的な救済で、被害者本人が行為者を特定して裁判を提起し、しかも被害を受けたことを公開の法廷で立証しなければならない。裁判を起こすには弁護士費用や訴訟費用が必要で、判決までにかなり時間がかかる。また、公開法廷での立証などによって、二次的な人権侵害・差別を受けるおそれもある。さらに、司法による人権救済は個別事件の救済にとどまり、人権侵害・差別の歴史・社会・制度的背景にまで深くメスを入れるなど、人権侵害の構造的解明やその抜本的解決は期待できない。

◆国内人権機関

諸外国でもかつては一般の行政機関や裁判所が主たる人権救済機関であった。しかし、1970年代後半から、立法府・行政府・司法府から直接コントロールされない「政府から独立した国内人権機関」と呼ばれる新しい人権救済機関が登場しはじめた。

たとえば、1986年に設置されたオーストラリアの人権委員会は委員長と4名（2011年10月時点）の委員からなり、人権救済と人権政策提言機能を持つ。人権侵害の申立てがあると、明らかに根拠のない場合を除き、事実関係が調査され、当事者間での解決が模索される。これがうまくいかないときは非公開の調停会議で和解がはかられ、和解が成立しないときは、公開審問をするか否かが決定される。公開審問となったときは、申立ての棄却または人権侵害の存在の宣言などが決定される。また、申立てがなくても、委員会は職権で人権侵害について調査する権限を有しており、公開調査にもとづいて作成した報告書を、司法大臣を通じて議会に提出し、法改正などの政策提言を行うことができる。

このように国内人権機関を設置し、人権侵害を受けた者を簡易迅速な方法で救済するという手法は、オーストラリアをはじめ、カナダ、ニュージーランド、インド、フィリピンなど、各国の法制度の中に幅広く取り入れられている。

◆国内人権機関と国連・パリ原則

現在ではオーストラリア人権委員会のような国内人権機関が世界の120か国以上で設置されている。国内人権機関は、

①人権保障のため機能する既存の行政または司法機関とは別個の国家機関で、

②憲法または法律を設置根拠とし、

③人権保障に関する法定された独自の権限をもち、

④いかなる外部勢力からも干渉されない独立性をもつ機関

である。

国連総会は1993年12月に「国内人権機関の地位に関する原則（パリ原則）」を採択し、国内人権機関のあるべき姿を示した。パリ原則は国内人権機関の機能として、

①人権政策提言

②人権相談・救済

③人権情報収集・発信

④人権教育・広報

⑤国連人権関係機関等との国際協力の機能等

を予定している。

諸国の国内人権機関は、パリ原則が掲げる5機能のうち①人権政策提言、②人権相談・救済、③人権教育・広報の3機能を重視している。日本では、これら3機能は従来別個の機関が担ってきた。しかし、①と③の機能は、②の経験・知見を踏まえる形で実施されるため、①～③の3機能は相互に有機的に関連している。これら3機能を一元的に果たすことが新たなタイプの人権救済機関としての国内人権機関の特色である。

これらの機能を十分に発揮するには、国内人権機関の多元性と独立性が重要となる。そのため、機関の構成員のジェンダー・バランスを保ち、マイノリティ出身者を構成員とするなど、社会の多元性を反映するようにし、その任期を明確に定め、独立した財源をもつものとするなど、機関の独立性の確保策も示されている。

◆政府から独立した国内人権機関としての「人権委員会」の設置

以上のように、日本における人権救済制度の現状と問題点を勘案すれば、政府から独立した国内人権機関の実体を備える「人権委員会」の新設が不可欠であることは明らかである。

加えて、日本政府は、国連人権理事会や人権諸条約の条約体から、パリ原則に準拠した国内人権機関の設置についてたびたび勧告を受けている[2]。日本も国連人権理事会の理事国であり、民主的な自由主義国家を自任するのであれば、国内人権機関の設置を求めるこうした国際的な動向にも十分留意すべきであろう。

1 法務省の人権擁護行政を補完するものとして人権擁護委員制度があるが、十全に機能しているとは言い難い（本法案要綱「4 人権救済専門員制度の創設」参照）。
2 日本政府提出の国家報告に対する自由権規約委員会の最終所見（以下、「最終所見」）9項（1998.11)、社会権委員会の最終所見38項（2001.9）、女性差別撤廃委員会の最終所見37,38項（2003.7）、子どもの権利委員会の最終所見14項（2004.2）、国連人権理事会の普遍的定期審査結果文書（2008.6）、自由権規約委員会の最終所見9項（2008.10）、女性差別撤廃委員会の最終所見23,24項（2009.8）、人種差別撤廃委員会の最終所見12項（2010.3）等。

望ましい国内人権機関─『人権委員会設置法』法案要綱・解説

1 法律の名称

《趣旨》

法律によって国内人権機関を設置する場合、①包括的な人権法あるいは差別禁止法を制定し、その中に人権救済機関としての国内人権機関を設置する旨を明記する方法と、②差別禁止法と国内人権機関設置法を同時に制定する方法、③国内人権機関設置法を制定し、その中に差別禁止規定を盛り込む方法が考えられる。①または②の方法が望ましいことは、言うまでもない。しかし、包括的な人権法や差別禁止法を制定するには慎重な検討が求められ、多くの時間がかかるものと思われる。そこで当面は③の方法を採り、人権委員会設置法によって国内人権機関を設置し、国内人権機関の活動成果にもとづいて、人権法あるいは差別禁止法を将来的に制定するのが現実的である。

なお、国内人権機関の設置を目指した人権擁護法案や民主党法案等は、種々の点から批判を受けてきた。こうした批判のうち受け止めるべき点を考慮し、新たな国内人権機関構想を提示するものであることを明確にするため、法律名自体を一新するのが望ましい。同様の名称を持つ立法例として、韓国の国家人権委員会法（2001年）がある。

> 法律の名称は、人権委員会設置法とする。

【解説】

本法案要綱は人権委員会に関する必要最小限のことを定めるものに過ぎず、いずれは本格的な差別禁止法の制定が必要であるとの含意を込め、法律の名称は「人権委員会設置法」とした。

2 法律の目的

《趣旨》
　人権委員会を設置する目的は、日本社会に暮らすすべての人びとの尊厳が尊重され、侵されない社会をつくることにある。本項は、人権委員会設置法を制定する趣旨を端的に示すものである。

> 1　憲法及び日本が締結した人権に関する条約に規定されたすべての人権が尊重され、保護され、人権侵害を受けた者が実効的に救済される社会を実現するため、人権委員会を設置することを目的とする。
> 2　上記1の目的を達成するため、人権委員会は、①人権に関する政策提言、②人権相談及び救済、③人権に関する情報の収集及び発信、④人権に関する教育及び広報、⑤人権に関する国際協力に関する事務をつかさどる。

【解説】
◆人権委員会の目的（1）
　人権委員会設置法によって創設する「人権委員会」の目的は、①すべての人びとの人権が尊重され、②保護され、③人権侵害を受けた者が実効的に救済される社会を実現することである。ここにいう「人権」とは、憲法及び日本が締結した人権に関する条約に規定されたすべての人権である。
◆人権委員会の所掌事務（2）
　人権委員会は、①人権に関する政策提言、②人権相談及び救済、③人権に関する情報の収集及び発信、④人権に関する教育及び広報、⑤人権に関する国際協力に関する事務を担当する。これらはパリ原則に列挙された国内人権機関の諸機能である。

3 人権委員会の組織体制

《趣旨》
　あらゆる人権侵害、特に公権力による人権侵害にも対応する必要がある人権委員会にとって、人権委員会自身の制度的な独立性を確保することは最も重要な要素である。パリ原則や他の国際的なガイドラインでも国内人権機関の独立性の確保は最重要の要件とされている。
　ここでは、人権委員会の制度的な独立性を確保するための種々の規定を置いている。まず、所轄について、現在の体制の中でも、あらゆる省庁から独立し、司法府と立法府とも関わることができる形態とした。また、中央人権委員会の他に地域ごとに人権委員会を置くことで、各地のニーズに適切に対応することを目指した。人権委員会の委員人事は、委員会が適切な機能を果たす上で最も重要な部分である。制度的な独立性を確保しても、実質的な独立性の実現は、透明性を確保しつつ市民の意見を選考過程で適切に反映させ、結果として適切な人材を選任することでしか果たせない。ここでは、選考手続き全体の構成を念頭に置いた制度設計をしている。それに合わせて、委員会の業務を実質的に取り仕切る職員体制についても規定した。

3-1 設置

> 1　内閣の所轄の下に、中央に中央人権委員会を置き、地方に地域人権委員会を置く。
> 2　中央人権委員会は東京に置き、地域人権委員会は8高等裁判所所在地（札幌、仙台、東京、名古屋、大阪、広島、高松、福岡）及び沖縄県那覇市の計9都市に置く。

【解説】
◆国家行政組織における人権委員会の位置づけ（1）
　「内閣の所轄の下に置く」という表現は、省や内閣府など主務大臣を持つ行政組織から独立することを意味する。現在、政府部局からの独立を確保しなければならない性格を持つ会計検査院と人事院の二組織がこの組織形態を採用している。会計検査院は憲法に記述されていることから憲法的機関とされるが、人事院もまた、法律にもとづく機関として同様の構造を採っている。憲法を改正しないとこのような組織形態を採用することができないというわけではない。あらゆる行政庁から独立した立場で活動することを保障するためには、最も適切な組織形態である。

人権擁護法案が議論される過程で、人権委員会の位置づけについては、いくつもの可能性が検討された。人権擁護法案では、「国家行政組織法（昭和23年法律第120号）第3条第2項の規定に基づいて、……人権委員会を設置する（第5条1項）。人権委員会は、法務大臣の所轄に属する（同2項）」とされていた。いわゆる「3条委員会」とする案である。3条委員会は、同委員会に所属する職員を持つことができること、委員会内部の規則を制定することができること、委員会のための予算枠が設けられることなど積極的な面はあるが、特定の省に付随する外局となるため、主務大臣は当該省の大臣となる。法案では特に、法務省の外局とされたため、強い批判が起こった。法務省には検察庁をはじめ、刑事局、矯正局、入国管理局など、本来的に権利の制限をその実質とする刑罰の執行を主たる任務とする機能があり、暴行・拷問・虐待等が問題視される可能性がある刑事収容施設や入管施設など被拘禁施設の多くを管轄しているためである。公権力による人権侵害に関して最も利害関係が濃い省が上級庁となるわけで、そうなれば、被拘禁施設内での公権力による人権侵害について、人権委員会が効果的な調査権限や救済権限を及ぼすことができないのは、ほぼ明らかである。
　一部には同じく国家行政組織法の第8条にある「審議会」とする意見も存在した。しかし、これでは行政庁からの独立性を全く確保できないだけでなく、実質的に権限を持たない組織にしかならない。パリ原則に準拠する国内人権委員会の形態として採用し得る可能性はない。
　これらに対して、法務省ではなく内閣府に、内閣府設置法第49条にもとづく独立委員会として設置する案がある。民主党が当初提案していた人権侵害救済法案や多くの市民団体、日本弁護士連合会の案などではこの組織形態が採用されている。49条委員会は、3条委員会とほぼ同様の権限を有し、主務大臣が内閣総理大臣となるため、法務省が主務官庁となった場合の問題はとりあえず回避可能である。内閣府にも警察を所轄する国家公安委員会が置かれているため、同委員会の委員長は別に国務大臣が当たるため、必ずしも法務省の際の問題と同じ利害衝突の構図が生まれるわけではない。しかしながら、49条委員会も内閣総理大臣の下にある限り、行政府の事情による予算制限措置や人事行政の対象となることは十分に考えられ、実質的な独立性を大きく損なう危険性はある。また、内閣府といえども行政府の一員であり、行政府の他の省庁の関与する人権侵害事案に対して、縦割り行政の中で萎縮することなく、効果的な調査や救済を実施できるかは未知数である。
　他にも国会設置とする案があり得るが、国会が衆参二院制を採っていることや立法府所属の委員会が人権侵害の個別的な調査や救済などの行政的な機能を果たすことを考えれば、適切ではないと考えられる。

◆中央人権委員会と地域人権委員会の設置（2）
　人権擁護法案によって設置される人権委員会は、中央に一つしか置かれず、その委員会が全国の人権問題を一手に処理し、すべての意思決定を行うことになっていた。この制度設計では、人権委員会地方事務局の事務を地方法務局長に委任することを認める規定（第16条3項）が置かれるなど、集権的な事務運営を行うことが予想されていた。しかし、人権侵害は地域に根ざした人々の日常生活の中で、その土地の地域性や慣習、歴史などを背景として生じる場合が多いことを考えれば、このような中央集権的な組織体制は効率的でないばかりか、非現実的である。
　全国各地で生起する人権問題を効果的に解決していくためには、各都道府県ごとに地方人権委員会を設置し、独立した救済権限を与えることが望ましい。しかし、これに要する人員と財源を考慮すれば、当初からこれを実現するのは困難である。
　そこで、当面は、8高等裁判所所在地および独自の歴史と事情を多く抱える沖縄県那覇市の9箇所に地域人権委員会を設置し、地域で生起する人権問題に対処する体制を構築することとしている。
　なお、中央人権委員会および地域人権委員会ともに、国設置の機関と位置づけ、内閣の所轄の下に置くこととしている。各地域人権委員会は中央人権委員会からは独立して機能するが、組織的には中央人権委員会の調整を受ける立場である。

3-2　人権委員会の独立性

> 1　中央人権委員会及び地域人権委員会の委員長及び委員は、独立してその職権を行使する。

2 　内閣総理大臣及びその他の国務大臣は、各人権委員会の職務に関し、指揮監督権及び報告を求める権限を有しない。
3 　中央人権委員会は、法令に定められた場合を除き、地域人権委員会の職務の執行に関与することはできない。
4 　各人権委員会の活動に要する経費は、独立して国の予算に計上する。

【解説】
◆職権行使の独立性（1）
　中央人権委員会及び地域人権委員会の委員長と委員は、それぞれ独立してその職権を行使し得るとしているが、組織的にはそれぞれが所属する委員会の決定に拘束されることは当然である。また各地域人権委員会は中央人権委員会の調整を受ける立場でもある。各人権委員会は、それぞれの委員の独立性に配慮しつつ、委員会としてのまとまりや相互調整に当たることとなる。

◆内閣総理大臣等からの独立性（2）
　各人権委員会は、人事院と同様に、内閣の下に置くこととし、内閣総理大臣および各国務大臣からの指揮監督は受けないことを人権委員会設置法に規定する。これによって、組織的にも機能的にも、各人権委員会の内閣総理大臣等からの独立性が明確に担保される。

◆地域人権委員会の独立性（3）
　中央人権委員会と各地域人権委員会との関係については、できるだけ水平な関係を意識している。したがって中央人権委員会が地域人権委員会の職務に関与するような事態は、例外的な場合を除いては避けるべきである。例外的な場合とは、中央人権委員会が職権で自ら担当することとした事案や、複数の地域人権委員会が関与するような事案に関しての場合、および中央人権委員会が適切な調整機能を果たすべき事態などである。いずれの場合も、垂直的な指揮命令の形式は避けるべきである。

◆予算の独立性（4）
　委員会の活動に関する予算措置は、非常に重要な項目である。内閣設置であることから、予算編成、規則制定、職員人事に関する権限は政府から独立して認められる。行政府の事情による予算制限措置などは講ずることができない。

3－3　中央人権委員会と地域人権委員会の職務分掌

1 　中央人権委員会は、①二以上の地域人権委員会の管轄地域にまたがる人権侵害の救済、②全国に影響が及ぶ重大な人権侵害の救済、③地域人権委員会間の調整、④その他中央人権委員会が担当することが適当な事務を担当する。
2 　地域人権委員会は、各委員会が管轄する地域で発生した人権侵害（公権力によるものも含む）の救済を担当する。
3 　中央人権委員会及び各地域人権委員会は、人権侵害の救済、救済に係る調査、内閣総理大臣等に対する提言その他の事務を行うに際して、相互に連携し協力する。
4 　上記の連携及び協力を円滑に行うために、中央人権委員会及び各地域人権委員会によって構成される常設の連絡協議会を設置する。

【解説】
◆中央人権委員会と地域人権委員会の職務分掌（1・2）
　中央人権委員会と地域人権委員会は、ともに内閣の下に置かれている国の機関である。中央人権委員会は全国的に重大な人権侵害の救済を担当する。多くの地域に横断的な人権侵害事案については、原則として中央人権委員会が担当するが、二地域にまたがる人権侵害事案に関しては、状況に応じて、特定の地域人権委員会が救済を担当することもありうる。中央人権委員会は、この他、地域人権委員会間の調整機能等も担う。
　地域人権委員会も国設置であるため、公権力による人権侵害事案について調査、救済を担当する。

◆中央人権委員会と地域人権委員会の連携協力（3・4）
　政策提言については、各委員会のそれぞれの必要に応じておこなう。ただし、それぞれの提言が

矛盾しないよう、各委員会が相互に調整することを前提にしている。政策提言先については、内閣総理大臣等とし、その他さまざまな機関を含む。

中央人権委員会も含め、各委員会の水平な関係を基本としていることから、日常的な連絡調整については、連絡協議会を常設し対処することとしている。

3－4　委員の数及び任期

> 1　中央人権委員会の委員は7名とし、地域人権委員会の委員は5名とする。
> 2　各委員会とも、半数以上は常勤とする。
> 3　委員の任期は、各委員会の委員とも5年とし、再任は1回のみ可とする。
> 4　委員の中から、互選で委員長を選出し、内閣が任命する。委員長の任期は3年とし、再任を認める。

【解説】

◆委員の人数（1・2）

委員会の独立性の確保、および可能な限り多くの意見を委員会の意思決定に反映させるために、委員の数はある程度確保する必要がある。一方で、委員数はある程度少数に抑えておかないと、フットワークの軽い活動が期待できないという問題がある。そこで、地域人権委員会の委員（委員長を含む）の人数は5人とし、非常勤委員は半数以下に抑えるべきとしている。なお、中央人権委員会の委員数は、多様な人権課題について専門性を持つ委員を確保するために7名とする。

◆委員の任期・委員長の選出方法（3・4）

人権委員会委員の任期に関しては、さまざまな制度設計があり得る。人権擁護法案、民主党案などでは3年（再任可）とされている。また公正取引委員会の委員の場合は、任期5年（再任可―独占禁止法第30条）とされている。これらを踏まえ、日弁連要綱では、任期5年（1回のみ再任可）としていた。本規定でも任期5年（1回のみ再任可）を採用している。一方で、委員長は互選とし、こちらの任期は3年（再任可）としている。委員長が委員として再任されなかった場合は、その時点で委員長としての地位を失う。

3－5　委員の資格要件と多元性確保

> 1　人権委員会の委員は、人権に関する高い識見を有し、人権政策の提言、人権救済、その他人権に関わる活動の経験を有する者でなければならない。
> 2　委員の選任にあたっては、一方の性が3分の2を超えてはならない。
> 3　委員の選任にあたっては、社会の多元的構成が反映されるように努めるものとする。

【解説】

◆委員の要件（1・2）

人権擁護法案では、人権委員会の委員は「人格が高潔で人権に関して高い識見を有する者であって、法律または社会に関する学識経験のあるもの」（第9条1項）から任命すると規定しているが、識見や学識だけでなく、「人権に関する活動に従事した経験」を要件に加え、被差別の当事者や人権NGO/NPOの実務経験者などを積極的に委員に登用すべきであるとしている。また委員のジェンダー・バランスを確保することは当然である。

◆委員の多元性（3）

委員の構成に、社会の多元的構成を反映することは、委員会が社会の中の具体的な人権侵害事例を扱うことから考えて、当然に必要な条件である。社会のマイノリティに属する人やその権利擁護のために活動しているNGO/NPOの実務経験者を積極的に委員として取り込むことを想定した規定である。

3－6　委員の任命

> 1　中央人権委員会の委員は、上記3－5の資格要件に従って、中央人権委員会が作成した名簿に登載された者の中から、両議院の同意を得て、内閣が任命する。
> 2　上記1の同意手続に先立って、国会において、名簿に登載された者の意見聴取の機会を設

けなければならない。
3　地域人権委員会の委員は、上記3-5の資格要件に従って、当該地域人権委員会が作成した名簿に登載された者の中から、中央人権委員会が任命する。
4　上記1及び3の名簿に登載する者は、当該名簿を作成する人権委員会が、公募によって募集した者の中からこれを選考するものとする。ただし、委員の再任については、公募を経ずに名簿に登載できるものとする。
5　上記4の公募に際して、中央人権委員会及び各地域人権委員会は、委員の多元性を確保するとともに、委員会がその機能を十分に発揮できるような人材を確保すべく、その都度、選考基準を定め、これを公表の上、募集を行うものとする。
6　上記5の選考基準を定めるに当たっては、行政手続法第6章に規定された意見公募手続（パブリック・コメント）を行い、広く一般の意見を聞かなければならない。

【解説】
◆中央人権委員会委員の任命（1・2・4・5）
　各委員会の独立性を実質的に確保するため、市民から信頼される質の高い委員を確保する必要がある。このため、委員の任命手続は極めて重要である。
　人権擁護法案第9条1項は、「委員長及び委員は、……両議院の同意を得て、内閣総理大臣が任命する。」と規定するのみで、委員の任命プロセスは特に定めていない。この規定ぶりからすれば、人権委員会が置かれる法務省が実質的に委員の人選をし、これを閣議決定を経て国会に同意を求め、両院の同意を得て、内閣総理大臣が任命するという流れが予測される。この流れでは、各種マイノリティを含めた多元的な委員会構成は期待できず、結果として市民から信頼されない委員会構成となりかねない。
　委員の任命の具体的な手続としては、中央人権委員会と地域人権委員会では異なる手続とした。
　中央人権委員会については、国会同意人事である点を制度的に確保しつつも、3-5に規定した資格要件に合致し、社会の多元的構成を反映した委員会となるように中央人権委員会自身がその都度発表する選考基準にしたがって公募を実施する。実際に選考基準に従って実務を執り行うのは、中央人権委員会の下に置かれた選考委員会がこれにあたることを想定している。この選考委員会の構成についても、市民からの意見や人権NGO/NPOなどの民間団体からの意見が適切に反映されるように多元的に委員会を構成することが求められる。
　中央人権委員会が発表する選考基準に沿って名簿に登載された候補者については、国会での同意を経て正式に任命されることになるが、この手続に先立って意見を表明する機会を設け、一種の公聴会方式を採用している。
　なお、中央人権委員会の委員については、初回の任命に限り、内閣が公募に基づいて名簿を作成し、その名簿の中から、国会の同意を得て、内閣が委員を任命する。
◆地域人権委員会委員の任命（3・4）
　地域人権委員会については、同じく国の機関として内閣の下に置かれているが、これをすべて国会同意人事として公聴会方式に委ねるのは現実的ではなく、中央人権委員会による任命によることとした。ただし、委員候補の名簿については、中央人権委員会の場合と同じく、当該地域人権委員会が示す選考基準に則って、透明性を確保しつつ、各人権委員会に置かれた選考委員会が実施する公募手続によって作成することとしている。この選考委員会も、中央の場合と同じく、市民からの意見や人権NGO/NPOなどの民間団体からの意見が適切に反映される多元的構成とすることが求められる。
◆選考基準に関するパブリック・コメント制（6）
　中央人権委員会についても、地域人権委員会についても、選考基準の策定は公募ごとにおこなうことが必要であり、策定した基準について都度パブリック・コメントを募集しなければならない。これにより、恣意的な選考により社会の多元的構成を反映しない委員会構成となることを防ぎ、委員会の活動の様子に対する社会の高い関心を保つことを目的としている。また、委員会自身も、その都度選考基準を策定することにより、委員会の構成や活動状況について、その時期において重視

するべき関心事項を強く意識することができる。毎回同じような抽象的基準にもとづいて、各種のしがらみにより委員任命が固定化するような事態を避けるための規定である。

3－7　委員の罷免

> 1　中央人権委員会及び各地域人権委員会の委員は、以下の場合を除き、その意に反して罷免されることはない。
> ①法律に定められた欠格事由に該当すると判断された場合
> ②公開の弾劾裁判により、罷免を可とすると決定された場合
> ③任期が満了して、再任されず又は委員として引き続き10年在任するに至った場合
> 2　上記1の①の判断は、当該委員が属する人権委員会がこれを行う。当該委員がこの判断に不服の場合は、高等裁判所に罷免の取消を求めることができる。
> 3　上記1の②の弾劾の事由は、以下のものに限られる。
> ①心身の故障のため、職務の遂行に堪えないこと
> ②職務上の義務に違反し、その他委員たるに適しない非行があること
> 4　中央人権委員会委員の弾劾裁判は、国会の訴追に基づき、最高裁判所でこれを行う。地域人権委員会委員の弾劾裁判は、中央人権委員会の訴追に基づき、当該地域人権委員会が管轄する地域を管轄する高等裁判所でこれを行う。
> 5　上記3の地域人権委員会委員の弾劾裁判の判決に不服がある者は、最高裁判所に上訴することができる。

【解説】
◆罷免事由の限定（1・2・3）
　委員の罷免は、内閣設置の機関であることとの関係で、明確な欠格要件に該当する場合と任期満了に伴う場合以外は、弾劾裁判によることになる。弾劾裁判の対象となる事由は、心身の故障のために職務の遂行に耐えない場合と、義務違反ないし非行に限られており、任期中の委員の身分保障は強い。
　人事官の場合は、「人事官弾劾の訴追に関する法律（昭和24年12月16日法律第271号）」によることとしており、本規定は中央人権委員会について、これと同様の内容となっている。
◆人権委員会委員の罷免手続（4・5）
　中央人権委員会の委員の弾劾に際しては国会の訴追が必要である。すなわち両議院の議決を得る必要があり、この点において立法府のコントロールが及ぶ。また、弾劾裁判は司法府の管轄事項であり、中央人権委員会の委員について最高裁判所の管轄権に属することとしている。委員会の独立性確保との関係で、三権が関わる構成となっている。逆に言えば、行政府の独走による人権委員会への介入は、制度的に強く抑制されている。
　地域人権委員会の委員については、同じく弾劾によるとは言え、中央人権委員会の委員とは異なり、中央人権委員会の訴追により弾劾裁判をおこなうこととしており、管轄裁判所はそれぞれを管轄している地域の高等裁判所となる。那覇地域人権委員会については、福岡高裁の管轄となる。
　中央人権委員会の弾劾裁判については上訴ができない。地域人権委員会の弾劾裁判については、最高裁判所に上訴することができる。

3－8　委員会職員

> 1　人権委員会の事務を処理するため、中央人権委員会に事務総局を、各地域人権委員会に事務局を置く。
> 2　委員会職員には、人権政策の提言、人権救済、その他人権に関わる活動に必要な知識及び経験を有する者をあてる。
> 3　委員会職員には、法曹資格を有する者又は法実務経験を有する者を含めなければならない。
> 4　委員会職員の任用にあたっては、男女比その他の社会の多元的構成が反映されるように努めるとともに、人権に関わる民間団体の職員又は構成員等の経験を有する者を積極的に採用するよう努めなければならない。

>   5　委員会職員の任免は各人権委員会が独自に行う。
>   6　人権委員会の独立性を担保するため、委員会職員については、原則として、国の他の機関との人事交流は行わない。ただし、これまで人権に関わる事務を扱ってきた国又は地方公共団体の行政部局との人事交流は、人権委員会の職務の質を向上させるものである限り、妨げない。

【解説】
◆人権委員会事務（総）局の設置（1）
　中央人権委員会に事務総局を、各地域人権委員会に事務局を置くこととしているが、いずれもそれぞれの委員会に属する職員組織であり、相互に上下関係にあるわけではない。
◆事務局職員の要件（2・3・4）
　委員会の委員数には限りがあるため、人権委員会における救済手続の多くは、事務局職員によって担われることになる。そこで、人権委員会の独立性・実効性を高めるには、事務局職員の資質を高め、その多元性を確保することが必須である。
　両委員会の事務局職員にまず求められる資質は、人権擁護に必要な知識と経験、実務能力である。また、両委員会における人権救済は準司法的手続で進められるため、一定数の弁護士等の法実務経験を有する人材も不可欠である。なお、人権NGO/NPOでの活動経歴は重要な実務経験として重視される。人権に関わる民間団体（NGO/NPO）の実務経験者の積極登用を記述しているのは、そうした人材を職員として確保する重要性を反映したものである。
◆事務局職員の人事（5・6）
　人権NGO/NPOでの実務経験を有する人材は、実務能力の点においても即戦力として期待できるとともに、既存の行政組織の横滑りではなく、新しい組織を作り上げる志向性を強く持っていることが予想される。そのため、省庁横断的、社会横断的にさまざまな背景を持つ人々を受け入れる組織の受け皿となることが期待される。
　内閣所轄の機関となるため、既存の官庁との人事交流や横滑り人事など独立性を損なうおそれのある人事はある程度抑制しなければならない。それに加えて、新たな層による職員体制を構築することができれば、その後はむしろ人権に関するさまざまな経験や背景を持つ職員を受け入れる方向に転じることになる。人権委員会の質を向上させることにつながるこうした人事交流はむしろ奨励される。

4　人権救済専門員制度の創設

《趣旨》
　現状の法務省の人権擁護委員制度では、人権擁護委員はボランティアであり、個々の人権侵害事件を処理することは期待されておらず、そのための研修や事務的な支援体制もない。人権擁護委員法においては、人権擁護委員は法務省の指揮監督の下に人権侵害事件の調査に当たることになっているため、法務省の担当職員が調査等を行うのが普通である。だが、法務省の担当職員の多くは人権のみを扱う部署についているわけではなく、人権基準、人権状況、人権政策についての専門的な知識を継続的に蓄積する立場にはない。
　このため、本法案要綱では、一定の報酬を保障した人権救済専門員を新たに置き、地域人権委員会の指揮・監督の下で人権侵犯事件等の調査に当たることとした。委嘱にあたっては、人権に関わる経験を重視し、同時に社会の多元性を反映することを想定している。弁護士、高い識見と経験をもつ人権擁護委員、人権団体の関係者などが候補者となるだろう。人権救済専門員の数は、法務省の人権擁護委員に比べ少なくなるが、専門性を持つものに委嘱することにより効果的な人権救済を実現できると考える。さらに、地域人権委員会の下に置くことで、専門的な研修を継続的に行い、専門性を向上することができる。また、報酬を保障することで、地域人権委員会と一体的に責任ある調査や問題解決を行うことが期待できる。
　地域での人権救済等の活動を円滑に実施するため、人権に関わる自治体・国の機関に加え、人権に関わる民間団体との現場での調整を行うために連絡協議会を設置し、相互の協力や役割分担を行

うこととした。

> 1　人権委員会による人権救済の実効性を担保するため、新たに人権救済専門員制度を設ける。
> 2　人権救済専門員は、人権に関する高い識見及び豊かな経験を有する者の中から、市町村（特別区を含む）ごとに、地域人権委員会が委嘱する。
> 3　人権救済専門員の委嘱に際しては、性別、年齢、国籍等の観点から、社会の多元的構成が反映されるように配慮するとともに、人権に関わる民間団体の職員又は構成員等の経験を有する者を積極的に委嘱するよう努めなければならない。
> 4　人権救済専門員は、各地域人権委員会が管轄する地域の人口に比例して配分するものとする。
> 5　人権救済専門員の任期は、3年（再任可）とする。
> 6　人権救済専門員に対しては、活動に要した経費等を弁済するとともに、一定の報酬を支給する。
> 7　人権救済専門員は、地域人権委員会の指揮監督の下で、人権侵害に関する情報収集、人権侵害事案に関する調査、及び地域人権委員会が実施する「主たる救済方法」（7‐2）の①～⑥を行う。
> 8　各地域人権委員会は、所掌する事務及び人権救済専門員の活動に関し、管轄地域内の地方公共団体、国の機関、及び人権に関わる民間団体と密接に連携し協力を図るものとする。
> 9　上記の連携及び協力を円滑に行うために、各地域人権委員会の下に、管轄地域内の地方公共団体、国の機関、及び人権に関わる民間団体等によって構成される連絡協議会を設置する。

【解説】
◆人権救済専門員の委嘱・体制（1・2・3・4・5・6）
　人権救済専門員は、地域における人権侵害申し立ての窓口・救済活動の実働部隊であり、地域人権委員会と一体となって人権侵害事件の受付、調査、解決を行う。このため、委嘱は地域人権委員会が行う。人権救済専門員の活動単位としては地方公共団体との連携などを考え、市町村とする。
　人数は、将来的には人口5万人に対して1人程度配置することをめざすことを想定している。この場合、合計すれば全国で2000人程度となる。人数の配置は、地域人権委員会毎に人口比に基づき配置し、地域人権委員会の管轄内では実情に即して配分することで公平性と効率性を実現することとしている。
　人権救済専門員の要件であるが、その役割からして地域で生起する人権侵害や差別事象の背景を熟知し、これに的確に対応できる人材であることを担保しなければならない。このため、委嘱にあたっては人権に関する識見に加え、社会の多元性の反映を考慮、さらに人権についての活動経験を重視することとした。なお、外国籍者が多く居住する地域では、当該地域における外国籍者の置かれた環境を踏まえた相談・救済を展開するため、外国籍者の中から人権救済専門員を委嘱できることとする必要がある。
　人権救済専門員は、地域での調査・救済活動を行う必要がある。このため、活動に要した経費などに加えて、一定の報酬を支給し、もって地域人権委員会と一体となって個別の人権侵犯事件について責任を持って解決する体制とする。
◆人権救済専門員による人権救済（7）
　救済措置の中でも、特に強い権限のものについては、常勤の職員ではない人権救済専門員が担当するのは適当ではないと考えた。このため、人権救済専門員の人権救済活動は、援助・指導・要請・通告・告発・関係調整までとし、調停・仲裁、勧告、公表等については人権委員会が実施することとしている。
◆地域人権委員会及び人権救済専門員と地域の関係機関との連携（8・9）
　人権侵害は多様な形態をとり、その中には児童虐待など、既存の行政機関等が権限を持つ場合も少なくない。このため地域における人権救済活動を行う上で、関係団体と連携する必要がある。こうした関係団体としては、国の機関、地方自治体に加えて人権に関わる民間団体がある。こうした連携を可能とするために、地域人権委員会は、こうした関係団体と連絡協議を行うために協議の場

を設置することとした。連絡協議会は、当面は都道府県レベルで設置することが考えられるだろう。

5 人権、人権侵害、差別等の定義

《趣旨》
　今回作成している法案は、人権委員会設置法であって、差別禁止法ではない。具体的な差別行為や人権侵害行為については、その評価の仕方についてさまざまな議論があることも十分に考慮する必要がある。その一方で、実態的な差別禁止、人権侵害禁止という前提がないと、人権機関そのものの立法事実が説明できないという面もある。以上を踏まえて、ここでは、人権侵害や差別に関しては人権委員会の機能を記述するための必要最低限を規定するにとどめている。

5－1　人権の定義

> この法律でいう人権には、憲法及び日本が締結した人権に関する条約に規定されたすべての人権が含まれる。

【解説】
　人権擁護法案第2条1項では、人権侵害の定義はあったが、人権の定義は存在していなかった。ここでは「2　法律の目的」に対応して、人権を定義し、憲法上の人権及び日本が締約国となっている人権条約を明示的に含めることとした。

5－2　人権侵害の定義

> この法律にいう人権侵害とは、差別並びに作為又は不作為によって正当な理由なく人権を制限又は否定する効果を有するすべての行為をいう。

【解説】
　ここでは、人権侵害の内容を、5－3で定義する差別と、それ以外の作為／不作為によって人権を制限または否定する行為であると規定した。人権を制限または否定する行為については、それが「正当な理由にもとづく」場合以外は免責されないとし、特に精神的自由の制約について、「合理的な理由」によるものであるとする抗弁を否定した。すなわち、人権を制限または否定する行為を正当化するためには、単に「合理理由がある」とするだけでは足りず、その行為が「やむにやまれぬ」もので、人権の制約も「必要最小限度にとどまる」ことを改めて証明する必要がある。
　また、条約上の人権の侵害は通常国家対個人の関係において観念されているものだが、この人権および人権侵害の定義の規定を通じて、同種の人権の私人間での侵害行為も含まれるようになることに注意する必要がある。

5－3　差別の定義

> 1　この法律にいう差別とは、下記5－4に掲げる差別禁止事由に基づく区別、分離、排除、制限又は優先等による別異の取り扱いをいう。
> 2　上記1の差別には、公共の安全もしくは公衆の健康の保護、又は当事者もしくは他の者の権利及び自由の保護のために必要な別異の取り扱いは含まれないものとする。
> 3　上記1の差別には、一見中立的な基準等を適用することにより、差別禁止事由に掲げられた属性を有する者に対して、結果的に不合理な不利益を必然的に生じさせる行為を含むものとする。
> 4　妊娠・出産、障害又は疾病については、当該属性を有する者に対する合理的配慮の欠如も差別にあたるものとする。
> 5　上記4の「合理的配慮」とは、妊産婦、障害者及び疾病者が、他の者と平等に人権を享有し、又は行使することを確保するための必要かつ適当な変更及び調整であって、特定の場合において必要とされるものであり、かつ、均衡を失した又は過度の負担を課さないものをいう。

【解説】
　差別は「人権侵害」の概念の中で大きな部分を占める。差別の定義についてはさまざまな議論があるが、ここでは、5－4の事由にもとづく区別、分離、排除、制限又は優先等による別異の取り

扱いとし、さらに、一見中立的な基準を用いて結果的に不合理を生じさせるような間接差別も明文で含めた。それに加えて、妊娠・出産、障害又は疾病について、合理的配慮の欠如も差別に含めた。しかし、本規定はあくまでも人権委員会の設置に伴う必要最小限の差別行為を定義したものにとどまっている。たとえば、一定の社会集団や社会的属性、民族集団に対する攻撃的言辞でありながら現行の刑事規制に触れないような行為は、本規定によっても差別であると指摘することに困難が伴う。そうしたより詳細かつ実践的な差別の定義は、個々の差別禁止法において別途準備しなければならない。

いわゆる「合理的な区別」をもって差別を正当化する主張に対しては、特に一項を設けて「公共の安全もしくは公衆の健康の保護、又は当事者もしくは他の者の権利及び自由の保護のために必要な別異の取り扱いは含まれない」と、差別的行為を正当化できる範囲を限定した。

5－4　差別禁止事由

> 人種、皮膚の色、民族、国籍、性別、言語、信条、社会的身分、門地、出生、年齢、婚姻上の地位、家族構成、障害、疾病、性的指向、性的自己認識、病原体の保持。

【解説】

　法律や、人種差別撤廃条約、女性差別撤廃条約、障害者権利条約など各種人権条約に規定された差別禁止事由を限定列挙した。特に国籍にもとづく差別については、これまでの判例や国側の取り扱いでは、いわゆる「合理的な区別」であるとして差別として取り扱わない見解が支配的であった。本規定では、これを明確に差別禁止事由として規定することで、5－3にある差別的行為の正当化事由にあたらない限り、差別として救済の対象になるものとした。

　他にも、年齢や性的自己認識（＝肉体的・生物学的性にかかわらず、当人が自分の性を男女いずれと認識しているか）、婚姻上の地位（＝既婚か未婚か、法律婚か事実婚か、世帯主か否かなど）、家族構成（子どもの有無、親との同居など）、病原体の保持などを差別事由として掲げることとした。

6　人権委員会の政策提言機能

《趣旨》

　諸国の国内人権機関は、パリ原則が掲げる①人権政策提言、②人権相談・救済、③人権教育・広報の3機能を重視している。日本では、これら3機能は従来別個の国家・地方公共団体機関が担ってきた。しかし、①と③の機能は、②の経験・知見を踏まえる形で実施されるため、①～③の3機能は相互に有機的に関連している。これら3機能を一元的に果たすことが新たなタイプの人権救済機関としての国内人権機関の特色である。

　本法案要綱では、中央人権委員会と地域人権委員会が、それぞれの役割に応じて、人権政策にかかる政策提言を行えることとしている。

> 1　中央人権委員会は、内閣総理大臣又は国会若しくはこの両者に対し、①人権教育・広報に係る施策、②人権に係る行政上の取扱い、③人権に係る法令の制定・改廃、④人権に係る施策の検討又は立案、⑤人権条約の批准又は加入、⑥人権条約上提出が義務づけられている国家報告書の作成、⑦人権条約の国内実施に係る法令の制定若しくは改廃又は行政上の取扱等に関し、意見を提出し、それを公表することができる。
> 2　地域人権委員会は、管轄する地域内の地方公共団体の長に対し、①人権教育・広報に係る施策、②人権に係る行政上の取扱い、③人権に係る条例の制定・改廃に関し、意見を提出し、それを公表することができる。
> 3　中央人権委員会又は地域人権委員会が、内閣総理大臣又は地方公共団体の長に対して意見を提出した場合、内閣総理大臣又は地方公共団体の長は、当該意見に対して、30日以内に回答しなければならない。その期間内に回答をすることができないときは、その理由及び回答をすることができる期限を明示することを要する。
> 4　中央人権委員会及び地域人権委員会は、上記の意見を提出するに際して必要があるときは、関係する行政機関、事業者、医療・福祉施設又は学校等に対して、質問への回答又は書類若

しくは物件等の提出を要請することができる。
 5　行政機関が上記4の要請を受けた場合は、これを拒否することができない。ただし、公共の安全の確保に必要不可欠な場合は、この限りではない。

【解説】
◆中央人権委員会の政策提言機能（1）
　パリ原則では国内人権機関の主要な役割として政策提言機能を掲げており、諸国の国内人権機関もこの機能を重視し、政府や議会に対し果敢に政策提言を行っている。中央人権委員会は政府から独立した組織であり、人権に関わる国の政策・施策全般にわたり、政策提言できる立場にある。中央人権委員会は、6-1に掲げられた①～⑦の各項目について、内閣総理大臣又は国会若しくはこの両者に対し、意見を提出し、それを公表することができるものとする。いずれの項目も、人権政策に関する国の方針や人権施策に深く関わるもので、これまでは国会における審議等を通じて散発的に検討されてきた。これに対し中央人権委員会による政策提言は、人権相談・救済活動を通じて得られた経験や知見に基づき、内閣総理大臣や国会に対し人権に関する専門的機関の立場から、継続・一貫した姿勢で政策提言を行うものである。国の人権政策・施策全般を鳥の目で俯瞰し、日本における構造的な人権課題の解決に向けた糸口を提起する―これが中央人権委員会による政策提言機能の本旨である。
◆地域人権委員会の政策提言機能（2）
　地域人権委員会は管轄する地域内の地方公共団体の長に対し、6-2に掲げる①～③の各項目について意見を提出し、それを公表することができるものとする。これは地域版の人権政策・施策に関する政策提言機能である。
◆人権委員会の政策提言に対する応答義務（3）
　中央及び地域人権委員会による政策提言は、内閣総理大臣又は地方公共団体の長によって真剣に受け止められなければならない。そのため、これらの主体に30日以内の回答を求め、その期間内に回答をすることができないときは、その理由及び回答をすることができる期限の明示を求めることとする。
◆関係行政機関等への応答要請（4・5）
　人権委員会による政策提言内容は、関係する行政機関、事業者、医療・福祉施設又は学校等の行動を伴わなければ実現しない場合が多い。このため、人権委員会は関係行政機関等に対し、質問への回答又は書類若しくは物件等の提出を要請できるものとし、これら機関等は、公共の安全の確保に必要不可欠な場合を除き、これら要請を拒否することができないこととする。

7　人権委員会の救済機能

《趣旨》
　人権委員会の主たる任務のひとつは、人権侵害を受けた者に対して、実効的な救済を行うことである。ここでいう実効的な救済とは、人権侵害を受けた者の被害が除去され、原状が回復されるとともに、被った被害に見合う慰謝や賠償を受けることによって、心理的・財産的な補償が実現することを意味する。こうした救済を行うためには、人権委員会に十分な救済権限と調査権限を与えることが必要となるが、一方、人権委員会の権限が強くなりすぎれば、人権委員会の措置によって規制を受ける者の人権が脅かされるおそれも生じうる。人権委員会といえども国家機関であることを考えれば、たとえ人権救済という目的の下であっても、その権限が濫用されるおそれには常に慎重な配慮が必要である。そこで本要綱では、人権委員会による調査や救済措置は、できる限り任意的なものにとどめ、強制性を持たせる場合であっても、間接的な強制力を与えるにとどめた。ただし、公権力の行使に関わる人権侵害については、その影響の広汎性を考慮して、私人による人権侵害とは別のものと考え、人権委員会の調査や救済措置に一定の強制力を認めている。

7-1　救済の申立てを行うことができる者の範囲

1　人権侵害を受けた者は、地域人権委員会又は中央人権委員会に救済を申し立てることができる。
2　人権侵害を受けた者が自ら救済の申立てを行うことができない場合は、第三者が申立てを行うこともできる。ただし、第三者の申立てを人権委員会が受理するに際しては、原則として、人権侵害を受けた者の承諾を必要とする。
3　人権侵害を受けた者からの申立てがない場合であっても、当該人権侵害を救済する必要があると人権委員会が判断した場合は、職権で救済手続を開始することができる。
4　何人も、人権侵害行為を察知したときは、地域人権委員会又は中央人権委員会に対してその事実を通報し、職権による救済を要請することができる。

【解説】
◆当事者及び第三者による申立て（1・2）
　上記5－2に掲げられた人権侵害に当たる行為を受けた当事者は、地域人権委員会又は中央人権委員会に救済の申立てを行うことができる。ただし、上記3－3に示されたとおり、中央人権委員会と地域人権委員会は、その所掌する職務が異なるため、規定された職務分掌に沿って、地域人権委員会と中央人権委員会の間で事案を相互に移送することはあり得る。
　他方、人権侵害を受けた者が、刑務所等の収容施設に収容されていたり、あるいは疾病・障害等の理由で十分な意思表示ができない場合など、自ら救済の申立てを行うことができない、もしくは申立てを行うことが著しく困難であるときは、親族や支援者等の第三者が救済の申立てを行うこともできる。ただし、人権侵害の申立ては、本人が行うことが原則であるため、第三者の申立てがあった場合は、人権委員会ができるかぎり本人の意思を確認し、その承諾を得ない限り、申立てを受理することはできない。
　当事者等からの申立てが、この法律に定められた人権侵害に該当すると認められる場合は、人権委員会はこれを受理し、救済又は調査手続に付すことになる。他方、申立てが本法の規定する人権侵害に当たらないと判断された場合は、その申立ては不受理となる。このように入口の段階で申立てを取捨選択し、理由のない申立てを排除するのは、申立権の濫用やいわゆる「乱訴」を防止するためである。ただし、7－3の3に定められたとおり、不受理の決定に納得がいかない者は、人権委員会に対して不服を申し立てることができる。

◆人権委員会による職権救済（3・4）
　人権侵害を受けた当事者からの申立てがない場合であっても、人権を保障するという人権委員会の職責に照らして、救済手続を実施すべきと人権委員会が判断した場合は、職権で救済手続を開始することができる。例えば、被害者を特定することが困難な事案や、広く社会全般に悪影響が及ぶ事案などが、この職権救済手続の対象となり得る。ただし、被害を受けた当事者が特定でき、かつその者が救済手続の開始を望まない旨の意思を明示的に示した場合は、手続を続行することはできない。
　当事者以外の第三者が、人権侵害行為を察知した場合は、人権委員会に対して事実を通報し、職権救済を要請することができる。この場合であっても、人権委員会は、まず被害を受けた当事者の意思を確認し、当事者からの申立てを促すのが原則であり、職権救済手続を開始できるのは、上に示したような場合に限定される。

7－2　主たる救済措置

人権侵害事案に対して、人権委員会は以下の救済措置をとることができる。
①援助－人権侵害行為を受けた者に対し、必要な助言、救済に資する公私の機関・団体の紹介、法律扶助等に関するあっせんその他の援助を行う。
②指導－人権侵害行為を行ったとされる者に対し、説示その他の指導を行う。
③要請－被害者の救済のために実効的な対応をすることができる者に対し、必要な措置を執ることを要請する。

④通告－関係行政機関に事実を通告する。
⑤告発－犯罪に該当する人権侵害について、捜査機関に告発をする。
⑥関係調整－両当事者の意見を聴取した上で、必要に応じて両者の話し合いを仲介するなど、関係の調整を図る。
⑦調停・仲裁－一方もしくは双方の当事者が望んだ場合、又は人権委員会が必要と判断した場合は、両当事者の合意の上に、調停又は仲裁を行う。なお、公権力の行使に伴う人権侵害については、当該人権侵害行為を行ったとされる公務員又は機関は、人権委員会による調停又は仲裁を拒絶できない。
⑧勧告－関係調整又は調停・仲裁が不調に終わった事案のうち、人権委員会が特に悪質であると認めたものについては、両当事者の意見を聴いた上で、当該人権侵害行為を行ったとされる者に対して、当該行為の中止、被害の復旧、原状回復、再発防止等必要な措置を行うことを要求する勧告を発することができる。

また、公務員による公権力の行使に伴う人権侵害については、当該公務員の懲戒権を有する者に対して、懲戒処分を行うことを要請することができる。
⑨公表－勧告を出した事案のうち、人権委員会が特に必要と認めたものについては、その事実を公表することができる。ただし、勧告の相手方の要求があれば、相手方の弁明・反論もあわせて公表しなければならない。
⑩訴訟援助－関係調整又は調停・仲裁が不調に終わった事案について、当事者が訴訟を提起した場合は、当事者（被告を含む）の求めに応じて、資料の提供等を行う。
⑪法制度是正意見表明－法令及びその運用に起因する人権侵害については、被害を受けた者の申立てを受けて、人権委員会が調査を行い、必要に応じて、内閣又は地方公共団体の長に対して、当該法令又はその運用の是正等に関する意見を表明することができる。人権委員会の意見表明に対して、内閣又は地方公共団体の長は、3ヶ月以内に回答しなければならない。

【解説】
◆任意的な救済措置（①・②・③・④・⑤・⑥）
　人権委員会が人権侵害事案に対する救済措置として執りうるのは、上に掲げた11種類の措置である。このうち、①援助、②指導、③要請、⑥関係調整は、まったくの任意的な措置であり、強制力はない。こうした任意的な救済措置を粘り強く行い、被害者・加害者双方からの信頼を得ながら事案を解決に導くことが、人権委員会による人権救済の理想的な姿であるといえる。
　④通告と⑤告発は、人権委員会以外の機関に協力を仰ぎ、それら機関による救済に期待するものである。例えば、DVについて、DV防止センターに通告するとともに、加害者を警察に告発するといった場合が考えられる。しかし、他の機関による救済に期待ができない場合や、通告や告発を行うことが、かえって被害を受けた当事者の利益に反するおそれがある場合は、これら措置を行わずに、人権委員会が単独で救済を実施することになる。
◆調停・仲裁（⑦）
　⑦調停・仲裁、⑧勧告、⑨公表は、相互に関連した一連の手続であり、一定の強制性を持っている。調停・仲裁は、原則として当事者の合意に基づいて行われ、人権委員会の職員のうち、専門的な訓練を受けた「調停官」(仮称)がこれに当たることになる。調停官は、両当事者の主張を聞いた上で、事案の解決にふさわしい調停案や仲裁案をまとめ、当事者に提示することになる。調停の場合、調停手続に入るか否か、及び提示された調停案を受け容れるか否かは、当事者の自由に任されるが、調停案を両当事者が受け容れたときは、そこに法的拘束力が発生する。したがって、調停の内容を履行しないときには、強制履行や損害賠償等の請求が可能である。他方、仲裁の場合は、手続に入るか否かの決定における自由しかなく、いったん仲裁手続が開始されれば、提示された仲裁案の応諾を拒むことはできない。
　なお、公的機関又は公務員による公権力の行使を伴う人権侵害（いわゆる「公権力事案」）については、当該機関又は公務員は、人権委員会による調停・仲裁を拒絶することはできず、調停・仲

裁を求められた場合は、必ずこれに応じなければならない。これは一種の強制調停であるが、ただし調停案の応諾を拒むことは可能である。

◆勧告・公表（⑧・⑨）
　⑥関係調整や⑦調停・仲裁が不調に終わった場合でも、人権委員会が当該事案の社会的影響や反社会性などを考慮し、特に必要であると判断したときは、加害者に対して、人権侵害行為の中止や被害の復旧等の措置を要求する勧告を行うことができる。ただし、こうした勧告を出す場合は、それが一方的なものになることを避けるために、必ず被害者・加害者双方の意見を聞かなければならない。なお、これに加えて、公務員による公権力事案については、加害者とされる公務員の懲戒を要請する勧告を行うことも可能である。
　上記の勧告は、あくまで人権委員会の意思表示にすぎず、それを直接的に強制することはできない。一方、勧告が何らの強制力も持たないとなると、悪質な人権侵害行為が放置されることにもなる。そこで、勧告の履行を間接的に担保すべく、人権委員会は、勧告を出した事案のうち、特にそれが必要であると判断したものについて、事案の内容や経緯等を公表することができる。ただし、この公表によって、人権侵害の加害者とされた者の利益が損なわれる可能性も否定できないため、公表に際しては、人権侵害の加害者とされた者（勧告の相手方）の要求に応じて、その者の弁明・反論もあわせて公表しなければならない。

◆訴訟援助（⑩）
　関係調整や調停・仲裁が不調に終わった事案について、被害者が加害者に対して損害賠償等を求める訴訟を提訴した場合は、人権委員会は原告・被告双方の求めに応じて、自らが有する資料を証拠として提供し、訴訟を援助することができる。例えば、人権委員会が当事者の主張を記録した文書や、調査によって得られた書類・物件等を提出すること、あるいは人権委員会の職員が法廷で証言することなどがこれに含まれる。

◆法制度是正意見表明（⑪）
　救済措置の最後に掲げられた「法制度是正意見表明」は、上述の救済措置とは一線を画す特殊な手続である。人権侵害の中には、法令や法制度が原因となって生じるものが少なくなく、こうした事案では、特定の加害者のみに責任を課すことはできない。例えば、婚外子の相続分差別や、女性に課された不当に長い再婚禁止期間などは、法制度そのものに原因があって生じる人権侵害であり、特定の加害者が存在するわけではない。こうした事案に対処するための救済策が、法制度是正意見表明である。すなわち、法令及びその運用によって人権を侵害されていると考えた者は、人権委員会にその旨を申立てることができ、申立てを受けた人権委員会は、必要に応じて、内閣や地方公共団体の長に、当該法令の是正等に関する意見を表明することができるのである。ただし、人権委員会の意見に強制力はなく、これに応じるか否かは内閣や地方公共団体の長の自由裁量に委ねられる。しかし、人権委員会から出された意見を放置することは許されず、内閣や地方公共団体の長は、人権委員会の意見表明に対して、3ヶ月以内に何らかの回答をしなければならない。

7-3　救済手続に関する原則

1　中央人権委員会は、規則等において、人権侵害の申立ての受理又は不受理の決定に要する期間並びに調査及び救済措置の実行に要する期間を定めなくてはならない。
2　人権侵害の申立ての受理若しくは不受理の決定に要する期間又は調査及び救済措置の実行に要する期間が、上記1の期間を超過する場合は、各人権委員会は当該申立てを行った者に対し、その理由を説明しなければならない。
3　人権侵害の申立てを行った者は、当該申立てに関する人権委員会の決定及び措置について、不服を申し立てることができる。
4　各人権委員会は、中央人権委員会が定める規則等に従って、人権侵害の申立ての受理又は不受理の決定、調査の結果及び実施した救済措置の内容について、理由を付して、当該申立てを行った者に通知しなければならない。
5　中央人権委員会は、救済手続の透明性と信頼性を確保するために、上記1から4の原則に従って、人権侵害の申立ての処理に係る手続を定めなければならない。

【解説】
◆事案処理の手続規定の必要性 (5)
　人権委員会が人びとからの信頼を得て活動するためには、救済手続の透明性と予見可能性を確保するとともに、関係者に対する説明責任を果たさなければならない。そこで本法案要綱では、中央人権委員会が事案処理の手続と説明責任に関する規則を定め、各人権委員会はその手続規定に則って事案処理を行うこととした。

◆事案処理に要する期間 (1・2)
　人権委員会による救済や調査には、それ相応の時間を要するが、それがあまりに長期間に及べば、申立てを行った者の期待を裏切ることになり、人権委員会の信頼も傷つくことになる。そこで、人権侵害の申立ての受理・不受理を決定するために要する期間や、調査・救済に要する期間の範囲を中央人権委員会が規則で定め、各人権委員会は、その範囲内で決定や救済を行わなければならない。無論、必ずしもすべての事案が、定められた期間内に処理できるわけではなく、期間を超過するものが出てくることもあり得るが、その場合は、申立てを行った者に、手続が遅延している理由を説明し、説明責任を果たさなければならない。

◆申立人による不服申立制度 (3)
　人権侵害の申立てを行ったにもかかわらず、その申立てが不受理となった者、あるいは、申立ては受理されたが、それに対して人権委員会が執った救済措置に納得がいかない者は、人権委員会に対して不服を申し立てることができる。これは行政不服審査に準じた手続であり、不服を申し立てられた人権委員会は、誠実にこれに対処しなければならない。

◆申立人に対する説明責任 (4)
　各人権委員会は、人権救済の申立てを受理又は不受理とする決定を下した際、あるいは調査や救済措置を行った際に、申立てを行った者に対して、決定の内容や調査・救済の内容を通知するとともに、そうした決定ないし措置を行った理由を説明しなければならない。これは、人権委員会に説明責任を果たさせ、「聞き置くだけの処理」をさせないためである。

7－4　救済のための調査権限

> 1　中央人権委員会及び地域人権委員会は、人権侵害事案の救済に際して、当該事案に関係する者に対して、出頭、質問への回答、書類・物件等の提出を要請することができる。
> 2　公権力の行使に伴う人権侵害、事業者による人権侵害、医療・福祉施設における人権侵害、学校における人権侵害については、相手方が上記の要請に応じない場合、その事実を公表することができる。ただし、調査の相手方の要求があれば、その者の弁明・反論もあわせて公表しなければならない。
> 3　公権力の行使に伴う人権侵害、事業者による人権侵害、医療・福祉施設における人権侵害、学校における人権侵害については、関係場所への立入検査を要請することができる。相手方が立入検査の要請に応じない場合、その事実を公表することができる。ただし、立入検査の相手方の要求があれば、その者の弁明・反論もあわせて公表しなければならない。
> 4　公務員又は行政機関が、上記1から3の要請を受けた場合は、法令に定めのある場合を除き、これを拒否することができない。
> 5　法令又はその運用に起因する人権侵害については、内閣総理大臣又は地方公共団体の長に対し、当該法令の内容及び運用状況等について説明を求めることができる。内閣総理大臣又は地方公共団体の長は、人権委員会の求めに対して、3ヶ月以内に回答しなければならない。

【解説】
◆人権委員会の調査権限 (1)
　人権侵害が救済を行うに当たっては、事実関係の正確な把握が不可欠である。そこで、人権委員会は、適宜、関係者に対して、出頭、質問への回答、書類・物件等の提出を要請することができる。ただし、これらはあくまで任意の要請であり、強制力はない。

◆一定の強制性を有する調査 (2・3・4)
　人権委員会による調査は、原則として任意のものであり、強制力はないため、調査の相手方はこ

れを拒むこともでき、拒んだからといって制裁を受けることはない。一方、深刻な人権侵害事案について、事実の把握ができないとすれば、実効的な救済を行うことはできず、それは人権委員会の存在意義を揺るがすことにもなる。そこで、特定の人権侵害事案については、一定の強制力を持った調査を行うことができる。ここでいう特定の人権侵害事案とは、公権力の行使に伴う人権侵害、事業者による人権侵害、医療・福祉施設における人権侵害、学校における人権侵害という4種類であり、いずれも人権侵害の防止が強く要請される事案である。これらに該当する事案については、人権委員会の調査要請に相手方が応じない場合、その事実を公表することができ、調査に間接的な強制力を持たせている。ただし、相手方の権利保護とのバランスを図るために、相手方の要求があれば、その者の弁明・反論もあわせて公表しなければならない。

◆立入検査（3）

人権委員会は捜査機関ではないので、住居等への立入検査は原則として行えないが、重大な人権侵害については、正確な事実把握が必要であり、そのためには一定の立入検査が必要となる場合もある。そこで、公権力の行使に伴う人権侵害、事業者による人権侵害、医療・福祉施設における人権侵害、学校における人権侵害については、関係場所への立入検査を要請することができる。人権委員会の要請に対して、相手方はこれを拒むことも可能であるが、検査の実効性を担保するため、相手方が立入検査の要請に応じない場合は、その事実を公表できる。ただし、相手方の権利保護とのバランスを図るため、相手方の要求があれば、その者の弁明・反論もあわせて公表しなければならない。

◆公権力事案の特例（4）

公務員や行政機関が、人権委員会から調査や立入検査の要請を受けた場合は、法令に定めのある場合を除き、これを拒否することができず、原則として調査に応じなければならない。これは、公務員や行政機関には、人権保護の責任が特に強く課されているためであり、また公務員や行政機関については、人権委員会が調査を強制しても、それによって個人の権利が侵害されるおそれが少ないためである。

◆法制度是正意見表明に係る調査（5）

法令や法令の運用に起因する人権侵害については、内閣総理大臣や地方公共団体の長に対して、人権委員会が法制度是正意見表明を行うことができるが、この意見表明を行うに際しても、事前に事実関係を把握することが必要である。そこで人権委員会は、法令や法令の運用に起因する人権侵害について救済の申立てがなされた場合、当該法令の内容及び運用状況等について、内閣総理大臣や地方公共団体の長に対して説明を求めることができる。法令の内容や運用について説明できないということはあり得ないので、内閣総理大臣や地方公共団体の長は、人権委員会からの要求を拒むことはできず、3ヶ月以内にこれに回答しなければならない。

8　人権委員会の情報収集・発信機能

《趣旨》

人権保障を実現するためには、救済だけではなく、そもそも人権侵害が起こりにくい社会を生み出すための政策が必要となる。人権委員会は、こうした人権政策に関する国際的な潮流を把握し、日本で活用できるものを分析・整理し発信する必要がある。また、日本政府の多様な省庁で行われている人権に関する政策や、自治体での人権政策を収集・整理し、他の省庁や自治体で活用できるよう発信するべきである。たとえば、子どもの権利保障や参加についての自治体の取り組みについての情報を分析・整理し、他の自治体に提供すれば人権保障に資することができるだろう。

人権の課題の中でも、新たに課題として生み出されているものや、これまでは伝統的な価値規範のために十分に人権の課題と認識されてこなかった課題などについては、現状では十分に実態調査や情報の整理がされていないことがある。人権委員会は、こうした人権についての動向を把握し、問題提起をしていく必要があると考え、「人権に関する社会的な動向を調査」するという機能を人権委員会が持つこととした。たとえば、「子どもの貧困」に伴う社会権の剥奪状況について、調査を行うなどが考えられるだろう。

こうした人権状況についての情報は、各種専門家、人権団体、当事者などに集積されている場合

があり、こうした情報や知見を最大限活用しながら調査を行うことが望ましい。また、まだ社会的な合意が十分できていない課題については、伝統的な価値感や一般常識を問い直すことが必要となるが、これは人権専門家の判断を一方的に押しつけるだけでは難しい。このため、当事者を含めた対話的なプロセスを通じ、人権についての理解を社会的全体で深めていく必要がある。このため、公聴会を開催するなど、公開の手続きで合意形成をはかることを想定している。

> 1　中央人権委員会は、国及び地方公共団体、並びに国際連合又は欧州評議会等の地域的国際組織及び国内外の市民社会団体又は研究機関等による人権政策・施策、人権政策提言、人権救済及び人権教育等に関する情報を収集・整理し、これを国内外に広く発信しなければならない。
> 2　中央人権委員会は、上記1によって収集・整理した情報を人権政策提言、人権救済及び人権教育活動において有効に活用しなければならない。
> 3　中央人権委員会及び地域人権委員会は、人権に関する社会的な動向を調査することができる。その際、必要に応じて公聴会を開催し、広く一般の意見を聞くことができる。
> 4　中央人権委員会及び地域人権委員会が、上記3の調査を行った場合は、その結果を公表しなければならない。この公表には、人権委員会の意見を含めることができる。

【解説】
◆中央人権委員会による人権政策等の情報収集・整理と活用（1・2）
　人権侵害を防ぐためには、事後的な救済だけではなく、多様な政策が必要となる。人権委員会は、こうした人権政策に関する国際的な潮流、日本政府の各省庁の人権に関わる政策、自治体での人権政策を収集・整理し、他の省庁や自治体で活用できるよう発信するものとした。
　また、人権保障は国際的な義務であり、国際社会全体の関心事でもあるため、他国の試みを学ぶだけではなく、日本の人権政策についても積極的に国際社会に発信することが、責任ある国際社会の一員として求められていると考え、国外への情報発信も行うこととした。
　なお、このように収集した情報は、人権委員会の機能を果たすために使う必要がある。
◆人権に関する社会的な動向の調査（3・4）
　人権侵害事件の救済のための調査だけではなく、より一般的な人権に関する動向（新たに人権の課題と見なされているもの、発生している事象）について、実態調査なども含めて広範な調査ができることとした。この際、広く知見を集めると同時に、こうした課題への社会的な認知を高めるため、公聴会の開催などの公開の手続きを採用することに特に言及した。

9　人権委員会の人権教育・広報機能

《趣旨》
　冒頭でも触れたように、諸国の国内人権機関は、パリ原則が掲げる①人権政策提言、②人権相談・救済、③人権教育・広報の3機能を重視している。①と③の機能は②の経験・知見を踏まえる形で実施されるため、①～③の3機能は相互に有機的に関連しているからである。これら3機能を一元的に果たすことが新たなタイプの人権救済機関としての国内人権機関の特色である。
　これまで人権教育・広報は、国では法務省と文部科学省が、また都道府県及び市区町村においては首長部局及び教育委員会が担ってきた。今後も国及び地方公共団体においては、こうした役割分担が維持されるであろう。しかし人権委員会設置後は、人権相談・救済の経験と知見を踏まえた人権教育・広報機能を国内人権機関としての同委員会に持たせ、憲法及び日本が締結した人権に関する条約に規定されたすべての人権が尊重され、保護され、人権侵害を受けた者が実効的に救済される社会の実現を目指す人権教育・広報を推進すべきである。

> 1　中央人権委員会及び地域人権委員会は、その活動で得られた知見を踏まえ、国及び地方公共団体に対し、人権教育の趣旨・目的、方法及びこれを実施する制度等に関して、意見を提出することができる。
> 2　中央人権委員会及び地域人権委員会は、国及び地方公共団体に対し、人権教育の実施に関

して、意見を提出することができる。
 3　中央人権委員会は、人権教育の実施に関して、国の機関の間又は国と地方公共団体の間の調整を行うことができる。
 4　中央人権委員会は、法執行官に対する人権教育プログラムを作成し、これを国及び地方公共団体に実施させることができる。

【解説】
◆人権委員会の人権教育・広報機能（1・2）
　人権教育の趣旨・目的、方法及びこれを実施する制度等、並びに人権教育の実施に関し、中央人権委員会と地域人権委員会に意見提出権を付与し、国及び地方公共団体による人権教育・広報がすべての人権が尊重され、保護され、人権侵害を受けた者が実効的に救済される社会の実現を目指す方向で進められるようにする必要がある。
◆人権教育の実施に関する中央人権委員会の調整機能（3）
　人権教育・広報は国及び地方公共団体の多様な主体によって同時に取り組まれているのが実情である。その結果、人権教育・広報内容の重複、あるいは実施すべき内容の見落とし等、各機関による縦割り行政の弊害がまま見られる。そこで、中央人権委員会は、人権教育の実施に関して、国の機関の間又は国と地方公共団体の間の調整を行うことができることとし、中央人権委員会に人権教育・広報に関する調整機能を付与する必要がある。
◆中央人権委員会の人権教育プログラム作成機能（4）
　公権力による人権侵害は法執行官によってなされることが少なくない。そこで、中央人権委員会に法執行官に対する人権教育プログラムを作成する権限を付与し、これを国及び地方公共団体に実施させることができるものとする。

10　人権委員会の国際協力機能

《趣旨》
　国内人権機関である人権委員会の国際的な協力機能および情報発信機能に関する規定である。各国の国内人権機関は、国際調整委員会（International Coordination Committee: ICC）による調整の下、国際的な連携が図られている。また、アジア太平洋地域については、アジア太平洋国内人権機関フォーラム（Asia Pacific Forum of National Human Rights Institutions：APF）という国際組織を通じた連携活動も存在している。日本の国内人権機関として、人権委員会は、こうした横の連携に注力するとともに、国連の人権理事会や各条約機関、さらに国連の人権高等弁務官事務所などと、情報交換を続けながら日本国内の人権状況に関してこれを国際的水準に合致させるための努力を続ける責務を負っている。
　こうした機能は中央人権委員会が主として担当するものとしているが、地域人権委員会もまた、中央人権委員会を通じて、国際的な協力機能を果たすこととなる。

 1　中央人権委員会は、その職務の遂行に際して、国際連合その他の人権に関わる国際機関又は地域機構及び他国の人権機関と協力するとともに、それらの機関と連携し、広く人権に関する情報の収集及び交換に努めなければならない。
 2　中央人権委員会は、人権諸条約上提出が義務づけられている政府報告書（国家報告書）に対する意見を条約実施機関に提出することができる。
 3　中央人権委員会は、国際連合人権理事会等の人権に関する国際連合機関に対し、日本の人権状況に関する意見を提出することができる。

【解説】
　国際協力機能には、大きく分けて、日本の人権状況を国際人権諸機関に報告しその改善に努めるための国際的な政策提言機能と、各国の国内人権機関やそれに関わる民間団体（NGO/NPO）と連携するという情報交換・連携協力機能とがある。
(1)国際的な政策提言機能：

①国連人権理事会の普遍的定期審査（Universal Periodic Review: UPR）に際しての日本の人権状況報告及び政府のフォローアップ政策に対する意見表明。
②自由権規約委員会などの条約機関に対して政府が提出する政府報告書の審査に際して、人権委員会としての独自の報告書を政府とは独立して提出する権限。
③国連機関や条約機関からの勧告事項について、国内での実施状況を確認し、実施に向けた意見を表明すること。
④国連の諸機関や特別手続き、その他の国際機関からの人権に関する提言内容について、必要に応じて国内での立法や立法動向、実務などにそれが適切に反映されているかどうか意見を表明すること。
(6の政策提言機能と密接に関係する機能である)

(2)情報交換、連携協力機能：
①国連人権高等弁務官事務所や特別手続き、その他の人権に関わる国際機関との連絡調整。関係者が日本を訪問する際などの調整と国内の民間団体（NGO/NPO）との間の調整活動など。
②人権委員会等が発表する日本の人権状況に関する報告書や情報を、翻訳等を通じて国際的に発信する役割。
③上記のAPFやICCとの連携業務。
④海外事情の調査、研究などに関わる業務。
(8の情報収集・発信機能および9の広報機能と密接に関係する機能である)

このうち、UPRや条約機関に対する独自の報告書の提出については、中央人権委員会として、まず政府報告書の作成に対して政府の当該部署に対して十分な情報提供、改善提案を行う機会を持つ必要がある。また、関係するNGO/NPOと十分に連携しながら、政府報告書が国連機関や条約機関にとって役立つ情報となるように努めなければならない。その上でなお、日本の国内人権機関として、政府の立場からは独立した報告書を出すことができる権限を定めているものである。

現在、日本は未だ人権条約上の個人通報制度に加入していないが、個人通報制度に加入したあかつきには、人権委員会がその勧告の実施についての調整機関となることが想定されている。

なお、各地域人権委員会もまた、中央人権委員会の調整の下に、必要に応じて国連機関、条約機関などに対する情報発信を行うことができる。

11　人権委員会のその他の機能

《趣旨》
　人権委員会の活動は、それが広く市民に知られ、市民からの支持と信頼を得て行われなければならない。そのために人権委員会は、個々の事案について、その当事者に対する説明責任を果たすだけではなく、人権委員会の活動全般について、広く社会一般に対する説明責任を果たさなければならない。そこで、人権委員会は、毎年、活動内容を説明した報告書を作成し、公表しなければならないこととした。こうした報告書の作成・公表は、情報公開による説明責任の実行という側面を持つとともに、人権委員会が自らの活動を省察し、自己改革を図る機会ともなる。

1　中央人権委員会及び地域人権委員会は、毎年、内閣及び国会に対し、所掌事務の処理状況を報告する。
2　上記1の報告は、中央人権委員会がこれをとりまとめ、内閣及び国会に提出するものとする。

【解説】
◆年次報告書の作成・公表（1・2）
　各人権委員会は、その活動に対する説明責任を果たすために、それぞれの活動状況や事案の処理状況などを記載した年次報告書を作成し、内閣と国会に対して提出しなければならない。当然、これらの報告書は、広く一般にも公表される。

この報告書は、各人権委員会が個別に作成するものであるが、それを別々に提出・公表することは効率的ではなく、人権委員会に関する情報へのアクセシビリティも低下することになる。そこで中央人権委員会が、各地域人権委員会の報告書をとりまとめ、一体のものとして提出・公表する。

参考文献

■日本語著書等

青山学院大学『人権を護る、人権を薦める―人権委員会の役割と課題：青山学院大学人権教育委員会公開国際シンポジウム：記録・報告書』（青山学院大学人権教育委員会、2003年）

アジア・太平洋人権情報センター編『人権保障の新たな展望―国内人権機関の機能と役割』（アジア・太平洋人権情報センター、2004年）

石坂悦男編著『市民的自由とメディアの現在』（法政大学現代法研究所、2010年）

稲正樹『アジアの人権と平和』（信山社、2005年）

NMP研究会・山崎公士編著『国内人権機関の国際比較』（現代人文社、2001年）

江橋崇・山崎公士編著『人権政策学のすすめ』（学陽書房、2003年）

国連人権センター編・山崎公士監修・マイノリティ研究会訳『国内人権機関―人権の伸長と保護のための国内機関づくりの手引き書』（マイノリティ研究会、1997年）

作本直行・今泉慎也編『アジアの民主化過程と法―フィリピン・タイ・インドネシアの比較―』（アジア経済研究所、2003年）

人権市民会議編『頼れる「国内人権機関」を―人権にも119番が必要です』（人権市民会議、2009年）

人権フォーラム21編『世界の国内人権機関―国内人権システム国際比較プロジェクト（NMP）調査報告』（人権フォーラム21、1999年）

人権フォーラム21編『21世紀日本の人権政策Part2―人権フォーラム21の提言』（人権フォーラム21、2000年）

日本弁護士連合会・第43回人権擁護大会シンポジウム第1分科会実行委員編『一人で悩んでいませんか？―21世紀をひらくために「独立した人権機関」を創ろう』（日本弁護士連合会、2000年）

反差別国際運動日本委員会編『人権侵害救済法・国内人権機関の設置をもとめて（現代世界と人権18）』（反差別国際運動日本委員会、2004年）

部落解放・人権確立要求中央実行委員会編『緊急出版　人権擁護法案・抜本改正への提案―どこを、どう、変える？』（部落解放・人権確立要求中央実行委員会、2002年）

松本健男・横田耕一・江橋崇・友永健三編『これからの人権保障（高野眞澄先生退職記念）』（有信堂高文社、2007年）

■日本語論文

阿久澤麻理子「国内人権機関のコミュニティ・レベルにおける人権擁護活動の課題―フィリピン人権委員会『バランガイ人権行動センター』プログラムの検証を通じて」『兵庫県立大学環境人間学部研究報告』8号（2006年）
梓澤和幸「人権擁護法案について」『社会主義』482号（2003年1月）
梓澤和幸・佐久間達哉・田島泰彦「座談会　人権擁護法案の検討」『法律時報』74巻8号（2002年7月）
石川えり「各国の国内人権機関(7)フィリピン―『ピープル・パワー』による人権保障をめざして」『ヒューマンライツ』139号（1999年10月）
稲正樹「アジアの国内人権機関の制度化の動向」『アジア研究所紀要』26号（亜細亜大学アジア研究所、1999年）
稲正樹訳「国内人権機関と経済的、社会的権利」『亜細亜法学』34巻2号（2000年1月）
稲正樹「アジアと地域的人権保障―国内人権機関の制度化を中心にして」『憲法問題』（全国憲法研究会）11号（2000年）
江島晶子「『人権救済法』としての憲法の可能性―憲法訴訟・国際人権機関・国内人権機関」『法律論叢』83巻2・3号（2011年2月）
江田五月「人権侵害救済制度の確立に向けて―迷走する『人権擁護法案』」『マスコミ市民』439号（2005年8月）
金子匡良「各国の国内人権機関(5)カナダ」『ヒューマンライツ』135号（1999年6月）
川村暁雄「アジア太平洋地域の国内人権機関」『部落解放研究』113号（1996年12月）
川村暁雄「人権をルールとした社会づくり―国内人権機関の構想」『ヒューマンライツ』129号（1998年12月）
川村暁雄「各国の国内人権機関(3)オーストラリア―白豪主義から人権保障の国へ」『ヒューマンライツ』132号（1999年3月）
河村浩城「各国の国内人権機関(2)ドイツ」『ヒューマンライツ』131号（1999年2月）
金政玉「実効性に重大な懸念がある―障害者の人権状況と『人権擁護法案』」『部落解放』516号（2003年4月）
金東勲「第3回アジア・太平洋地域国内人権機関ワークショップ」アジア・太平洋人権情報センター編『アジア・太平洋人権レビュー1999』
窪誠訳「〈資料2〉第3回アジア・太平洋地域国内人権機関ワークショップ結論」アジア・太平洋人権情報センター編『アジア・太平洋人権レビュー1999』
窪誠「各国の国内人権機関(4)フランス―行政主導のフランス国内人権機関」『ヒューマンライツ』134号（1999年5月）
小池振一郎「国内人権機関を考える―法務省「中間報告」と課題［含質疑応答］」『地域と人権』326号（2011年5月）
小林学「各国の国内人権機関(8)イギリス―差別にとりくむ英国の国内人権機関」『ヒューマンライツ』142号（2000年1月）
齊藤正彰「新たな人権救済制度がもたらす人権規範の共通化―個人通報制度と国内人権機

関」『法律時報』84巻5号（2012年5月）
佐久間達哉「人権擁護法案について」『国際人権』14号（2003年）
佐藤優・河村浩城「国内人権機関の設立」『自由と正義』50巻4号（1999年4月）
猿田佐世「国内人権機関国際比較　南アフリカ―新しい'自分たちの'国を‼」『ヒューマンライツ』169号（2002年4月）
末廣哲「名古屋刑務所事件の真相究明と再発防止のために―国内人権機関と国際的な監視体制への加盟を」『ヒューマンライツ』177号（2002年12月）
高藤昭「障害のある人に係る権利擁護制度とは？―人権擁護法案の内容にふれて」『JDジャーナル』（日本障害者協議会）22巻2号（2002年5号）
武村二三夫「国内人権機関と日弁連の立場」『月刊民放』31巻2号（2001年2月）
武村二三夫「すべての人権侵害を対象とする独立性ある機関を―日弁連の提案する国内人権機関の制度要綱」『部落解放』618号（2009年8月）
武村二三夫「国内人権機関設置の展望」『法の科学』41号（2010年）
武村二三夫「国内人権機関の設立を目指して」『自由と正義』61巻3号（2010年3月）
田島泰彦「言論・メディア統制のなかの人権擁護法案」『人権と部落問題』57号（2005年8月）
土井香苗「各国の国内人権機関（第1回）スウェーデンの人権擁護」『ヒューマンライツ』130号（1999年1月）
土井香苗「国内人権機関国際比較スウエーデン―オンブズマン制度とくに民族差別禁止政策を中心として」『ヒューマンライツ』169号（2002年4月）
野沢萌子「各国の国内人権機関(6)インド―インド連邦人権委員会・人権を尊重する社会に向けて」『ヒューマンライツ』137号（1999年8月）
平野裕二「差別の解消と国内人権機関の設置を―第2回日本政府報告に関する子どもの権利委員会総括所見から」『部落解放』532号（2004年4月）
藤本俊明「国際人権法における国内人権機関の意義」『国際人権』11号（2000年）
藤原精吾「『国内人権機関』を創ろう」『月刊部落問題』281号（2000年5月）
藤原精吾「国内人権機関設立に向けて日弁連はどう取り組んできたか」『国際人権』13号（2002年）
藤原精吾「総括所見を受けて―国内人権機関」『自由と正義』60巻4号（2009年4月）
藤原精吾「日弁連の提案する国内人権機関の制度要綱―その内容と背景」『ヒューマンライツ』253号（2009年4月）
藤原精吾「日弁連が求める国内人権機関」『地域と人権』316号（2010年6月）
松井茂記「人権救済機関とマスメディア―見失われた表現の自由」『月刊民放』32巻4号（2002年4月）
山崎公士「人権擁護制度の実効性と国内人権機関に関する国連のパリ原則」『法学セミナー』43巻7号（1998年7月）
山崎公士「アジア・太平洋地域における国内人権機関の動向」アジア・太平洋人権情報センター編『アジア・太平洋人権レビュー1999』
山崎公士「アジア太平洋地域における国内人権機関の国際協力―アジア太平洋国内人権機

山崎公士「関フオーラム第4回年次会合に出席して」『部落解放』462号（1999年12月）
山崎公士「国際人権法の実施と国内人権機関」『国際人権』11号（2000年）
山崎公士「どうする日本の国内人権システム―第1期国内人権システム国際比較プロジェクトの成果を踏まえて」『ヒューマンライツ』150号（2000年9月）
山崎公士「イマジン―人間らしく生きるために『下から』の視点でつくる国内人権システム」『部落解放』477号（2000年11月）
山崎公士「国際人権法の国内実施と国内人権機関の役割―日本における可能性」『研究紀要』（世界人権問題研究センター）6号（2001年3月）
山崎公士「人権擁護推進審議会の救済答申と今後の課題」『ヒューマンライツ』60号（2001年7月）
山崎公士「人権救済制度立法化への課題」『月刊自治研』506号（2001年11月）
山崎公士「日本における人権救済制度の立法化―国際人権法の視点から見た人権擁護法案の問題点」『国際人権』13号（2002年）
山崎公士「じぶんをまもるまたは人権教育と人権救済」『人権教育』18号（2002年）
山崎公士「国内人権システムと人権救済制度」『法学セミナー』47巻1号（2002年1月）
山崎公士「『人権擁護法案』はメディア規制法か？」『月刊民放』32巻11号（2002年11月）
山崎公士「国際人権法の視点から見た人権擁護法案の問題点」『国際人権』14号（2003年）
山崎公士「名古屋刑務所事件が提起したもの」『法学セミナー』48巻7号（2003年7月）
山崎公士「日本における差別禁止法の制定―国際人権法の視点から」『法政理論』36巻3・4号（2004年3月）
山崎公士「人権擁護法案　いま、ほんとうに必要な『人権擁護法案』とは」『世界』739号（2005年5月）
山崎公士「障害者権利条約と実施措置」『法律時報』81巻4号（2009年4月）
山崎公士「人権救済制度の整備―埋もれた政策課題」『インパクション』172号（2010年）
山崎公士「日本における人権救済制度の整備―国際人権法の観点から」『自由と正義』61巻3号（2010年3月）
山崎公士「国内人権機関と個人通報制度」『移民政策研究』3号（2011年）
山崎公士「国際人権法における国内人権機関の役割と機能」芹田健太郎・戸波江二・棟居快行・薬師寺公夫・坂元茂樹編『講座国際人権法3　国際人権法の国内的実施』（2011年）
山崎公士「アジア人権機構をめざして―国際人権法の視点から」『自由と正義』62巻7号（2011年6月）

「特集・知ってほしい人権行政―世界人権宣言50年を機に　日本の人権行政・現状と課題」『法学セミナー』43巻7号（1998年7月）
「特集・国内人権機関の比較研究」『部落解放研究』125号（1998年12月）
「特集・国際人権法のじょうずな使い方―国際人権規約委員会の最終所見を受けて」『法学セミナー』44巻2号（1999年2月）
「特集・アジア・太平洋地域の国内人権機関」『部落解放研究』131号（1999年12月）
「特集・人権救済機関設置をめぐって」『法律時報』73巻2号（2001年2月）

「特集1　人権救済制度の在り方をめぐって」『ジュリスト』1196号（2001年3月15日）
「検証・人権擁護法案」『ヒューマンライツ』169号（2002年4月）
「特集・差別撤廃と国内人権機関」『部落解放研究』167号（2005年12月）
「特集・国内人権機関の設置─法務省中間報告を受けて」『自由と正義』61巻11号（2010年11月）

■**外国語著書等**（URLはいずれも2012年2月29日アクセス）

Alfredsson, Gudmundur, Jonas Grimheden, Bertrand G. Ramcharan, Alfred Zayas, ed., *International Human Rights Monitoring Mechanisms: Essays in Honour of Jakob Th. Möller,* Martinus Nijhoff, 2001.

Asian NGOs Network on National Human Rights Institutions (ANNI), *2011 ANNI Report on the Performance and Estabilishement of National Human Rights Institutions in Asia,* Asian Forum for Human Rights and Development (FORUM-ASIA), 2011.

Ayeni, V., et. al., *Strengthening Ombudsman and Human Rights Institutions in Commonwealth Small and Island States: The Caribbean Experience,* Stylus Pub Llc, 2001.

Books, Hephaestus, ed., *National Human Rights Institutions, Including: National Human Rights Commission of India, Australian Human Rights Commission, Uganda Human Rights Commission,* Hephaestus Books, 2011.

Boyle, Kevin, *New Institutions for Human Rights Protection (Collected Courses of the Academy of European Law),* Oxford University Press, 2009.

Burdekin, Brian and Naum, Jason, eds., *National Human Rights Institutions in the Asia-Pacific Region (The Raoul Wallenberg Institute Human Rights Library),* Martinus Nijhoff Publishers, 2006.

Commonwealth Secretariat, *National Human Rights Institutions Best Practice,* Commonwealth Secretariat, 2001.

Commonwealth Secretariat, *Comparative Study on Mandates of National Human Rights Institutions in the Commonwealth,* Commonwealth Secretarial, 2008.

Equinet, the European Network of Equality Bodies, *Equality Bodies and National Human Rights Institutions — Making the Link to Maximise Impact,* Equinet, 2011, available at <http://www.equineteurope.org/equality_bodies_and_nhris___equinet_en.pdf>.

Goodman, Ryan and Pegram, Thomas eds., *Human Rights, State Compliance, and Social Change: Assessing National Human Rights Institutions,* Cambridge University Press, 2011.

Hossain, K., et. al, *Human Rights Commissions and Ombudsman Offices: National Experiences Throughout the World,* Martinus Nijhoff, 2001.

International Coordinating Committee of National Human Rights Institutions for the Promotion and Protection of Human Rights (ICC) and Canadian Human Rights Commission, *Survey of National Human Rights Institutions on Article 33.2 of the Convention on the Rights of Persons with Disabilities,* Prepared for the International Coordinating Committee of National Institutions for the Promotion and Protection of Human Rights by the Canadian Human Rights Commission, 2011, available at <http://www.nuigalway.ie/cdlp/documents/publications/ICC%20SurveyReport3

3.2.pdf>.

International Council on Human Rights Policy, *Performance & Legitimacy: National Human Rights Institutions*, International Council on Human Rights Policy, 2000.

International Council on Human Rights Policy, *Assessing the Effectiveness of National Human Rights Institutions*, International Council on Human Rights Policy, 2005.

Kim, Dong Wook, *Institutionalizing Human Rights: The United Nations, Nongovernmental Organizations and National Human Rights Institutions*, Proquest, Umi Dissertation Publishing, 2009.

Kjærum, Morten, *National Human Rights Institutions: Implementing Human Rights*, Danish Institute for Human Rights, 2003.

Lindsnaes, Birgit, Lone Lindholt and Kristine Yigen, eds., *National Human Rights Institutions Articles and working papers: Input to the discussions on the establishment and development of the functions of national human rights institutions*, The Danish Centre for Human Rights, 2000, available at <http://www.humanrights.dk/files/Importerede%20filer/hr/pdf/nhribook.pdf>.

Mertus, Julie A., *Human Rights Matters: Local Politics and National Human Rights Institutions*, Stanford University Press, 2009.

Müller, Amrei and Frauke Seidensticker, *The Role of National Human Rights Institutions in the United Nations Treaty Body Process*, German Institute for Human Rights, 2007, available at <http://www.institut-fuer-menschenrechte.de/uploads/tx_commerce/handbook_the_role_of_national_human_rights_institutions_in_the_un_treaty_body_process.pdf>.

Pohjolainen, Anne-Elina, *The Evolution of National Human Rights Institutions: The Role of the United Nations*, The Danish Institute for Human Rights, 2006, available at <http://www.nhri.net/pdf/Evolution_of_NHRIs.pdf>.

Ramcharan, Bertrand G., ed., *The Protection Role of National Human Rights Institutions (Nijhoff Law Specials)*, Martinus Nijhoff Publishers, 2005.

Reif, Linda C., Ombudsman, *Good Governance, and the International Human Rights System*, Martinus Nijhoff Publishers, 2004.

Ritter, Sebastian, *National Institutions for the Promotion and Protection of Human Rights*, Grin Verlag, 2009.

Shelton, Dinah, *Remedies in International Human Rights Law*, Oxford University Press, 2000.

Sundara, Oscar, ed., *National Human Rights Institutions*, Serv, 2011.

Surhone, Lambert M., Mariam T. Tennoe and Susan F. Henssonow, eds., *Public Defender (Brazil)*, Betascript Publishing, 2011.

United Nations, *Economic, Social And Cultural Rights: Handbook for National Human Rights Institutions (Professional Training Series)*, United Nations Publications, 2005, available at <http://www.ohchr.org/Documents/Publications/training12en.pdf>.

United Nations, *National Human Rights Institutions: History, Principles, Roles and Resp onsibilities(Professional training series, no. 4(Rev. 1))*, United Nations, 2010, available at <http://www.ohchr.org/Documents/Publications/PTS-4Rev1-NHRI_en.pdf>.

United Nations Centre for Human Rights, *National Human Rights Institutions: A Handbook on the Establishment and Strengthening of National Institutions for the Promotion and Protection of Human Rights (Professional Training Series No.4)*, United Nations, New York and Geneva, 1995.
(『国内人権機関―人権の伸長と保護のための国内機関づくりの手引き書』の原書。)

United Nations Development Programme and Office of the High Commissioner for Human Rights, *UNDP-OHCHR Toolkit for collaboration with National Human Rights Institutions*, UNDP and UNHCHR, 2010, available at <http://www.ohchr.org/Documents/Countries/NHRI/1950-UNDP-UHCHR-Toolkit-LR.pdf>.

United Nations High Commissioner for Human Rights, *Survey on National Human Rights Institutions: Report on the findings and recommendations of a questionnaire addressed to NHRIs worldwide*, United Nations, 2009, available at <http://nhri.ohchr.org/EN/Documents/Questionnaire%20-%20Complete%20Report%20FINAL-edited.pdf>.

United Nations, *Monitoring the Convention on the Rights of Persons with Disabilities: Guidance for human rights monitors (Professional training series No. 17)*, United Nations, 2010, available at <http://www.ohchr.org/Documents/Publications/Disabilities_training_17EN.pdf>.

Yamazaki Koshi ed., *International Comparison of Anti-Discrimination Laws*, Graduate School of Modern Society and Culture, Niigata University, 2006.

■外国語論文

de Beco, Gauthier, National Human Rights Institutions in Europe, *Human Rights Law Review*, Vol.7, No.2 (2007).

Cardenas, Sonia, Emerging Global Actors: The United Nations and National Human Rights Institutions, *Global Governance*, Vol. 9, No. 1 (2003).

Elmendorf, Christopher S., Advisory Counterparts to Constitutional Courts, *Duke Law Journal*, Vol.56 (2007).

Lindsnaes, Birgit and Lindholt, Lone, National Human Rights Institutions: Standard Setting and Achievements, *Human Rights in Development Yearbook 1998* (1998).

Petersen, Carole J., Bridging the Gap?: The Role of Regional and National Human Rights Institutions in the Asia Pacific, *Asian-Pacific Law & Policy Journal*, Vol.13 (2011).

Reif, Linda C., Building Democratic Institutions: The Role of National Human Rights Institutions in Good Governance and Human Rights Protection, *Harvard Human Rights Journal*, Vol. 13, (2000).

Reif, Linda C., Transplantation and Adaption: The Evolution of the Human Rights Ombudsman, *Third World Law Journal*, Vol.31 (2011).

Raj, Kumar, C., National Human Rights Institutions: Good Governance Perspectives on Institutionalization of Human Rights, *American University International Law Review*, Vol.19 (2003-2004).

Wetzel, Amanda Lee, Student Note: Post-Conflict National Human Rights Institutions: Emerging Models from Northern Ireland and Bosnia & Herzegovina, *Columbia Journal of European Law*, Vol.13 (2007).

YAMAZAKI, Koshi, Proposed Human Rights Commission in Japan: A Critique, *FOCUS(Asia-Pacific Human Rights Information Center (HURIGHTS OSAKA))*, Vol.39 (2005), available at <http://www.hurights.or.jp/archives/focus/section2/2005/03/proposed-human-rights-commission-in-japan-a-critique.html>.

YAMAZAKI, Koshi, The Draft Human Rights Protection Bill in Japan: Discussions straying Off Course, *Asia-Pacific Journal on Human Rights and the Law*, Vol.6, No.1 (2005).

主要索引

（＊は資料頁である。）

あ 行

アジア・太平洋国内人権機関フォーラム（APF） ……………… 87
アブジャ・ガイドライン ……………… 60
新たな人権救済機関の設置について（基本方針） ……………… 175
あらゆる形態の人種差別の撤廃に関する国際条約→人種差別撤廃条約
EU条約 ……………… 38
インド国家人権委員会 ……………… 14,53
ウィーン宣言及び行動計画 ……………… 4,18
オーストラリアの諸反差別法により禁止される差別事由と領域 ……………… 37
オーストラリア人権委員会 ……… 36,55,57

か 行

カナダ権利章典 ……………… 15
カナダ人権委員会 ……… 36,55,57,65,66,70
カナダ人権委員会による人権侵害の救済手続 ……………… 56
カナダ人権審判所 ……………… 67
カナダ人権法 ……………… 15,35,40
カナダ人権法で禁止される差別事由と差別行為 ……………… 36,66
簡易な救済［人権］ ……………… 123
監視機能［パリ原則］ ……………… 58
企業活動による人権侵害 ……………… 74
企業行動原則、規格、ガイドライン ……… 75
虐待 ……………… 134
教育基本法 ……………… 26
熊本地裁判決（旧ハンセン病患者の補償請求） ……………… 127
経済的、社会的及び文化的権利に関する国際規約 ……………… 28
公開調査 ……………… 57
拷問等禁止条約 ……………… 106
国際人権システム ……………… 5
国内コンタクト・ポイント（NCP） ……… 82
国内人権機関国際調整委員会（ICC） ……………… 7,83,86
国内人権機関―国内人権機関の設置と強化に関する手引き書 ……… 7,137,139
国内人権機関設置検討会 ……………… 174
国内人権機関の意義 ……………… 3
国内人権機関の活動 ……………… 6
国内人権機関の機能 ……………… 6
国内人権機関の設置時期 ……………… 17
国内人権機関の認証および再認証過程 ……… 9
国内人権機関の任務 ……………… 7
国内人権機関の保護機能 ……………… 54
国内人権システム ……………… 5
国連決議5/1「国連人権理事会の制度構築」 ……………… 93
国連多国籍企業行動綱領草案 ……………… 76
国連・反人種差別モデル国内法 ……… 41,＊192
国連反人種主義・差別撤廃世界会議 ……… 70
個人情報保護法 ……………… 147
個人通報制度 ……………… 105
国家機関（国内人権機関）の地位に関する原則→パリ原則
国家報告制度 ……………… 104
子どもの権利委員会による一般的意見 …… 95

さ 行

裁判外紛争解決（ADR） ……………… 118
差別の定義 ……………… 38
自治体における障害者差別禁止条例 ……… 163
指導原則 ……………… 74,79
市民的及び政治的権利に関する国際規約 ……………… 27
障害者基本法 ……………… 115
障害者権利条約 ……………… 99
障害者権利条約の監視（モニタリンク）…99
障害者差別禁止法を求める動き ……………… 25
障害者の権利 ……………… 108
障害者の権利に関する委員会 ……………… 103
障害のある人もない人も共に暮らしやすい千葉県づくり条例 ……………… 162
条約選択議定書 ……………… 103
条約体 ……………… 94,99
職業安定法 ……………… 26,115
女性差別撤廃委員会 ……………… 95
女性差別撤廃条約選択議定書 ……………… 106

288――主要索引

人権委員会 ……………………… 24,28,69,133
人権委員会設置法（案）………… 34,136,174
人権委員会による人権救済手続 …………134
人権委員会の設置等に関する検討中の法
　案の概要 ……………………………………175
人権救済機関 ………………………………125
人権救済制度の在り方に関する中間取り
　まとめ ………………………………………121
人権救済手続 ………………………………… 68
人権システム ………………………………… 5
人権侵害 ………………………… 28,122,136
人権侵害禁止規定 …………………………130
人権審判所 …………………………………… 68
人権政策提言［人権フォーラム21］…… 168
人権の促進および保護に関する小委員会
　……………………………………………… 76
人権の法制度を提言する市民会議 ………172
人権フォーラム21 ……………………127,168
人権擁護委員制度 …………………………117
人権擁護施策推進法 ………………………… 28
人権擁護推進審議会 …………………… 28,120
人権擁護法案 ……… 28,29,34,129,141,147
人権擁護法案第3条の人権侵害禁止規定
　……………………………………………… 31
人権擁護法案に対する共同声明 …………148
人権擁護法案に対する理事会決議 ………149
人権擁護法案の概要［人権フォーラム21］
　………………………………………………130
人権理事会 …………………………………… 86
人権を保障する義務 ………………………… 3
人種差別 ………………………………… 33,34
人種差別撤廃委員会 ………………………… 25
人種差別撤廃条約 ………………… 24,28,33
世界の国内人権機関─職務権限比較 …… 62
積極的救済［人権］ ………………………123

た 行

多国籍企業人権責任規範 ………………… 77
多国籍企業センター ………………………… 76
男女雇用機会均等法 ………………… 26,115
調査制度 ……………………………………106
調整・協力機能［パリ原則］…………… 61
提言機能［パリ原則］……………………… 59
デンマーク人権機関 ………………………… 22
特別救済手続 …………………………… 29,147
鳥取県人権侵害救済推進及び手続に関す
　る条例 ………………………………………160

な 行

名古屋刑務所事件 ……………………… 29,143
日弁連の提案する国内人権機関の制度
　要綱 …………………………………………175
日本国憲法第14条 ……………………… 32,34
日本における人権の法制度に関する提言
　………………………………………… 172,*251
認証小委員会（SCA）……………………… 8
ノルウェー人権センター ………………… 22

は 行

パリ原則 ………… 4,6,51,53,94,102,138,*183
非差別原則 …………………………………… 5
ビジネスと人権に関する指導原則─国際
　連合の『保護、尊重及び救済』枠組み
　の実施→指導原則
普遍的定期審査（UPR）………………… 93
フランス国家人権諮問委員会 …………… 13
放送と人権等権利に関する委員会 ………116

ま・や・ら・わ 行

メディアにおける人権侵害 ………………140
ヨハネスブルグ・サミット ……………… 75
労働基準法 …………………………… 26,115

主要索引──289

■著者紹介

山崎公士（やまざき・こうし）
1948年神奈川県生まれ。東京都立大学大学院社会科学研究科博士課程単位修得。国立国会図書館調査員、香川大学助教授・教授、新潟大学教授等を経て、2009年から神奈川大学法学部教授。専門は国際法・国際人権法・人権政策学。主な著書に『国際人権　知る・調べる・考える』（解放出版社、1997年）、編著書に『国内人権機関の国際比較』（現代人文社、2001年）、『人権政策学のすすめ』（江橋崇と共編、学陽書房、2003年）、International Comparison of Anti-Discrimination Laws, Niigata University, 2006. 等がある。

国内人権機関の意義と役割　人権をまもるシステム構築に向けて

2012年9月10日　第1刷印刷
2012年9月20日　第1刷発行

著　者　　　　山崎公士
発行者　株式会社　三省堂
　　　　　代表者　北口克彦
印刷者　三省堂印刷株式会社
発行所　株式会社　三省堂
〒101-8371　東京都千代田区三崎町二丁目22番14号
電話　編集（03）3230-9411
　　　営業（03）3230-9412
振替口座　00160-5-54300
http://www.sanseido.co.jp/

© Koshi YAMAZAKI 2012 Printed in Japan

落丁本・乱丁本はお取替えいたします。　　〈国内人権機関・304pp.〉
ISBN 978-4-385-36538-1

Ⓡ本書を無断で複写複製することは、著作権法上の例外を除き、禁じられています。本書をコピーされる場合は、事前に日本複製権センター（03-3401-2382）の許諾を受けてください。また、本書を請負業者等の第三者に依頼してスキャン等によってデジタル化することは、たとえ個人や家庭内での利用であっても一切認められておりません。